DUALSEELEN IM LICHT DER REINKARNATION

Über die große, immerwährende unsterbliche Liebe und wie man sie verstehen lernt, um sie leben zu können

von

Shanya Ashram

Wahre Liebe heißt,
einen Menschen so zu lieben,
wie Gott ihn gemeint hat.

Wahre Liebe heißt,
den Wahren Reichtum und die Wahre Schönheit
eines Menschen zu sehen.

Wahre Liebe heißt,
Gott zu sehen.

(Shanya Ashram)

Widmung:
Für meine Zwillingsseele in tiefer, inniger und ewiger Liebe!

Gesamtherstellung: Bohmeier Verlag, Printed in Germany

ISBN 978-3-89094-574-3

Inhaltsverzeichnis

α Der Beginn

Am Anfang war das Licht. Hell, strahlend, warm, lebendig leuchtend in der Unendlichkeit des Raumes. Zeitlos. Ewig. Das Licht der Liebe, die Sonne, die Wärme gibt und die Menschen lieben lässt. Die Sonne, die die Menschen andauernd nach der Wahren[1] Liebe suchen lässt. Die Sonne, von der die angeborene Sehnsucht nach Liebe, Wärme und Geborgenheit kommt. Die Sonne, die in jedem Menschen leuchtet und ihn zur unermüdlichen Suche nach der Vollendung in Liebe treibt, der Verschmelzung im und mit dem Licht.

Jeder Mensch ist so eine Sonne – eine Sonne von Millionen von Sonnen, die, alle aus dem Licht geboren, ein Teil des Lichtes sind. Das Ewige Licht, die Ewige Sonne lebt und pulsiert und mit jedem Herzschlag werden Kleine Sonnen geboren, die sich von der Ewigen Sonne loslösen, aber dennoch ein Teil von Ihr und immer mit Ihr verbunden sind. Diese Kleinen Sonnen sind Seelen, Teile der Großen Seele, der Großen Sonne, die man auch Gott nennt.

Jede Kleine Sonne, die aus der Großen Sonne geboren ist, teilt sich noch einmal. So entstehen aus einer Seele zwei Seelen – Zwillingsseelen.

Zwillingsseelen sind eine aus der Einheit geborene Dualität, die sich auf den Weg zurück in die Einheit machen. Zwillingsseelen sind eine geteilte Kleine Sonne, die von der Großen Sonne geboren wurde. Sie sind vollkommen gleich und doch verschieden, sie sind untrennbar miteinander verbunden und doch getrennt. Es verbindet sie eine unendliche, tiefe Liebe zueinander, eine Liebe, die niemals vergeht und niemals endet, eine Liebe der besonderen Art, die sie einander immer wieder am Weg zur Vollendung finden und erkennen lässt.

Diese Liebe treibt jeden Menschen zu der Suche nach seiner Zwillingsseele, zu der Suche nach dem anderen, aber dennoch vollkommen gleichen Ich. Die Sehnsucht nach der Zwillingsseele ist die Sehnsucht nach der Verschmelzung in Liebe, nach einem Leben in Liebe mit dem einen Partner, dem Wahren Partner, der Zwillingsseele in Menschengestalt.

Lange vor der Zeit wurde aus dem Herzschlag der Großen Sonne eine Kleine Sonne geboren, deren Weg wir nun beobachten und verfolgen wollen.

---

[1] In diesem Buch gibt es einige Großschreibungen, die von der regulären Rechtschreibung abweichen, wie z.B.: Die ‚Wahre Liebe', die ‚Wahre Schönheit' oder der ‚Wahre Partner'. Diese Begriffe bezeichnen etwas ganz Besonderes, dem die Autorin Ausdruck verleihen wollte, indem sie wünschte, dass „Wahre" groß geschrieben wird.
Desgleichen mit dem Begriff „Saite" und „Seite" (siehe z. B. S. 53 und ff.), wobei der Erstere insbesondere eigentlich eher im musikalischen Bereich Anwendung findet.

Die Kleine Sonne schwebte lange im Universum, um die Liebe und die Wärme der Großen Sonne zu spüren und zu genießen, denn sie wusste, dass der Tag naht, an dem sie sich in zwei Teile spalten wird.

Und der Tag kommt: Die Kleine Sonne teilt sich in zwei Seelen, Zwillingsseelen.

Sie stehen einander gegenüber – und zum ersten Mal können sie einander sehen, einander erkennen! Sie sind überwältigt von der Wahren Schönheit und von dem Wahren Reichtum des Anderen. Die Zwillingsseelen wissen, dass die Trennung gut ist, wichtig und notwendig, denn nur so kann die eine die andere erfahren und erkennen, deren Wahres Selbst und auch das eigene Wahre Selbst.

Die Zwillingsseelen stehen einander gegenüber – perfekte Spiegelbilder des Wahren Selbst, perfekt in ihrem Wesen und Sein. Sie sind überwältigt von der unendlichen, tiefen Liebe, die sie füreinander empfinden und die sie über alle Zeiten und alle Hindernisse hinweg miteinander verbindet. Diese Liebe wird sie immer wieder zueinander führen und sie den einen im anderen erkennen lassen.

Eine Weile schweben sie noch als Zwillingsseelen in der Nähe der Großen Sonne, doch sie wissen, dass die Zeit der Trennung naht. Sie müssen sich trennen, um das Göttliche Spiel des Lebens zu beginnen, das Spiel, das jede Seele, jede Kleine Sonne, spielen muss, um die eigene Göttlichkeit zu erfahren und zu erkennen, um das Bewusstsein des Wahren Seins zu erfassen.

Das Spiel ist der Weg durch die Dualität, durch das Materielle und Immaterielle, durch Tag und Nacht, Liebe und Angst, Krieg und Frieden, Geburt und Tod. Der Weg ist das Leben, das Leben an sich, das Leben als Mann und Frau.

Der Weg führt von der Einheit über die Dualität zurück in die Einheit.

α und Ω.

Der Beginn und die Vollendung.

Ein Kreis, der sich immer wieder schließt, sich jedoch niemals öffnet.

Die Zwillingsseelen sind nun bereit, das Spiel zu beginnen, sie trennen sich frohen Mutes und leichten Herzens voneinander, denn sie wissen, dass sie das Spiel des Lebens spielen müssen, um das andere Ich vollkommen und wahrhaftig zu erfahren und dabei auch sich selbst vollkommen und wahrhaftig zu erkennen. Sie wollen die Wahre Schönheit und den Wahren Reichtum des Anderen erleben. Und sie wissen, dass diese Erkenntnis nur aus der Trennung kommen kann.

Sie wollen sich selbst, einander und Gott erkennen und erfahren.

Und so trennen sie sich, entfernen sich voneinander, bleiben aber dennoch untrennbar miteinander verbunden, bleiben eine Einheit, die zeitweilig nur räumlich getrennte Wege gehen wird. Die Zwillingsseelen wissen, dass dies jetzt der Beginn des Weges durch die Jahrtausende ist – getrennt und doch vereint.

Alles folgt dem Großen Plan.
Gottes Plan.
Alles Leben, jedes Leben, folgt
Gottes Plan.

Alles ist von diesem Plan umfasst,
dem Plan,
der das Spiel des Lebens so regelt,
dass jede Seele ans Ziel kommt,
die Zwillingsseelen wieder zur Einheit verschmelzen,
um sich nie mehr zu trennen.

Der Plan umfasst α und Ω
und das Spiel selbst,
∞, den Weg.

∞ Der Weg

Frühling 1944

Sie schweben miteinander, nebeneinander im Kosmos. Sie wissen, dass es für ihn Zeit ist, zu gehen. Die Spirale, die ihn auf die Erde bringen wird, hat sich schon in Form einer Röhre geöffnet und wartet, ihn in seinen neuen Körper, den er im nächsten Leben bewohnen wird, zu tragen. Der Körper ist der Tempel, das Haus, in dem die Seele wohnt; der Körper ist das perfekte Werkzeug zum Leben auf der Erde.

Sie können seine Mutter sehen, die schon längere Zeit in den Wehen liegt. Auf der Erde, in Europa, ist Krieg. Er wird in keine schöne Welt geboren, aber er weiß auch, dass dieser Krieg vorbeigehen und er den Rest seines Lebens in Frieden leben wird.

Sie sehen seine Mutter, die dabei ist, seinen Körper in einem Keller in einem Haus in einer kleinen Stadt zu gebären. Es ist Nacht, Sirenen heulen, Bomben schlagen ein, Rauchschwaden ziehen durch die Stadt, Menschen schreien und beklagen ihre Toten und Verletzten, suchen in den Trümmern nach Verschütteten. Feuer erhellt gespenstisch den dunklen Himmel, durch den immer wieder Flugzeuge ziehen, um weitere Bomben auf die Stadt zu werfen. Inmitten dieses Infernos, in diesem Armageddon, sind zwischen den Beinen seiner Mutter bereits der Kopf und die Schultern seines neuen Körpers zu sehen. Es wird wirklich Zeit für ihn, zu gehen.

Er hat bis zur letzten Minute gewartet, aber er muss in seinem neuen Körper sein, bevor er ganz geboren wird. So hat er das mit der Seele seiner Mutter vereinbart.

Die Zwillingsseelen wissen, dass sie sich nun trennen müssen. Die gemeinsame Zeit im Universum, in der Nähe der Großen Sonne, ist vorbei. Sie wissen, dass sie ihren Weg auf der Erde weitergehen müssen, der Vollendung, der Verschmelzung, entgegen.

Es ist vereinbart, dass er vorausgehen und sie nachkommen wird. 1966 wird sie geboren werden und 1999 werden sie einander in Menschengestalt begegnen und ihr gemeinsames Leben auf der Erde beginnen. Alles ist geplant, vereinbart, abgemacht, alle beteiligten Seelen sind Willens, der Vereinbarung zu folgen, sie einzuhalten, jeder will seinen Teil erfüllen, um der Vollendung zuzustreben.

Die Geburt des Körpers geht weiter, sie können bereits seine Hüften sehen. Zwei, drei Wehen noch und sein Körper wird vollständig geboren sein.

Der Bombenangriff ist mittlerweile vorüber, die Sirenen schweigen, die kleine Stadt brennt, die Menschen schreien von Elend, Entsetzen und Verzweiflung gepackt, von Sinnen durch das Grauen, das sie erleben.

Der Kanal, durch den er in seinen neuen Körper einziehen wird, öffnet sich immer weiter. Er leuchtet golden und wird sich das ganze zukünftige Leben lang nicht schließen. Dieser Kanal ist die „Nabelschnur“ zum Universum, zur Großen Sonne, die Lichtlinie, die die Seele immer mit Gott verbindet.

Noch schweben die Zwillingsseelen als Kleine Sonnen in der Nähe der Großen Sonne, sie genießen die letzten Sekunden der Verschmelzung. Unaufhaltsam rückt die Trennung näher. Aber sie wissen, dass sie einander treffen werden, miteinander leben werden und dass sie, wenn sie das kommende Leben nützen, die Chance auf die endgültige Verschmelzung miteinander und mit der Großen Sonne bekommen werden.

Der Körper des Kindes ist schon bis zu den Knien geboren.

Die Kleinen Sonnen trennen sich voneinander, langsam, aber stetig. Zwischen ihnen zeigt sich die Goldene Lichtlinie, die sie immer verbindet, die es nicht zulässt, dass sich Zwillingsseelen verlieren, egal, wo sie sich befinden und leben. Eine tiefe Liebe, Gottes Liebe, umgibt sie, hüllt sie ein, schützt sie.

Der Abstand zwischen den Kleinen Sonnen vergrößert sich, die Lichtlinie zwischen ihnen erstrahlt, wird heller und intensiver. Gott zeigt sich in ihnen und in der Lichtlinie, lässt sie spüren, dass der Lebensplan gelingen wird. Der Geburtskanal leuchtet wie die Sonne, einladend und als Garant für das Gelingen des Lebens, für das Erreichen des Ziels der Verschmelzung und der Vereinigung mit Gott.

Die Goldene Lichtlinie, die sie verbindet, leuchtet nun besonders hell auf und in diesem Augenblick springt er in den Geburtskanal. Sie bleibt im Universum zurück und sieht, wie er in seinen Körper einzieht, just in dem Moment, da der Körper vollends den Leib seiner Mutter verlässt. Sein kleiner Menschenkörper leuchtet auf, als er ihn beseelt – der Körper erhält seine Aura, sein einmaliges Strahlen und Leuchten.

Sie ist glücklich und voller Liebe. 22 Jahre wird sie noch bei der Großen Sonne bleiben, aber gleichzeitig auch bei ihrer Zwillingsseele sein. Sie wird über ihre Zwillingsseele wachen und ihn vom Universum aus behüten und beschützen. Und jede Nacht, wenn sein Körper schläft, wird er zu ihr ins Universum, zur Großen Sonne, zurückkehren, mit seinem Körper über eine Goldene Lichtlinie verbunden, die den Weg zurück in den Körper gewährleistet.

22 Jahre sind für Menschen eine lange Zeit. Für Zwillingsseelen hingegen, die aus der Ewigkeit kommen und in die Ewigkeit gehen, die die Ewigkeit erfahren haben, sind sie nur ein Augenblick so kurz wie der Flügelschlag eines Schmetterlings.

Sie sieht, wie er in den Armen seiner Mutter liegt, wie er ihre Brust sucht, um zu trinken. Sie sieht die Angst der Mutter, die Angst vor der Zukunft, die Angst vor dem Krieg, dem Hunger und der Not, in der die kleine Familie lebt. Und die Angst um den Vater, der in Russland an der Front steht, von dem sie nicht weiß, ob er überhaupt noch lebt, ob er jemals zurückkommen wird.

Sie sendet der Mutter Licht und Liebe, um sie daran zu erinnern, dass immer für alles, was sie und ihr Sohn brauchen, gesorgt sein wird, um sie daran zu erinnern, dass sie Gottes großem Plan folgt, dass der Weg, auch wenn er manchmal durch die Dunkelheit führt, ein Weg des Lichtes ist, bereitet durch Gottes Liebe, und dass Gottes Liebe sie trägt und unterstützt.

Die Auren von Mutter und Kind verschmelzen miteinander; sie schlafen, die Mutter den Sohn in den Armen haltend. Ein neues Leben hat begonnen und wird nun seinen geplanten Verlauf nehmen. Er hat trotz aller Entbehrungen, die seine Mutter in der Schwangerschaft erlitten hat, einen gesunden, schönen Körper voller Kraft und Energie, voller Licht und Gottes Liebe.

Sie schwebt im Universum und sieht das Leben, das sie in 55 Jahren in Menschengestalt miteinander beginnen werden, sieht all die Möglichkeiten und Chancen, die unten auf der Erde auf sie warten.

55 Jahre – sie wird 33 Jahre alt sein, wenn sie einander in Menschengestalt begegnen werden. 55 Jahre, eine Zeitspanne so kurz wie der Flügelschlag eines Schmetterlings.

Dass sie erst so viel später zu ihm kommen wird, haben sie vereinbart, weil er vorher viele Dinge zu lernen und Probleme zu lösen hat, um den Weg für ihre Zweisamkeit auf der Erde zu ebnen, den gemeinsamen Weg überhaupt zu ermöglichen.

Und nun hat er damit angefangen – er ist geboren, er lebt auf der Erde. Das Spiel des Lebens beginnt erneut auf einer anderen Ebene.

Frühling 1966

Der Geburtskanal hat sich bereits geöffnet. Sie ist kurz davor zu springen, in ihren Körper einzuziehen. Ihr Körper hat es eilig, geboren zu werden.

Und sie will endlich auf die Erde, um das Leben zu beginnen, das sie zu ihrer Zwillingsseele in Menschengestalt führen und das sie mit ihrer Zwillingsseele leben wird.

Ihre Zwillingsseele schwebt neben ihr im Universum. Denn ihr Körper schläft und so konnte sie ihn verlassen, um zu ihr ins Universum zu kommen, zu ihr und zur Großen Sonne. So wie es die letzten 22 Jahre jede Nacht gewesen war.

Bei der Geburt ihres Körpers gibt es ein Problem. Wenn sie nicht sofort in ihn einzieht, wird er mit den Füßen zuerst geboren werden und die Nabelschnur wird sich um den Hals zusammenziehen. Sie muss in ihren Körper, um ihn zu drehen, damit er gesund geboren wird.

Höchste Zeit, zu gehen.

Sie springt und kommt sofort in ihrem Körper an.

Ihre Zwillingsseele schwebt über dem Körper ihrer Mutter – gegenwärtige Liebe und Unterstützung.

Mit aller Kraft stemmt sich der kleine Körper gegen den Uterus der Mutter. Sie schafft es, sich zu drehen und die Nabelschnur um ihren Hals zu lösen. Sie liegt nun richtig, wird mit dem Kopf voran geboren werden.

Geboren werden – das will sie. Jetzt. Sofort. Sie will auf die Welt, ins Leben und setzt ihre ganze Kraft daran.

Sie weiß, dass sie im Zeichen des Widders geboren wird, sie fühlt bereits die Ungeduld und den Drang, vorwärts zu stürmen, weiterzukommen. Und sie stürmt vorwärts, raus aus dem Körper der Mutter ins Licht der Welt. Sie macht ihren ersten Schrei, schlägt die Augen auf und das Erste, was sie sieht, ist ihre Zwillingsseele, die da ist, um sie auf der Erde zu begrüßen, die da ist als Verheißung, als das, was sie finden muss in Menschengestalt, um sich in Liebe mit ihr zu vereinen, mit ihr zu leben, die Vollendung, die Verschmelzung, das Ziel zu erreichen, für das sie gekommen sind, geboren wurden.

Den ersten Eindruck, den sie von der Erde in ihrem neuen, kleinen Menschenkörper bekommt, ist nicht gerade berauschend. Abgesehen natürlich vom Anblick und der Gegenwart ihrer Zwillingsseele. Alles ist kalt, vor allem die Waage, und das Licht ist so grell, dass es ihre Augen schmerzt. Den Klaps, den sie erhalten hat, damit sie den ersten Schrei tut, empfindet sie als beleidigend, denn sie will ja leben. Unbedingt! In ihrem kleinen Herzen ist sie empört über diese Behandlung. Und sie sehnt sich zurück nach der Liebe und Wärme, die sie im Universum erfahren hat. Das sind zwei Erfahrungen, die sie die nächsten Jahrzehnte, bis zum gemeinsamen Leben mit ihrer Zwillingsseele, nicht wird überwinden können. Die Liebe und die Wärme wird sie erst wieder in den Armen ihrer Zwillingsseele finden, den himmlischen Zustand der Geborgenheit und des Vertrauens, der Zärtlichkeit und der Fürsorge.

Sie ist wütend und brüllt ihre Wut hinaus. Auch Wut und Zorn werden in den nächsten Jahren ihre Begleiter sein. Und Heimweh, Sehnsucht nach etwas, von dem sie nicht wissen wird, was es ist, was sie so vermisst, nach etwas, das ihr verloren erscheinen wird, begleitet von einer ebenso tiefen Traurigkeit. Auch das Sehnen nach Liebe und Geborgenheit wird sie nicht verlassen. Und auch nicht die Einsamkeit, die sie jetzt empfindet.

All diese Gefühle werden sie auf die Suche nach ihrer Zwillingsseele treiben, sie niemals ruhen lassen ... solange, bis sie ihrer Zwillingsseele in Menschengestalt gegenübersteht.

Sie wird ihn sehen und die tiefe, innigliche Liebe fühlen, die nur Zwillingsseelen füreinander empfinden, und so wissen, dass er es ist, ihre Zwillingsseele in Menschengestalt. Nach der sie gesucht haben wird. Sie wird es im ersten Moment des Wiedersehens wissen! Ganz sicher, zweifellos, denn sie wird die besondere Liebe, die zwischen Zwillingsseelen besteht, fühlen und sich erinnern. Wut und Zorn werden dann verschwinden, die Sehnsucht wird gestillt, die Einsamkeit und die Traurigkeit werden in der Vergangenheit zurückbleiben. Und das alles auf einmal, alles in einem kurzen Augenblick des Lebens.

Sie ist geboren, um Gottes Großen Plan zu folgen und um die Vereinbarung, die sie mit ihrer Zwillingsseele getroffen hat, einzuhalten. Sie ist entschlossen, den Weg zu gehen, sei er auch noch so mühsam und schmerzhaft, kompliziert und mit Hindernissen verbaut. Sie weiß, dass die Liebe zwischen Zwillingsseelen so groß und mächtig ist, dass sie alle Hindernisse überwindet und Zwillingsseelen jedenfalls ans Ziel führt.

Sie fühlt die Macht der Liebe und Gottes Liebe.

Und so vertraut sie und schläft ein, erschöpft von ihrem Zorn, ihrer Wut und ihrem Ärger. Der erste Tag in ihrem neuen Leben ist geschafft.

Frühling 1999

Sie sieht durch ein Fenster auf einen trotz strahlenden Frühlingssonnenscheins grauen, tristen Innenhof. Sie denkt über ihr Leben nach, ist auf der Suche nach einem neuen Arbeitsplatz und hat Angst. Ihr Leben erscheint ihr im Moment so trostlos wie der Innenhof, dessen Grund die Strahlen der Sonne nie erreichen.

Sie spürt wieder diese tiefe Sehnsucht nach etwas Namenlosem, das sie nicht näher definieren kann. Sie fühlt auch die Traurigkeit und das Heimweh nach einem Ort, den sie nicht näher beschreiben kann. All diese diffusen Gefühle, die immer da sind. Und natürlich empfindet sie auch die Einsamkeit, das Gefühl, etwas verloren zu haben, verlassen zu sein.

Kurz gesagt – sie hängt ihren üblichen Gedanken nach. Und sie ist ärgerlich über sich selbst, denn sie hat einen Termin zu einem Vorstellungsgespräch, bei dem sie nicht wie eine Trauerweide herumstehen sollte. Sie ist wütend und zornig und auch traurig, weil sie dort, wo sie bisher gearbeitet hat, nicht mehr bleiben kann. Sie denkt, dass es wieder mal typisch für ihr Leben ist, dass sie das, was sie gerne hat, verliert, oder einen Ort, an dem es ihr gefällt, verlassen muss. Wie schon so oft. Trennungen ziehen sich wie ein roter Faden durch ihr Leben. Verluste von geliebten Menschen und Orten, an denen sie sich wohlgefühlt hat. Immer etwas Neues, rastlos, immer weiter, ruhelos …

Sie hat das so satt, will endlich Ruhe und Frieden finden und an einem Ort bleiben. Leben so wie andere Menschen leben, wie die, die – wie es ihr scheint – immer nur die Zuckerseite des Lebens erleben, deren Probleme sich einfach in Luft auflösen, während sie immer kämpfen muss, und kaum ist etwas geschafft oder erledigt, steht schon das nächste Problem vor der Tür.

Ja, sie hat es wirklich satt.

Und jetzt steht sie in einem Vorzimmer und wartet auf das Vorstellungsgespräch, verbringt die Zeit mit tristem Starren in einen tristen Innenhof.

So in Gedanken versunken hört sie Schritte, die sich nähern, und dreht sich um.

Und sieht ihn!

Sie sieht ihn und fühlt in diesem Moment diese tiefe, innigliche Liebe.

Sie ist fasziniert von ihm, von seiner Schönheit. Sie ist sprachlos und hingerissen. Die Welt um sie herum versinkt. Sie liebt ihn vom ersten Augenblick, begehrt ihn und spürt eine tiefe Sehnsucht, ihn zu berühren, zu streicheln, in die Arme zu nehmen. Ihre Knie werden weich, ihr Herz schlägt wild. Mit Mühe hält sie sich aufrecht, wäre um ein Haar umgefallen, so stark sind die Gefühle, die sie in diesen Momenten empfindet.

Und sie sieht das Muttermal links oberhalb des Mundwinkels!

Dieses Muttermal berührt sie so tief, erinnert sie an etwas, das sie aber nicht zu fassen bekommt. Eine Erinnerung, die zwar da ist, sich aber gleich wieder versteckt. Eine Erinnerung, die ihr immer wieder entgleitet, sie aber dennoch stark bewegt. Sein Anblick erfüllt sie mit Zärtlichkeit, gleichzeitig aber auch mit Trauer, mit dem Gefühl von Verlust.

Und dann hört sie seine Stimme – seine Stimme, die sie sofort in ihr Herz schließt, an der sie sich nicht satt hören kann und die sie auch an etwas erinnert.

Sie starrt ihn an, kann sich nicht satt sehen. Sie ist verwirrt, denn sie hat so etwas noch nicht erlebt. Sie empfindet so viele tiefe Gefühle auf einmal für einen Fremden, einen Menschen, den sie zum ersten Mal im Leben sieht. Sie, die ansonsten nicht gerade zur Sprachlosigkeit neigt, ist kaum fähig, ein Wort herauszubringen. Wie ein Blitz schießt es durch ihr Gehirn, dass sie eigentlich wegen eines Vorstellungsgespräches hierher gekommen ist und dass sie einen Job braucht.

Und so siegt ihr Verstand über ihre Gefühle.

Aber nur kurzfristig.

Während des Gespräches kann sie ihm kaum folgen, hört nur auf seine Stimme, versteht aber nicht wirklich, was diese sagt. Sie muss sich zwingen, ihn nicht anzustarren – aber sie nimmt seine ganze Schönheit wahr, das Gesicht, das sie sofort geliebt hat, das Muttermal, die Augen, die gerade, klassische Nase, seine Hände, seine Finger, sein besonderes Strahlen.

Sie ist hypnotisiert und fasziniert, fühlt etwas Unbeschreibliches in ihrem Innern, etwas, das sie nicht wirklich erfassen, erklären, beschreiben kann. Liebe auf den ersten Blick – was sie für ein Gerücht gehalten hat, für eine romantische Legende oder Sehnsucht, das hat sie eben erlebt, erlebt sie gerade. Amors Pfeil hat mitten ins Herz getroffen.

Sie hat ihre Zwillingsseele in Menschengestalt gefunden, doch das weiß sie noch nicht. Bis sie das erkennt, werden noch fast drei Jahre vergehen müssen. Fast drei Jahre, die auch er benötigt, um sich seine Liebe zu ihr einzugestehen, den Schritt in eine Beziehung mit ihr zu wagen und sein bisheriges Leben hinter sich zu lassen.

Die Macht der Liebe hat die Zwillingsseelen zusammengeführt. Über alle Hindernisse hinweg haben sie zueinander gefunden – genau dem Plan folgend, den sie im Universum, bei der Großen Sonne schwebend, beschlossen und den sie durch ihr Menschenleben hindurch, verhaftet in der Realität, vergessen haben.

Aber ihre Seelen haben nicht vergessen, haben sie in genialer Zusammenarbeit geleitet und geführt – immer in Richtung Vollendung, immer auf das Ziel zu.

Viel Gutes und Schlechtes musste jeder von ihnen erleben, ertragen, erleiden, lernen, erfahren, um pünktlich am vor 55 Jahren vereinbarten Ort zu sein. Trotz allem haben sie sich zur richtigen Zeit am richtigen Ort getroffen, einander wieder gefunden. Gottes Großer Plan hat funktioniert, hat sie wieder zusammengeführt!

Jeder von beiden hat sein bisheriges Menschenleben hindurch dieses Ziel verfolgt, dieses Wiedersehen angestrebt, ohne es zu wissen. Jeder getrieben von einer Sehnsucht und von einem Wissen, das ihm bewusst, also auf der menschlichen Ebene beziehungsweise dem Verstand, nicht zugänglich war, aber dennoch seine Wirkung tat. Und so haben sie ein Zwischenziel erreicht, eine weitere Stufe auf dem Weg zur Vollendung erklommen. Ohne es zu wissen. Aber ihren Seelen folgend. Und sie werden weiterhin ihren Seelen folgen, ihrem gemeinsamen Ziel entgegenstreben.

Unnötig zu erwähnen, dass sie den Job bekommen hat.

August 2000

Sie muss kündigen. Sie hält das nicht mehr aus. Der Gedanke an eine Kündigung quält sie, aber der Gedanke, zu bleiben, quält sie auch. Sie muss sich entscheiden, dringend.

Sie erträgt sein ablehnendes Benehmen, seine Ignoranz, seine Unfreundlichkeit, sein Misstrauen, seine dauernden Angriffe nicht mehr. Sie hat es satt, sich vor allen Leuten runtermachen zu lassen. Sie hat es satt, für drei zu arbeiten und nie Anerkennung zu bekommen, nicht einmal ein „Dankeschön“.

Sie fühlt sich schon lange nicht mehr wohl an ihrem Arbeitsplatz, der Gedanke an eine Kündigung beschäftigt sie schon geraume Zeit. Einerseits will sie ihn nicht verlassen, will sie bei ihm bleiben, in seiner Nähe. Die tiefe Liebe, all die Gefühle, die sie empfunden hat, als sie ihn zum ersten Mal in diesem Leben sah, sind immer noch vorhanden – ja sogar stärker, noch intensiver. Doch auf der anderen Seite hasst sie ihn für seine Art, mit ihr umzugehen. Und dann hat sie wieder das Gefühl, dass er sie so liebt wie sie ihn.

Sie schwankt im Wechselbad der Gefühle. Liebe, Hass, Liebe, Hass, Liebe, Hass. Dieses Auf und Ab, dieses Hin und Her, macht sie so fix und fertig, dass ihr Körper schon mit Schmerzen reagiert, unerträgliche Schmerzen, die aus dem Nichts kommen und sie einfach überrollen. Kein Arzt kann eine Ursache finden.

Sie weiß sich keinen Rat mehr. Ihre Gedanken drehen sich im Kreis: Kündigen, nicht kündigen und bleiben, kündigen, nicht kündigen und bleiben – so wie ihre Gefühle: Liebe, Hass, Liebe, Hass, Liebe, Hass.

Monate vergehen und ihre Gefühle und Gedanken drehen sich weiter im Kreis. Sie kommt zu keiner Lösung, zu keinem endgültigen Entschluss. Sie will mit ihm reden, ihm ihre Probleme und Gefühle und Gedanken erklären. Er hat aber keine Zeit für sie.

Wieder mal. Wie immer.

Sie sitzt in ihrem Zimmer. Sie leidet und grübelt. Und entschließt sich trotz allem, zu bleiben, nicht zu kündigen. Genau in diesem Moment reagiert ihr Körper mit diesen entsetzlichen Schmerzen, die so schlimm werden, dass sie kaum gehen, sich kaum aufrecht halten kann. Mit letzter Kraft schleppt sie sich zum Taxi, ans Autofahren ist nicht zu denken.

Am Abend ist sie alleine zu Hause und leidet unter der Einsamkeit, aber wenigstens ist der Schmerz abgeklungen, ihr Körper hat sich beruhigt, Ruhe und Stille umgeben sie. Sie fühlt, dass der Schmerz ein Zeichen ist, dass es besser für sie ist, zu kündigen, denn er ist genau in dem Moment gekommen, in dem sie den Entschluss gefasst hatte, zu bleiben. Das ist doch kein Zufall. Außerdem hat sie gelesen, dass es keine Zufälle, sondern nur Fügungen gibt. Sie nimmt also den Schmerz als Zeichen und beschließt endgültig, zu kündigen.

Und so geschieht es dann auch. Sie bittet ihn um ein Gespräch und er hat wieder keine Zeit für sie. So kündigt sie schriftlich. Am Ende des Arbeitstages legt sie ihm den Brief auf seinen Schreibtisch und geht. Als die Eingangstür hinter ihr ins Schloss fällt, überkommt sie eine tiefe Traurigkeit, das Gefühl, etwas verloren zu haben, unwiederbringlich. Und sie ist verzweifelt. Warum musste alles so kommen? Warum war alles so schief gelaufen? Warum hat es nicht gut gehen können?

Sie weint – das Gefühl des Verlustes und der Traurigkeit zerreißt ihr beinah das Herz. Sie fühlt sich leer, trostlos, einsam und verloren. Und sie spürt wieder die tiefe Sehnsucht nach Liebe und Geborgenheit, das Heimweh nach etwas Namenlosem, nicht näher Definierbarem.

In der folgenden Nacht träumt sie von seiner Seele, von der sie allerdings immer noch nicht weiß, dass sie ihre Zwillingsseele ist. Sie sieht im Traum seine Seele als hell strahlende, leuchtende Kugel, als Kleine Sonne. Die Kleine Sonne fragt sie voller Entsetzen: „Was hast Du getan?“

„Ich hab es nicht mehr ausgehalten. Es war so furchtbar. Das musst Du bitte verstehen.“

Auch sie ist plötzlich entsetzt über das, was sie getan hat. Doch es ist zu spät. Sie hat gekündigt. Es gibt keinen Weg mehr zurück. Es ist vorbei. Die Türe ist ins Schloss gefallen.

Zur gleichen Zeit

Sie hat gekündigt, ist gegangen. Einfach fort. Seine Welt bricht zusammen. Die Liebe seines Lebens ist verloren. Das ist das Schlimmste, was ihm jemals passiert ist. Er will sie zurückhalten, ihr sagen, dass er sie liebt. Aber er bringt es nicht über sich, obwohl er fühlt, dass er es unbedingt tun sollte, ja sogar tun muss, um endlich glücklich zu werden. Trotz dieses dringenden Gefühls und seiner riesigen Angst, sie zu verlieren, kann er sich nicht überwinden, seine Liebe zum Ausdruck zu bringen. So oft wollte er ihr sagen, dass er sie liebt. Aber nie hat er sich getraut. Und jetzt ist es zu spät. Sie ist fort.

Oktober 2000

Sie sitzt mit einer Freundin in der Oper: Richard Wagners „Walküre“. Ihre Freundin hat sie eingeladen, um sie aus der Depression zu reißen, unter der sie seit der Kündigung leidet.

Ja, es war gut gewesen, zu kündigen.

Und es war schlecht gewesen.

Körperlich geht es ihr besser, die Schmerzattacken sind vorbei. Doch seelisch leidet sie unter dem Gefühl des Verlustes – sie denkt an ihn, auf ihn bezieht sich das Gefühl des Verlustes. Andererseits versteht sie selbst nicht, warum sie dieses Gefühl empfindet, denn sie hat sich von einem Arbeitgeber getrennt, der sie nur schlecht behandelt hat.

Und so drehen sich ihre Gedanken im Kreis, kommen nicht zur Ruhe, lassen sich seit vielen Wochen schon nicht abstellen.

Ruhe und Frieden ist alles, was sie will .

Genau so sehr, wie sie ein Leben will, das sich zu leben lohnt – auch nach ihrer Definition.

Sie ist rastlos, ruhelos, getrieben – lauter Gefühle, die sie kennt, die sie schon ihr ganzes Leben hindurch begleiten. Dabei will sie doch nur Ruhe und Frieden finden – endlich, endlich ein Leben leben, wie sie es sich vorstellt.

Davon ist sie meilenweit entfernt. Das spürt, das weiß sie. Was also tun? Sie hat keine Idee, alles ist diffus, verschwommen, es zeigt sich kein Ausweg, kein Lichtschimmer am Horizont.

Nun sitzt sie also in der Oper, trotz all der Trauer fasziniert von Richard Wagners Musik, fasziniert von der Liebe zwischen Siegmund und Sieglinde. Die Liebe zwischen den beiden erinnert sie an die Liebe, die sie empfunden hatte als sie ihn zum ersten Mal sah. Siegmund und Sieglinde sind Geschwister – und dennoch diese tiefe, innige Liebe …

Sie fragt sich, ob es eine Liebe gibt, die Seelen verbindet, egal, ob sie Mann und Frau sind, Bruder und Schwester, Vater und Sohn, Mutter und Tochter. Sie fragt sich, ob es eine spezielle Art von Liebe gibt, die zwei Menschen miteinander verbindet, so dass sie eine Liebe empfinden, die nicht von dieser Welt ist.

„Winterstürme wichen dem Wonnemond" – das wünscht sie sich auch für sich. Raus aus dem Winter, der Kälte des Lebens. Sie will in die Sonne, will Wärme, Liebe und Geborgenheit spüren, ein Leben leben, das ihr lebenswert erscheint.

„Winterstürme wichen dem Wonnemond" – ist das auch in ihrem Leben möglich? Ist der Wonnemond, der Frühlingsmond, auch für sie erreichbar?

So hängt sie ihren Gedanken nach bis Siegmunds Tod. Er muss sterben, weil es eine wütende Götterfrau so will. Typisch. Kaum hatte einem das Leben etwas zu bieten, wurde es einem auch schon wieder entrissen. Aber Sieglinde ist schwanger, ein Teil von Siegmund bleibt ihr also wenigstens.

In der Pause grübelt sie über die spezielle Art von Liebe, die zwischen Siegmund und Sieglinde herrscht, nach.

„Winterstürme wichen dem Wonnemond".

Sie fragt ihre Freundin.

Die weiß etwas über diese spezielle Art von Liebe, denn sie hat ein Buch über Dualseelen und Seelengefährten gelesen.

In diesem Moment, der sich als entscheidend für ihr weiteres Leben erweisen wird, erinnert sie sich an ein verschüttetes Wissen. Wie ein Blitz durchzuckt es sie – Seelengefährten, Dualseelen, Zwillingsseelen, das ist es! Des Rätsels Lösung!

Siegmund und Sieglinde.

Bruder und Schwester.

Diese Liebe!

Zwillingsseelen!

Sie sind Zwillingsseelen!

Diese Erinnerung, diese Erkenntnis erleichtert sie! Sie fühlt sich frei, emporgehoben!

Ja! Irgendwo ist auch ihre Zwillingsseele unterwegs.

Bloß wo?

Sie muss sie finden. Unbedingt. Koste es, was es wolle. Egal.

Der Gedanke an ihre Zwillingsseele macht sie glücklich. Und sie fühlt wieder diese Sehnsucht, die so schwer zu definieren ist, doch sie weiß jetzt, dass es die Sehnsucht nach dem anderen Ich ist, nach dem identischen Du, nach dem genau passenden Menschen, der gleich, aber doch anders ist.

„Winterstürme wichen dem Wonnemond“.

Ja! Sie fühlt, dass der Wonnemond am Himmel steht, wenn die Zwillingsseele gefunden ist, wenn man mit ihr in Menschengestalt zusammen lebt. Dann verschwinden die Winterstürme des Lebens, und der Frühling kommt. Wenn er vielleicht auch nur so kurz sein mag wie bei Siegmund und Sieglinde. Aber dennoch lohnt es sich, zusammenzukommen.

Lebenswert!

Liebenswert!

Zwillingsseele!

Wotan und Brünnhilde.

Noch ein Zwillingsseelenpaar!

Auch die Liebe, die zwischen ihnen ist, berührt sie zutiefst.

Und sie ärgert sich über Wotan, der gegen seine Gefühle, gegen sein besseres Wissen und seine Überzeugungen handelt, als er Brünnhilde auf den Felsen verbannt. Warum tut er das, wenn er sein Kind Brünnhilde so sehr liebt? Nur um seine wütende, eifersüchtige Götterfrau zu beruhigen, um den Frieden im Haushalt der Götter wiederherzustellen? Den göttlichen Haussegen wieder gerade zu rücken?

„Leb wohl, du kühnes, herrliches Kind!
Du meines Herzens heiligster Stolz!
Leb wohl! Leb wohl! Leb wohl!
Muss ich dich meiden,
und darf nicht minnig
mein Gruß dich mehr grüßen;
sollst du nun nicht mehr neben mir reiten,
noch Met beim Mahl mir reichen;
muss ich verlieren dich, die ich liebe,
du lachende Lust meines Auges:
ein bräutliches Feuer soll dir nun brennen,
wie nie einer Braut es gebrannt!
Flammende Glut umglühe den Fels;
mit zehrenden Schrecken

scheuch es den Zagen;
der Feige fliehe Brünnhildes Fels!
Denn nur einer freie die Braut,
der freier als ich, der Gott!"
„Muss ich dich meiden."[2]

Meiden?

Muss er ja nicht!

Aber er tut es, sich einem fremden Diktat beugend, den Umständen, die er sonst nicht ertragen könnte oder will.

Götter haben es anscheinend auch nicht leicht.

Auch wenn Zwillingsseelen sich finden, geht offenbar nicht alles glatt über die Bühne.

Aber diese Liebe muss doch alle Hindernisse überwinden!

Oder?

Wo wäre denn sonst der Sinn der Liebe?

„Der Augen leuchtendes Paar,
das oft ich lächelnd gekost,
wenn Kampfeslust ein Kuss dir lohnte,
wenn kindisch lallend der Helden Lob
von holden Lippen dir floss:
dieser Augen strahlendes Paar,
das oft im Sturm mir geglänzt,
wenn Hoffnungssehnen das Herz mir sengte,
nach Weltenwonne mein Wunsch verlangte
aus wild webendem Bangen:
zum letzten mal
letz' es mich heut
mit des Lebewohles letztem Kuss!"
„Der Augen leuchtendes Paar."[3]

Was für eine Liebeserklärung!

„Zum letzten Mal".

Diese Trauer. Dieses Gefühl kennt sie! Es begleitet sie, seitdem sie denken kann. Sie fühlt Wotans Trauer. Aber sie hat kein Mitleid, er ist schwach, kann sich nicht gegen seine Götterfrau durchsetzen. Er ist so schwach, dass er es vorzieht, sein geliebtes Kind, seine Zwillingsseele, auf einen Felsen zu verbannen, statt sich gegen seine Götterfrau aufzulehnen, mit der ihn offenbar nichts mehr verbindet, und sich durchzusetzen.

---

2 Zitiert nach Richard Wagner, Akt 3 - Szene 3, der „Walküre".

3 Zitiert nach Richard Wagner, Akt 3 - Szene 3, der „Walküre".

Sie weiß, dass auch sie feige ist, schwach und ängstlich. Ihr Gefühl der Trauer und des Verlustes bezieht sich auf ihn, auf den Menschen, den sie so sehr liebt, den sie verlassen hat. Der sie aber auch durch seine Art vertrieben, der sie so sehr verletzt hat.

Sie sitzt in der Oper und weint – das Gefühl des Verlustes und der Trauer ist so stark.

Ihre Freundin reicht ihr ein Taschentuch und drückt ihre Hand. Sie versteht. Sie hat es selbst erlebt und erfahren. Auch sie sucht nach dem einen Menschen, nach dem Wahren Partner.

„Loge, höre! Lausche hierher!
Wie zuerst ich dich fand, als feurige Glut,
wie dann einst du mir schwandest,
als schweifende Lohe;
wie ich dich band, bann ich dich heut!
Herauf, wabernde Lohe,
umlodre mir feurig den Fels!
Loge! Loge! Hieher!
Wer meines Speeres Spitze fürchtet,
durchschreite das Feuer nie.“[4]

Und dann geht er. Verlässt die Bühne, den Ort des Dramas, überlässt seine geliebte Brünhilde, sein Kind, seine Zwillingsseele, ihrem Schicksal, umgeben von Feuer auf einem Felsen.

Und nicht nur das!

Er verbannt sie hinter das Feuer, schlafend, und sie wird dort so lange bleiben, bis ein Mann es schafft, das Feuer zu durchdringen. Und dazu muss er noch freier sein als Wotan, der Gott selbst. Die Chance ist gering, dass es einen Menschen gibt, dem das gelingt. Wer kann schon so leicht gegen einen Gott antreten? Nicht einmal eine Wahl lässt er ihr! Den Mann, der das Feuer durchdringt, muss sie als Bräutigam nehmen. Wotan verbannt seine geliebte Brünnhilde für immer, verbirgt seine geliebte Zwillingsseele hinter einem Feuerwall. Er darf sie nicht haben und so soll auch kein anderer sie bekommen. Sie gehört ihm allein, er bestimmt über ihr Schicksal.

Sie beschließt, ihre Zwillingsseele zu suchen, den Feuerwall zu durchdringen. Sie weiß und fühlt, dass ihre Zwillingsseele irgendwo ist, dass sie lebt und dass sie auch nach ihr sucht, auch wenn sie das vielleicht gar nicht weiß.

---

[4] Zitiert nach Richard Wagner, Akt 3 - Szene 3, der „Walküre“.

Und so beginnt sie die Suche, den Weg zurück in die Vergangenheit, geführt durch Erinnerungen an längst vergangene Leben, wo sie den Einen, die Eine, getroffen hat, mit dem Einen, der Einen, gelebt hat.

Vor dem Beginn der Zeit

Aus dem Feuer geboren – Der Planet Erde ist erschaffen, aus dem Urknall geboren. Hinausgeschleudert aus einem schwarzen Loch als gewaltiger Feuerball gemeinsam mit anderen Feuerbällen, die über Millionen von Jahren hinweg abkühlten und sich zu einem Sonnensystem ordneten.

Ein Feuerball bleibt heiß: Die Sonne. Seit unendlicher Zeit gibt sie Licht und Wärme und Liebe ab. Sie steht am Himmel der Menschen, spendet ihnen Lebenskraft, lässt alles blühen und gedeihen, soll die Menschen an Gott erinnern, an die Große Sonne, von der sie kommen und wohin sie zurückgehen. Sie soll die Menschen daran erinnern, dass sie selbst Kleine Sonnen sind, die leuchten, Wärme und Liebe abgeben, weil sie eine Seele besitzen.

Aber so weit sind wir noch nicht. Noch gibt es keine Menschen auf der Erde. Millionen Jahre lang wird es noch keine geben – die Erde muss sich erst entwickeln, sich bereit machen, um Menschen auf sich leben zu lassen und ihnen eine Heimat geben zu können.

Das Sonnensystem ist also erschaffen, doch es gibt noch kein Leben in ihm, jedenfalls kein organisches. Alles, was ist, lebt, denn Alles, was ist, besitzt eine Seele, weil es aus Gott geboren wurde, von Gott kommt. Und so ist auch die Erde lebendig, weil sie eine Seele besitzt. Genauso wie Jupiter, Venus, Mars und Pluto – einfach Alles, was im Universum existiert.

Die Erde bebt. Die Schöpfung ist beinah vollendet. Aber sie braucht noch Form und Ausdruck, eine Art Gesicht. Und so entstehen auf ihr Berge und Täler, Meere und Seen, Flüsse und Festland, Inseln und Kontinente. So wie sich alles entwickelt und verändert, entwickelt und verändert sich auch die Erde. Das ist ein Lebensprinzip, das Gesetz der Evolution. Die Erde ist lebendig. Auch heute noch. Sie verändert pausenlos ihr Gesicht, auch wenn wir es nicht wahrnehmen, denn ein Menschenleben ist viel zu kurz, um den tausende Jahre währenden Evolutionsprozess des Planeten in einem Stück zu erleben.

Es ist Nacht. Der heulende Sturm peitscht gewaltige Wellen vor sich her. Die Luft ist voller Gischt, die meterhoch spritzt, wenn sie aufeinander prallen. Gewitterwolken hängen über dem Meer und dem Vulkan, der gerade eine Insel erschafft. Es ist einer der kleineren, die es auf der Erde gibt, aber er besitzt dennoch gewaltige Kraft. Rauchschwaden quellen aus seinem Krater und werden sogleich vom Sturm auseinander getrieben. Tief in der Erde brodelt die Lava, lässt die Erde erbeben. Blitze erhellen die Nacht, teilen die Wolken und rasen in die Erde und ins Meer.

Die Erde erbebt wieder, diesmal noch gewaltiger, und sie ist bereit, die kochende Lava durch den Vulkankrater ins Leben zu entlassen. Ein Blitz schlägt in den Krater ein, der Donner rollt und sein Grollen vermischt sich mit dem Geräusch der bebenden Erde. Der Krater öffnet sich, Funken schießen in die Luft – und dann kommt die Lava! Kochend heiß, brodelnd, erhellt sie die Nacht – gelb, rot, orange, violett und blau leuchtend ergießt sie sich ins Meer, das zischt und dampft.

Wochen vergehen, in denen der Vulkan ununterbrochen Lava spuckt und so eine kleine Insel mitten im Meer entstehen lässt. Dann kehrt Ruhe ein, Frieden. Die Erde bebt nicht mehr, der Vulkan ruht. Die kleine Insel ist aus dem Feuer geboren. Und nicht nur sie. Es umgibt sie ein Ring aus Felsen, der fast zärtlich und sanft von den Wellen umspielt wird. Von oben sieht die Insel aus wie ein Punkt in einem Kreis. Wie das Symbol für die Sonne, das die Menschen später verwenden werden.

Unsere Zwillingsseelen schweben im Kosmos und betrachten dieses Schauspiel der Natur. Ihre Kleine Sonne hat sich mittlerweile in zwei Kleine Sonnen geteilt, aber sie sind noch immer miteinander verbunden.

Sie haben die Entstehung der Insel deshalb so genau beobachtet, weil sie wissen, dass sie ihr erstes gemeinsames Zuhause auf der Erde sein wird. Die Große Sonne hat ihnen gesagt, dass nun ihre Zeit auf der Erde beginnen wird, einem ganz neuen Planeten besonderer Art, da er von den Vier Elementen – Feuer, Wasser, Luft und Erde – beherrscht wird. Gott hat ihnen auch gesagt, dass viel später Menschen auf der Erde leben werden, doch dass es, um dort als Mensch leben zu können, erforderlich ist, die Vier Elemente erfahren zu haben. Und sie müssen sich auch an die schwere, dichte Materie der Erde gewöhnen – an die Dritte Dimension eben.[5]

Das Fünfte Element, das Licht, aus dem alles, was ist, geboren wird, gibt es auf der Erde nur in einem sehr geringen Ausmaß, hat die Große Sonne, das Licht selbst, erklärt. Das Licht ist das Fünfte Element, das auf der Erde erst erweckt und verankert werden muss.

Alle Seelen werden aus dem Licht geboren und leben lange Zeit in der Nähe der Großen Sonne. Seelen sind leicht, schwerelos – und diese Leichtigkeit und Schwerelosigkeit gibt es auf dem Planeten Erde nicht. Daran muss man sich erst gewöh-

---

[5] Kommentar: Die Existenz im dreidimensionalen Raum darf nicht im Sinne der Quantenphysik gesehen werden. Spirituell gesehen leben wir in der Dritten Dimension und steigen (hoffentlich) ab dem 21.12.2012 in die Vierte Dimension auf. Deshalb steht im dem Kapitel „33 nach Christus“, dass Jesus in die Vierte Dimension aufgestiegen ist. Deshalb begrüßen die Indianer in dem Kapitel „Rückschau in den Herbst 2002“ die Vierte Sonne. Es gibt aber auch Indianerstämme, die davon ausgehen, dass wir ab Dezember 2012 die Fünfte Sonne haben – es hängt einfach davon ab, wie ein Volk die Zeit berechnet oder wie alt ein Volk ist.

nen, wenn man aus der Leichtigkeit des Universums kommt und es gewöhnt ist, zu schweben und ohne Grenzen zu sein, verbunden mit Allem, was ist.

In dem Ring, der die kleine Insel umschließt, gibt es einen besonders schönen, großen, mächtigen Stein, der alle anderen um ihn herum überragt. Dieser Stein wird das zukünftige Zuhause unserer Zwillingsseelen sein, sie werden ihn gemeinsam beseelen, tausende Jahre in ihm sein, ihn zum Leben erwecken, mit Licht füllen. Ein Stein zu sein – das ist die beste Möglichkeit, die Schwere und Dichte der Materie in der Dritten Dimension zu erfahren.

Unsere Zwillingsseelen sind einverstanden mit dem Plan der Großen Sonne. Sie werden ihre Existenz auf dem besonderen Planeten mit einem Leben als Stein beginnen. Sie betrachten vom Universum aus den Stein, ihren Stein. Sanft schlagen die Wellen an ihn, er glitzert und funkelt im Sonnenschein! Er besteht aus schwarzem Material, in dem viele goldene Partikel eingeschlossen sind. Diese goldenen Partikel blitzen in der Sonne hell auf, laden sie ein, auf die Erde zu kommen. Auch die Form der Insel gefällt ihnen, ein Kreis mit einem Punkt im Zentrum. In der Mitte der Insel erhebt sich der Vulkan, der sie geboren hat, aus dem sie gewachsen ist.

Unsere Zwillingsseelen sind zufrieden mit ihrem ersten Zuhause auf der Erde. Und sie sind froh, miteinander gehen zu dürfen, sich nicht trennen zu müssen. Sie wissen, dass sie später auch einmal getrennt voneinander werden leben müssen. Aber noch nicht jetzt.

Mittlerweile ist es Nacht geworden auf der Erde. Das Mondlicht – es ist Vollmond – spiegelt sich auf den sanften Wellen wider und die Goldpartikel ihres Steins schimmern matt. Sie sind bereit, zu gehen. Der Geburtskanal, der Weg vom Universum in ihren Stein, der dann auch ihre Verbindung zur Großen Sonne sein wird, hat sich bereits geöffnet.

Unsere Zwillingsseelen sind bereit für ihr erstes Abenteuer auf der Erde. Sie springen in den Geburtskanal ...

... und landen augenblicklich auf der Erde in ihrem Stein, beseelen ihn, geben ihm Leben, bringen ihn zum Leuchten.

Die ersten paar tausend Jahre sind sie nicht sehr glücklich. Sie fühlen sich eingeengt, schwer, eingesperrt, gefangen. Zum ersten Mal in ihrer Existenz sind sie nicht frei. So erfahren sie aber die wahre Bedeutung der Worte „Dichte“, „Materie“ und „Schwere“.

Andererseits genießen sie das Wasser, das sie umgibt, die Sonne und den Wind – Dinge, die es in ihrer Heimat nicht gibt. Und so lernen sie die Vier Elemente kennen und genießen.

Tausende Jahre leben sie als Stein und beobachten, wie die Besiedelung der Erde beginnt und fortschreitet. Sie sehen die ersten Fische und Vögel und beobachten, wie die Pflanzenwelt entsteht. Sie sind Augenzeugen der Evolution, des Fortschritts und des Wachstums auf der Erde.

So vergeht Jahr und Jahr, tausende Male.

Eines Nachts bricht ein gewaltiger Sturm los, die Erde bebt erneut und riesige Wellen erschüttern den Felsen, in dem unsere Zwillingsseelen leben. Sie fühlen die Macht der Vier Elemente, die die Erde beherrschen. Gewaltig und roh, aber dennoch fein und zart.

Ihr Stein schwankt, wird von der Erde gerüttelt – und plötzlich bricht seine Verbindung zu den Nachbarsteinen. Er ist nun frei, ein Spielball der Natur. Mehrere Tonnen schwer wird er dennoch vom Sturm und Wellen in die Höhe gehoben, meterweit getragen und gegen einen Berg geschleudert. Und zerbricht. Die Zwillingsseelen sind wieder frei. Der Geburtskanal ist bereits geöffnet, saugt sie an und bringt sie zurück ins Universum, zur Großen Sonne. Sie sind wieder zu Hause.

Vom Wasser getragen – gleitet sie durch ihre neue Welt. Der Sand unter ihrem Bauch hat die Form kleiner Dünen, auf denen die Strahlen der Sonne, die durch das Wasser dringen, ein Muster aus Licht und Schatten bilden. Sie beobachtet, wie das Wasser die auftreffenden Sonnenstrahlen aufspaltet und wie die nächste Welle das Bild verwischt und ein neues Bild des Lichtes entstehen lässt. Sie ist fasziniert von dem Spiel des Lichtes, das immer wieder die Schatten verdrängt. Licht und Schatten – das Licht vertreibt immer die Dunkelheit.

Sie will die Sonne sehen und springt aus dem Wasser. Sie liebt dieses Spiel. Tausende Wassertropfen wirbeln um sie herum durch die Luft und in jedem von ihnen kann sie einen Regenbogen sehen. Und in all diesen Tropfen zusammen zeigt sich, wohin sie auch schaut, noch ein weiterer Regenbogen. Licht, Farbe und Freude sind allgegenwärtig.

Sie spielt dieses Spiel wieder und wieder und beobachtet dabei die Sonne, die sich langsam hinter dicken Wolken versteckt. Es wird ein Gewitter geben, sie sollte sich in tiefere Gewässer zurückziehen und dort das Unwetter abwarten.

Sie ist wieder geboren, diesmal als Delphin. Sie ist alleine gekommen, ihre Zwillingsseele ist noch für eine Weile bei der Großen Sonne zurückgeblieben. Aber sie werden einander treffen. Das ist zwischen ihnen vereinbart. Sie weiß nur noch nicht, wann und wo. Doch Zwillingsseelen treffen einander immer, wenn es vereinbart ist. Das ist ein Gesetz, auf das sie sich verlässt, auf das sie vertraut.

Sie liebt ihr Leben als Delphin. Und sie hat zum ersten Mal einen Körper. Der Stein war auch in gewisser Hinsicht ein Körper, aber eben fest und unbeweglich. Und so genießt sie es nun, sich bewegen, schwimmen und in die Luft springen zu können. So kann sie alles sehen – das Meer und das Land.

Außerdem empfindet sie ihren Körper als wunderschön. Lang und schlank gleitet er durch das Wasser, glitzert in sanften Grautönen, wobei ihr Bauch rosa ist. Sie genießt die Kraft ihrer Muskeln genauso wie die Geschmeidigkeit ihres Körpers, seine Wendigkeit und die Geschwindigkeit, mit der sie durchs Wasser sausen und hoch in die Lüfte springen kann. Ein wunderbares Leben! Und alles ganz neu!

Zum ersten Mal hat sie einen Körper aus Fleisch und Blut. Sie staunt immer noch, wie gut er sich anfühlt, was sie alles durch ihn erleben und empfinden kann. Ungeahnte Ebenen des Bewusstseins, des Erlebens und Lernens tun sich für sie auf. Sie möchte das alles auskosten, genießen, erfahren und so viel wie möglich lernen.

Zum ersten Mal erlebt sie auch, was Gemeinschaft auf der Erde bedeutet, denn sie lebt in einer Gruppe von Delphinen. Sie gehören zusammen, spielen miteinander und mit den Wellen und beschützen sich gegenseitig. Sie ist niemals allein, immer ist jemand da, für Unterhaltung und Spiel ist gesorgt.

Noch gibt es keine Menschen auf der Erde – und damit haben die Delphine auch keinen Feind. Sie leben frei und in Sicherheit, sorglos, im Meer geborgen.

Mittlerweile ist ein Sturm aufgekommen, die Wellen werden höher und mächtiger, die Sonne ist zur Gänze hinter dicken schwarzen Wolken verborgen. Das Unwetter kündigt sich unmissverständlich an. So springt sie noch einmal in die Luft, schlägt einen Salto, wendet und schwimmt schnell von der Küste weg ins tiefe Meer hinaus.

Sie schaut sich um – sie ist alleine! Ihre Gruppe ist weg! Sie fiepst und wartet auf Antwort, die ihr die Richtung weisen wird. Nichts. Sie fiepst noch einmal, lauter und drängender jetzt, sie müssen ja irgendwo in ihrer Nähe sein.

Da hört sie die ersehnte Antwort und wendet sich in die Richtung, aus der sie kommt. Sie beschleunigt, will nicht allein, sondern bei ihrer Familie sein. Also vorwärts. Aus der Dunkelheit kommt ein großer Schatten auf sie zugeschossen. Sie erschrickt, hat Angst. Sie ist alleine, ohne dem Schutz ihrer Familie. Der Schatten fiepst, wie nur Delphine miteinander kommunizieren. Er fiepst erneut – fast so als habe er ihre Angst gespürt und wolle sie beruhigen. Jetzt wird sie neugierig und sieht genauer hin. Und dann erkennt sie ihn. Er ist es, ihre Zwillingsseele in Delphingestalt, wiedergeboren im Meer wie sie!

Er ist ein großer, starker Delphin, wunderschön anzusehen. Und er ist von ihrer Art, denn er hat auch einen rosa Bauch wie sie.

Sie schwimmen um einander herum, betrachten einander, spielen miteinander, fiepsen sich zu, voll Begeisterung und Freude.

Mittlerweile hat sich das Unwetter verzogen und sie springen gemeinsam aus dem Wasser in die Luft, der Sonne entgegen. Ein Regenbogen bildet sich um sie, bevor sie wieder eintauchen. Sie tollen herum voller Freude über das Wiedersehen und darüber, dass sie ab jetzt wieder zusammen sind. Gemeinsam finden sie ihre Gruppe, ihre Familie, wieder und er schließt sich ihnen an.

Zwölf Monate später treibt sie träge im Wasser, ihre Familie umgibt sie wie ein Schutzwall. Gleich ist es soweit. Gleich wird sie zum ersten Mal ein Lebewesen gebären. Die Zwillingsseelen haben sich vereint, um einer anderen Seele das Leben in einem Körper zu ermöglichen.

Das Kalb gleitet aus ihrem Leib und beginnt sofort, sich zu bewegen und Laute von sich zu geben. Sie schwimmt einen kleinen Kreis und stupst die Nase ihres Kalbs zart mit der ihren an. Sie fiepst, will das Wunder, das sie fühlt, zum Ausdruck bringen. Liebe, tiefe Liebe durchflutet sie und lässt sie aus dem Wasser springen.

Das Kalb folgt ihr, zur Sonne, ins Licht. Umgeben von einem Regenbogen tauchen sie wieder ins Wasser.

In den Lüften schwebend – fliegen sie gemeinsam in den Himmel, lassen sich von den Strömungen immer höher und höher tragen. Sie sind frei geboren, um frei zu leben, wiedergeboren als Adler, um das Element Luft ganz und gar zu erfahren. Es ist ihr drittes Leben auf der Erde und sie lernen das dritte Element kennen, es zu beherrschen und für sich zu nutzen.

Nebeneinander schweben sie in luftigen Höhen. Weit unter ihnen leuchten die schneebedeckten und sonnenbestrahlten Gipfel der Dolomiten. Die Berge sind unberührt – es gibt noch immer keine Menschen auf der Erde.

Sie lieben die wunderbare Bergwelt mit den zerklüfteten Gipfeln, den Felstrümmern, die aussehen, als hätte Gottes Hand sie vom Himmel fallen lassen, die bizarren Felsformationen, die eine eigene Kraft und Magie ausstrahlen, die gewaltigen Felswände, die senkrecht hunderte Meter in die Tiefe fallen. Unsere Zwillingsseelen empfinden eine so starke Liebe für diese Berge, die nun ihr Zuhause sind, dass sie in vielen künftigen Leben an diesen Ort zurückkehren werden.

Und sie genießen ihr Adlerdasein. Sie sind Könige der Lüfte, majestätisch, die unangefochtenen Herrscher. Kein Lebewesen auf der Erde kann es ihnen gleichtun, kann so hoch hinaus wie sie.

Sie lieben ihre Körper, die so schlank und elegant und doch so stark sind. Sie lieben die Pracht ihres Federkleids, das sie im Winter wärmt und im Sommer kühlt. Sie lieben ihre mächtigen Klauen, ihre scharfen Schnäbel und ihre allsehenden Augen. Ihre Körper bieten ihnen alles, was sie zum Überleben benötigen. Die Große Sonne hat wieder einmal mit großer Liebe für ihre Kinder gesorgt.

Das Kaninchen auf der Wiese sehen sie zur gleichen Zeit. Lautlos lassen sie sich kopfüber in Richtung Erde fallen und entfalten erst kurz vor der Landung ihre Schwingen, um den Fall zu bremsen. Hoch in den Bergen haben sie ihren Horst, wo ein hungriges Adlerkind auf sie wartet, bedeckt noch mit Federflaum, aber schon stark, zum Leben und Jagen geboren, entwickelt es sich prächtig. Aber es muss gefüttert werden, also her mit der Beute.

Von Ferne beobachtet sie ein Falke. Er hat das Kaninchen auch gesehen und auch er muss seine Brut versorgen. Doch er lässt den Adlern den Vortritt. Sie sind stärker und mächtiger als er.

Sie überlässt es ihm, das Kaninchen zu schlagen. Während sie kleine Kreise ziehend auf ihn wartet, stürzt er zielsicher aus der Luft auf das Tier, packt es mit den Klauen und fliegt wieder zu ihr hinauf. Gemeinsam lassen sie sich vom Wind zum Horst tragen, füttern das Junge, das sich anschließend unter seine Mutter kuschelt, um zu schlafen.

Sie beobachten, wie die Sonne am Horizont versinkt, mit ihren letzten Strahlen die Bergwelt in rotes Licht taucht, das langsam zu rosa verblasst, und wie der Mond seinen Platz am Himmel einnimmt, voll und rund, eingebettet in den sternenübersäten Himmel.

Die schneebedeckten Gipfel leuchten in den verschiedensten Blau- und Grautönen im Licht der beiden Monde, magisch, kraftvoll, überirdisch.

Gott, die Große Sonne, hat diese wunderbare Welt erschaffen und als Teil von ihm selbst beseelt. Unsere Adler spüren dies und die Liebe Gottes, seine Nähe und seine Fürsorge. Das Leben ist schön. Sie vertrauen Gott und seiner Fürsorge, lassen das Leben fließen und sich vom Fluss des Lebens tragen.

Die Erde erfahrend – äsen sie auf einer Lichtung im Wald. Mutter Natur schenkt ihnen saftige Blätter, zarte Äste und als Draufgabe würzige Rinde, die sie von den Stämmen der Bäume schälen. Hirsch und Hirschkuh.

Unsere Zwillingsseelen sind wieder auf der Erde, diesmal um zu erfahren, wie sich fester Boden anfühlt, eine Erfahrung, die ihnen noch fehlt.

Sie sind als Stein ein Teil der Erde selbst gewesen, aus dem Feuer geboren, sie haben als Delphine das Element Wasser erfahren und als Adler das Element Luft beherrscht. Nun leben sie an die Erde gebunden, mit ihr verbunden.

Das Leben als Hirsch und Hirschkuh wird das letzte Leben sein, das der Erforschung der Vier Elemente, der Schwere und der dichten Materie auf Erden dient. Dann werden sie alles gelernt haben, was wichtig ist, um zum ersten Mal einen menschlichen Körper bewohnen zu können.

Noch ist der Planet menschenleer. Doch bald wird sich das ändern, viele Seelen sind nun bereit, in Menschengestalt geboren zu werden. Als Mensch leben zu dürfen, ist etwas ganz Besonderes, und die Große Sonne legt sehr viel Wert auf die Vorbereitungszeit. Das Spezielle am Menschen ist sein Schöpfungspotenzial. Durch die Macht seiner Gedanken, die durch seine Gefühle getragen werden, kann er sich gottgleich nahezu alles erschaffen. Das Gute wie das Schlechte. All das wird der Mensch durch Erfahrung lernen, denn er wird seine Schöpfungen leben müssen, in Freud oder Leid, je nachdem, was er sich erschafft. Der Gedanke, verbunden mit dem Gefühl, ergibt die Schöpfung – eine einfache Gleichung, ein einfaches Prinzip, das komplexe Bewegungen im Universum hervorruft, die die Manifestation der Gedanken in der menschlichen Realität ermöglichen.

Um das Ausleben des Schöpfungspotenzials zu ermöglichen, erhalten Menschen einen Körper, der Gedanken und Gefühle erzeugen kann. Er ist daher ein perfektes Instrument zum Spielen auf der Erde, ein Werkzeug, das der Mensch zum Manifestieren seiner gedanklichen Schöpfungen braucht.

Der Körper besteht aus den Vier Elementen, aus denen auch die Erde besteht. Deshalb ist es Gott so wichtig, dass sie erfahren und gemeistert werden, bevor die Seele einen Menschenkörper erhält.

In Gottes Großem Plan ist alles enthalten und bis ins kleinste Detail geregelt. Ohne Fehler, ohne Irrtum, unfehlbar und ans Ziel führend.

Die Mitglieder der Familie der Zwillingsseelen leben verteilt über das ganze Universum an den verschiedensten Orten. Immer wenn sie zu Hause sind, bei der Großen Sonne, tauschen sie ihre Erfahrungen, die sie in den unterschiedlichen Welten gesammelt haben, aus. So erfahren sie, dass es überall im Universum Leben gibt – das Universum ist Leben und das Universum lebt! Nichts im Universum ist tot, Alles, was ist, besitzt eine Seele, ist Teil der Großen Sonne, aus ihr geboren.

Für unsere Zwillingsseelen ist der Weg auf der Erde vorgezeichnet und so sind sie wieder da. Als Hirsch und Hirschkuh, frei geboren, um die Freiheit zu erfahren und zu genießen.

Sie leben in den Bergen, sind wieder zu Hause, wiedergeboren in den Dolomiten, zurückgekehrt dorthin, wo sie ihr Leben als Adler einst gelebt haben. Viel Zeit ist seitdem verstrichen, aber es hat sich nichts Wesentliches auf der Erde verändert. Die Zyklen der Erde sind lang.

Hirsch und Hirschkuh streifen miteinander durch den Wald – elegant und majestätisch, Könige des Waldes. Die Sonne scheint durch die Blätter der Bäume, die Schatten auf den weichen, moosigen Boden werfen, die verwischen, wenn der Wind durch die Äste fährt. Es ist Hochsommer. Der Wald riecht wunderbar und alles ist saftig und grün.

Sie erinnert sich, als sie ihn zum ersten Mal gesehen hat. Sie stand mit ihrem Rudel auf einer Lichtung und äste. Es war Hochsommer, aber das Gras war noch saftig und frisch, es war warm und die Bienen summten. In der Natur herrschte Hochbetrieb, Bald würden Herbst und Winter kommen, für die vorgesorgt werden muss. Er kam aus dem Wald, prächtig anzusehen mit seinem Geweih, stolz, majestätisch, auf der Suche nach einer Hirschkuh. Es war Paarungszeit.

Herbst und Winter vergingen. Sie war trächtig und würde zum Ende des Frühjahrs ein Kalb gebären, Gottes Ewigen Gesetzen folgend. Entsprechend ihrer Art suchte sie einen Unterstand, schattig, kühl und verborgen, um ihr Kalb geschützt zur Welt bringen zu können. Wie wunderbar war es gewesen, als es endlich da war, zum ersten Mal ihre Zitzen suchte, zum ersten Mal auf seinen wackeligen Beinen stand, den Kopf hob, ihr in die Augen blickte, um gleich wieder umzufallen.

Sie liebt ihr Kalb, beschützt es und zieht es auf. Oft sehen sie einander in die Augen und wissen, dass sie einander schon ewig kennen, dass da eine Verbindung ist, dass Gottes Liebe sie wieder zusammengeführt hat.

Mittlerweile kennen sie das Gesetz der Wiedergeburt, das Gesetz des Rhythmus' und des Fortschritts, der Evolution. Und sie haben wieder dazu beigetragen, ihre Aufgabe erfüllt. Jedes Lebewesen sollte sich fortpflanzen, um das Leben am Leben zu erhalten und die Evolution zu ermöglichen. Alles, was ist, wächst und gedeiht, entwickelt sich, schreitet fort. Deshalb wird man immer wieder geboren, das Rad des Lebens dreht sich immer weiter. Der Tod ist nur das Tor in ein anderes Leben, eine Tür, die sich öffnet und neue Möglichkeiten und Chancen offenbart.

Gottes Gesetze sind einfach, wenn man sie erkennt und versteht. Alles Leben existiert auf Grund der Gesetze Gottes und spiegelt sie, gibt sie wieder. Alles ist stets in Bewegung, so wie sie auch. Sie haben ein großes Revier, das sie täglich durchwandern. Es ist eine tägliche Reise, ein täglicher Marsch zur Vollendung. Auch das ist ein Gesetz Gottes: Man ist immer unterwegs, immer in Bewegung, immer am Weg zum Ziel. Das ist das Gesetz der Evolution.

Und so ziehen sie Gottes Gesetzen folgend durch die Wälder, durch die Berge und Täler, Hirsch, Hirschkuh und Hirschkalb. Auf dem Weg zur Vollendung, auf dem Weg zum Ziel. Auf dem Weg ins Licht.

Die Zwischenzeit

Sie beobachten die Erde, ihren geliebten Planeten, von ihrem Platz bei der Großen Sonne aus. Er liegt blau schimmernd eingebettet in die sanfte, samtige Schwärze des Universums.

Die Erde selbst hat sich in der Zwischenzeit mehrere Male wiedergeboren, sich erneuert und entwickelt. Mehrere Erdzyklen sind vorbeigegangen, mehrmals hat sich die Erdachse um 180 Grad verschoben und jedes Mal hat der Planet ein neues Gesicht bekommen.

Mittlerweile gibt es auch Menschen auf der Erde. Die Erde ist bereit, sie aufzunehmen, auf sich leben zu lassen, ihnen ein Zuhause zu geben. Und so hat die Symbiose zwischen Erde und Mensch begonnen, Gottes Großem Plan folgend.

Auch unsere Zwillingsseelen haben in der Zwischenzeit viel gelernt, sind reifer und erfahrener geworden. Bevor sie zum ersten Mal einen menschlichen Körper bewohnen werden, haben sie noch in anderen Teilen des Universums gelebt, um auch dort zu lernen und Erfahrungen zu sammeln, Wissen zu erlangen. Sie sind bei sehr lichtvollen alten Seelen gewesen und haben deren Gegenwart und Weisheit ebenso genossen wie deren tiefe Ruhe und besondere Ausstrahlung. Sie haben in hoch zivilisierten Gesellschaften Erfahrungen gesammelt, die vollkommen nach den Kosmischen Gesetzen, nach Gottes Gesetzen, die die Universelle Ordnung gewährleisten, leben, und haben diese dort studiert.

Eine ihrer Reisen führt unsere Zwillingsseelen zu einem kleinen, roten Planeten. Es ist sozusagen ihr Planet, denn hier sind sie ganz auf sich gestellt und können ihr Wissen über Gottes Gesetze in der Praxis erproben. Das ist Art Test: Wenn sie ihn bestehen, dürfen sie auf die Erde zurück – in Menschengestalt. Sie werden in eine schwierige Zeit hinein geboren werden, in der ein Erdzyklus endet, und so die sich daraus ergebenden Umwälzungen hautnah miterleben, aber auch mitgestalten. Sie werden einen Auftrag erhalten und ihn befolgen, so gut es ihnen möglich ist. Dafür müssen sie die Kosmischen Gesetze kennen und verstehen. Deshalb sind sie so lange in der Nähe der Großen Sonne geblieben, sind zu den alten Seelen und zu den hoch zivilisierten Gesellschaften gereist und haben so viel wie möglich gelernt.

So wie sie auf ihrem kleinen, roten Planeten jetzt auf sich gestellt sind, ohne direkte Hilfe, wird es auch auf der Erde sein beziehungsweise noch schlimmer, denn im Laufe des Lebens vergessen die Menschen ihre Göttlichkeit, woher sie kommen, wohin sie gehen, wer sie wirklich sind, vergessen ihr wahres Sein und ihr wahres Selbst. Doch das entspricht Gottes Großem Plan, denn das Leben ist ein Spiel, dessen Sinn unter anderem auch im Wiederentdecken der eigenen Göttlichkeit liegt.

Auch unsere Zwillingsseelen werden als Menschen manchmal ihre Göttlichkeit vergessen und in den Zustand einer Art spiritueller Umnachtung verfallen, der allen Menschen eigen ist. Und daher ist es wichtig, die Kosmischen Gesetze so gut wie möglich zu kennen und zu verstehen, Wissen und Weisheit so gut wie möglich zu verinnerlichen, um es leichter abrufen zu können, sich leichter an alles zu erinnern.

Sie wissen, dass ihr erstes Erdenleben sehr schwierig sein wird, denn die Finsternis und die Dunkelheit dort sind groß. Es gibt nur noch wenige Wissende, der Großteil der Menschheit ist stumpf, hat alles vergessen, was die Große Sonne und ihre Gesetze betrifft, ist verfangen in reinem Menschsein ohne jede Spiritualität und lehnt Wissen und Weisheit und Wahrheit sogar ab. So sind die Menschen zu Sklaven der Dunkelheit geworden – und merken es nicht.

Das soll sich nach dem Willen Gottes ändern. Bald.

Ein Erdzeitalter neigt sich dem Ende zu. Eine Wende der Zeiten steht bevor.

Und unsere Zwillingsseelen werden dabei sein. Kurz vor der Inkarnation auf der Erde reisen sie noch einmal zu ihrem kleinen, roten Planeten und üben dort für die Zukunft, vervollkommnen ihr Wissen. Sie werden den kleinen, roten Planeten auch von der Erde aus sehen können – zur Erinnerung, als Hoffnungsschimmer in schweren Zeiten. Er wird zwar sehr weit weg sein, unerreichbar für sie in Menschengestalt, doch wird er als Stern am Himmel leuchten, als Bote, als Freund, als Erinnerung, aber auch als Mahnung, die eigene Göttlichkeit nicht zu vergessen.

Atlantis

Sie ist aufgeregt und ein bisschen ängstlich. Sie folgt einem Mann im wallenden Priestergewand durch dunkle, in Stein gehauene Gänge, die von an den Wänden in regelmäßigen Abständen befestigten Fackeln spärlich erleuchtet werden. Der Priester trägt auch so eine Fackel und beleuchtet damit den immer tiefer in die Erde hinab führenden Weg. Dort, im Großen Tempel des Lichts, hat ihr Vater sie der Obhut der Priester und Priesterinnen übergeben wie schon vor mehreren Jahren ihren Bruder.

Unsere Zwillingsseelen leben diesmal als Bruder und Schwester auf Atlantis, wo das alte Wissen noch gelehrt, gelebt und gehütet wird.

Sie freut sich, den geliebten Bruder wieder zu sehen, fürchtet sich aber auch vor dem, was auf sie zukommen mag. Sie weiß, dass es nichts Schlimmes oder Böses ist, aber trotzdem spürt sie Angst vor dem Unbekannten. Ihren Gedanken nachhängend folgt sie dem Priester durch den Gang. Plötzlich sieht sie an dessen Ende ein helles Licht, dessen Strahlen mit jedem Schritt intensiver und mächtiger wird.

Sie betreten eine riesige Halle, die mit Ausnahme eines hellstrahlenden Lichts in Form einer großen Kugel in vollkommener Dunkelheit liegt. Der Priester tritt mit ihr vor die Lichtkugel, die Wärme und Liebe ausstrahlt wie die Große Sonne im Universum, zu Hause.

„Bist Du gekommen, um das Alte Wissen zu erlernen?“

„Ja.“

„Willst Du das Leuchten Deiner Seele, die eine Flamme der Großen Sonne ist, zum Strahlen bringen?“

„Ja.“

„Willst Du anderen Flammen helfen, sich aus der Dunkelheit zu erheben, den Weg ins Licht zu gehen?“

„Ja.“

Das Licht zeigt ihr ihre Flamme, ihre Seele, die in der Halle erstrahlt und die Dunkelheit durchbricht. Sie ist ergriffen von der Schönheit und Reinheit ihrer Flamme.

Plötzlich wird es noch heller, denn unendlich viele Flammen schweben im Raum: Die als Lichtkugel erscheinende Wesenheit zeigt ihr die Seelen anderer Kinder des Lichts, die die Dunkelheit durchbrechen und die Schleier der Finsternis, die die Große Sonne, das Licht, umgeben, zerreißen.

„Siehst Du die Illusion der Dunkelheit, die das Licht verbirgt?“

„Ja."

„Bist Du bereit, den Kampf gegen die Dunkelheit zu führen, um dem Licht zum Sieg zu verhelfen?"

„Ja."

„Bist Du bereit, diese Aufgabe für viele, viele Leben, die Du noch in Menschengestalt verbringen wirst, zu übernehmen?"

„Ja."

„Bist Du bereit, das Licht um die Welt zu tragen?"

„Ja."

„Dann soll es so sein! Nimm die Macht des Alten Wissens und wisse, dass das Licht die Dunkelheit besiegen wird, denn die Dunkelheit ist ein Teil des Lichts. Die Dunkelheit muss überwunden werden, um zum Licht zu gelangen. Der Mensch wird aus der Dunkelheit ins Licht erhoben, wenn er sich von den Fesseln der Dunkelheit aus seinem freien Willen heraus befreit, sie abwirft und ohne Zweifel und ohne Zögern den Weg ins Licht geht. Daher sei immer eingedenk Deiner Flamme, Deiner Seele, die in Deinem Körper leuchtet, der ein Tempel der Großen Sonne ist, ein Haus, in dem die Flamme der Großen Sonne wohnt.

Vergiss diese Flamme nie, wende Dich immer von der Dunkelheit ab und dem Licht zu, kehre der Dunkelheit stets den Rücken. Wisse, dass Du immer die Wahl zwischen Licht und Dunkelheit hast. Jede Sekunde entscheidest Du Dich für das Eine oder Andere.

Wisse außerdem, dass Du als Kind des Lichtes, das den Weg ins Licht geht, starken Anfeindungen der Kinder der Dunkelheit wirst widerstehen müssen. Du wirst lernen, dass Licht Ordnung und Dunkelheit Chaos bedeutet. Du wirst die Macht erlangen, aus Chaos Ordnung erstehen zu lassen, und Du wirst sehen, dass es gut ist. Die Kinder der Dunkelheit leben im Chaos, verbreiten Unordnung, denn das gibt ihnen Macht. Und so werden sie Dich bekämpfen, Dich anfeinden, dir das Leben, auch die zukünftigen, schwer machen, denn jedes Mal, wenn Du Ordnung erschaffst, schmälerst Du ihre Macht, schwächst Du die dunkle Seite, hilfst dem Licht. Überall wo das Licht leuchtet, kann Chaos nicht sein. So vertreibt das Licht die Finsternis, entsteht Ordnung aus dem Chaos.

Vergiss nie, was auch immer Dir widerfahren wird, dass das Licht siegen wird, denn das Licht ist Alles, was ist, alles kommt aus ihm und geht zurück zu ihm. So ist es seit Anbeginn der Zeit und so wird es immer sein. Das ist das Gesetz der Großen Sonne, von der die Ordnung und auch die Gesetze der Ordnung kommen."

Das ist das erste Leben, das unsere Zwillingsseelen in Menschengestalt verbringen werden. Sie kennen das Alte Wissen, die Gesetze der Großen Sonne. Nun geht es darum, dieses Wissen auf der Erde zu leben und am Leuchten zu halten beziehungsweise erstrahlen und noch heller werden zu lassen.

Warum ist das so schwierig?

Es herrscht ein Kampf auf der Erde; die Kinder der Dunkelheit versuchen, das Licht, die Große Sonne, Gott, für immer von der Erde zu vertreiben, versuchen, die Herrschaft der Dunkelheit für immer zu manifestieren. Die Erde, die einst als Planet der Liebe geschaffen wurde, fällt immer mehr in die Dunkelheit – so wie auch die auf ihr lebenden Menschen. Das ist der Kampf der Lichtes gegen die Dunkelheit, des Krieges zwischen den Kindern des Lichts und den Kindern der Dunkelheit.

Unsere Zwillingsseelen sind Kinder des Lichts und beginnen nun ihren Weg als Menschen, als Kleine Sonnen in Menschengestalt, auf der Erde. Aber auch als Krieger des Lichts.

Unsere Zwillingsseelen leben im Tempel und lernen viele, viele Jahre hindurch. Sie werden eingeweiht in das Alte Wissen, lernen, es auf der Erde zu leben, und bestehen Prüfungen. Mit jedem Schritt wächst ihre Weisheit und ihre Macht.

Während ihre Flammen immer heller werden, nimmt in Atlantis die Dunkelheit zu. Die Kinder der Dunkelheit gewinnen an Macht und gestatten durch ihre Rituale Wesenheiten Zugang zur Erde, der ihnen sonst verwehrt wäre. Diese Wesenheiten kommen aus einem Bereich des Universums, der dunkler ist als die dunkelste Dunkelheit, die sich der Mensch nur vorstellen kann. Es sind Wesen, die nicht auf der Erde inkarnieren können – außer man ruft sie und überlässt ihnen tote, seelenlosen Körper, die sie bewohnen können. Zu diesem Zweck werden Menschen getötet und deren Leichen einer speziellen Behandlung unterzogen, die es den dunklen Wesenheiten ermöglicht, sie auf ihre Art und Weise zu beseelen. Trotz dieser Behandlung sind diese Körper denen der Menschen nur ähnlich, denn sie tragen einen Reptilienkopf. Die dunklen Wesenheiten sind jedoch Meister der Illusion und können so ihren Reptilienköpfen den Anschein von Menschenköpfen geben.

Nur lichtvollen Menschen ist es gegeben, hinter die Illusion zu blicken, hinter der Fassade des Menschenkopfes das Reptil zu erkennen. Die Masse der Atlantaer aber wendet sich immer mehr vom Licht ab, denn die Verlockungen der Dunkelheit sind zu groß: Sie versprechen materiellen Reichtum und Wohlstand, weltliche Macht und Einfluss, ein bequemes Leben, nur dem eigenen Ego folgend, ohne Rücksicht auf Erde, Tiere, Menschen, ohne Rücksicht auf Gottes Gesetze. Die Dunkelheit verspricht ein Leben auf Kosten anderer, die versklavt und zum eigenen Nutzen manipuliert werden. Die Atlantaer wollen auf diese Weise ein bequemes Leben führen und sehen dabei nicht, dass sie sich dadurch immer an die Dunkelheit binden, dass sie sich selbst die Fesseln anlegen, die sie an die Niederungen des Seins binden und sie langsam, aber sicher hinabziehen in die tiefsten Tiefen der Finsternis.

Und so verfällt Atlantis, die Pracht und der Glanz des Lichtes schwinden, die dunklen Wesenheiten vermehren sich.

Die Meister des Lichts und lichtvolle Menschen wie unsere Zwillingsseelen kämpfen, um das Licht und die Liebe in Atlantis zu erhalten. Sie besitzen nicht nur die Fähigkeit, die dunklen Wesen mit den Reptilienköpfen, die aussehen wie Menschenköpfe, zu erkennen, sondern auch die Macht, ihnen die Lebensbasis, also den Menschenkörper, zu entziehen.

Es herrscht Krieg.

Allerdings erhält das Licht immer weniger Unterstützung von den Menschen, denn sie sind schon zu sehr von der Dunkelheit gefesselt. Und so entsteht aus der Ordnung immer mehr Unordnung, immer mehr Chaos.

Früher hat es in Atlantis keine Sklaven gegeben - jeder ist frei gewesen, ein Freier Mensch, der in Freiheit lebte. Jetzt gibt es Sklaven, Unterdrückte, die in Armut und Not leben. Früher hat jeder genug zum Leben gehabt. Das Leben ist kein Kampf gewesen, sondern ein freies Fließen des Materiellen, das jeden erreichte und jedem das brachte, was zum Leben wichtig und gut war, also nicht nur das Notwendigste, sondern mehr als das. Auch das ist jetzt vorbei. Der Fluss des Materiellen erreicht auf Grund des Paktes mit der Dunkelheit nur noch wenige Menschen. Der Rest muss schwer arbeiten, um das Allermindeste zum Überleben zu erhalten. Für die meisten Menschen geht es nur ums Überleben, nicht mehr um ein Leben in Freiheit und Würde. Sklaven besitzen keine Freiheit und die Würde wird ihnen genommen.

Die Dunkelheit senkt sich immer mehr herab.

Nur selten noch leuchtet das Licht.

Die dunklen Wesenheiten mit den Reptilienköpfen haben mittlerweile die Herrschaft über Atlantis an sich gerissen. Die Regierung des Lichts ist von der Regierung der Dunkelheit abgelöst, die Spirituelle Regierung durch eine weltliche ersetzt worden. Die Spirituelle Regierung will die Menschen ins Licht, zur Großen Sonne führen, die weltliche Regierung will nur materiellen Reichtum und Wohlstand schaffen. Aber nicht für alle Menschen, sondern ausschließlich für die Mitglieder der Regierung und deren Familien und Freunde. Deshalb versklavt sie das Volk: Der Großteil der Menschen lebt in bitterster Armut und nur ganz wenige Menschen sind reich, sehr reich.

Wie ist es den dunklen Wesenheiten mit den Reptilienköpfen gelungen, die Herrschaft an sich zu reißen?

Nur die Meister des Lichts und lichtvolle Menschen konnten sie erkennen, die Illusion durchschauen, mit der sie sich einen Menschenkopf gaben. Es gab aber immer weniger lichtvolle Menschen, da die Dunkelheit immer stärker wurde und viele von ihnen deren Verheißungen erlagen. Sie haben gar nicht mehr hinter die

Fassaden schauen wollen, die Illusion zerstören. Sie haben sich ergeben, sind zuerst freiwillig treue Diener ihrer dunklen Herrn gewesen und sind dann später gezwungen worden, treue Diener ihrer dunklen Herrn zu sein.

In den Tempeln des Lichtes wird diese Entwicklung genau beobachtet und alles versucht, sie aufzuhalten.

Eines Tages geht unsere Zwillingsseele auf ihren Berg, zu ihrem persönlichen Ritualplatz auf einem Hochplateau. Sie ist eine große, schlanke Frau geworden, reich an Macht, Wissen und Weisheit. Sie trägt das lange, weiße, wallende Gewand der Priesterinnen des Lichts. Um die Fußgelenke und Oberarme winden sich fein aus Gold gearbeitete Schlangen und um den Kopf hat sie ein breites Goldband geschlungen, das ihr langes dunkles lockiges Haar zurückhält. Von dem Hochplateau, das ihr persönlicher Ritualplatz ist, sind nur die Gipfel der umliegenden Berge zu sehen, die viel tiefer liegen als der Ort, an dem sie steht. Dieses Hochplateau ist der Ort, an dem sie die Fünf Elemente beschwört. Sie hat ihn bei einer ihrer langen einsamen Wanderungen durch die Berge entdeckt. Dorthin geht sie, wenn sie der Großen Sonne näher sein und ihre Rituale und Gebete abhalten möchte.

Sie steht auf dem Plateau und sammelt sich. Sie hebt die Arme und dreht die Handflächen gen Universum, wendet das Gesicht in Richtung Große Sonne und beginnt ihr Ritual, ihre Anrufung der Großen Sonne.

Die Zustände in Atlantis werden schlimmer, die Dunkelheit immer dunkler. Eines Tages versammeln die Meister des Lichts ihre Schüler in der unterirdischen Halle der Seelen tief unter dem Großen Tempel des Lichts, den sie am Beginn ihrer Zeit als Priesterin betreten und in der das Große Licht zu ihr gesprochen hat. Dort erhalten sie vom Großen Licht den Auftrag, Schiffe zu bauen, mit denen sie die Insel rechtzeitig verlassen können. Denn Atlantis wird in den Fluten versinken. Für lange, lange Zeit. Tausende Jahre wird der Große Tempel des Lichts auf dem Grund des Meeres ruhen, so lange, bis das Licht auf die Erde zurückkehrt und die Bewegungen der Erde ihn wieder aus den Fluten auftauchen lassen.

Die Große Sonne hat die Kinder des Lichts, ihre Kinder, gewarnt und gibt ihnen die Möglichkeit, sich vor dem Untergang von Atlantis zu retten, wenn sie bereit sind, das Licht in die Welt zu tragen.

Sie sind bereit.

Die Reise beginnt.

Die Zwischenzeit

Am Bug des Segelschiffes stehend beschwört sie den Wind, denn sie ist eine Priesterin des Lichts und beherrscht das Alte Wissen und seine Macht.

Der Wind peitscht die Wellen vor sich her, das Schiff rollt, Blitze durchzucken den Himmel, die Wolken hängen tief und Regen strömt aus ihnen hervor.

Armageddon. Sie haben Atlantis verlassen, denn es versinkt in den Fluten. Die Vulkane haben sich aufgetan, speien Feuer, Rauch und Lava, die alles unter sich begräbt – Häuser, Menschen, Tiere, Pflanzen. Gewaltige Erdbeben lassen die Erde bersten, Wasser dringt aus den Erdspalten und reißt alles mit sich fort.

Armageddon.

Feuer bricht aus, wird vom Sturm weiter entfacht, weiter getrieben. Alles wird zu seiner Beute. Wo Wasser nicht ist, ist Feuer.

Armageddon.

Unterirdische Explosionen lassen die Erde erbeben und reißen, Berge bäumen sich auf, fallen in sich zusammen, begraben alles um sie herum.

Armageddon.

Sie steht am Bug des Segelschiffes und befiehlt dem Wind, das Schiff nach Ägypten zu tragen. Sie hat einen Auftrag erhalten, damals auf dem Hochplateau, als sie die Große Sonne angerufen hat.

Sie dreht sich um, blickt zurück nach Atlantis, aber sie sieht nur mehr den Feuerschein am dunklen Himmel, fliegende Funken Feuerbällen gleich, Kugelblitze, die durch die Wolken zucken und die Nacht durchbrechen.

Armageddon.

Gewaltige Wassermassen stürzen vom Himmel. Die Sintflut ergießt sich aus dem Universum auf die Erde.

Armageddon.

Auch die Kinder der Dunkelheit sind von den Meistern des Lichts gewarnt worden. Aber sie haben nur gelacht, so sicher waren sie sich ihrer Macht. Sie haben vergessen, dass die Dunkelheit nur die andere Seite des Lichts ist, dass das Licht immer stärker ist als die Dunkelheit, dass das Licht die Dunkelheit besiegen muss.

Denn das ist ein Gesetz.

Doch sie lachten nur und wandten sich wieder ihren Atomversuchen zu, entwickelten ihre Laserstrahlen weiter, denn sie wollten die Welt erobern, die Herrschaft über die Welt erlangen mithilfe ihrer Waffen. Sie wollten nicht das Licht und die Liebe um die Welt tragen, sondern den Krieg. Sie wollten die absolute Macht und die absolute Herrschaft über die Erde und ihre Bewohner haben. Sie waren sich ihrer Macht und ihres Sieges so sicher, dass sie keine Achtung und keinen Respekt mehr vor dem Leben hatten. Alles musste ihnen untertan sein.

Tief in der Erde führten sie ihre Atomversuche durch und schickten ihre Laserstrahlen in den Himmel. Ohne Rücksicht auf Verluste und Zerstörungen, ohne Rücksicht auf die Konsequenzen. Damals verlor die Erde ihren zweiten Mond. Getroffen von einem unkontrollierten Laserstrahl zerfiel er in Millionen Trümmer, die noch heute um die Erde kreisen.

Ja, sie waren gewarnt worden. Die Große Sonne hatte ihnen ihre Boten geschickt, denn die Große Sonne ist Licht und Liebe, die nicht ohne Warnung zerstört. Es ist dieselbe Liebe, die gebiert und zerstört. Die Liebe der Großen Sonne ist neutral. Der Mensch nimmt diese Liebe zum Guten oder zum Bösen, zum Gebären oder zum Zerstören. Die Kinder der Dunkelheit haben sich für das Böse, die Zerstörung, entschieden, für den Krieg, den Missbrauch der Macht, für die Dunkelheit.

Die Explosion des zweiten Mondes war für die Kinder des Lichts das Signal zum Aufbruch gewesen. Denn jetzt würde Atlantis untergehen. Wie es prophezeit worden war.

Sie eilten zu den vorbereiteten Schiffen und stachen in See. Als sie weit genug von Atlantis entfernt waren, um nicht in den Strudel des Untergangs gerissen zu werden, brach das Inferno los.

Die himmlischen Heerscharen kamen herab auf die Erde.

Armageddon.

Atlantis versinkt in den Fluten und reißt die Kinder der Dunkelheit mit sich.

Ein neues Zeitalter nimmt seinen Anfang.

Eine weitere Zwischenzeit

Unsere Zwillingsseele befehligt eines der Schiffe, die in Richtung Ägypten unterwegs sind. So wie es ihrem Auftrag entspricht. Andere sind unterwegs zu anderen Ländern, wo andere Völker leben. Sie alle haben den Auftrag, das Licht um die Welt zu tragen, es auf der Erde zu verankern – für immer.

Sie werden den anderen Völkern das Atlantische Wissen, zum Beispiel über Architektur, Baukunst, Landwirtschaft, das Bauen von Fortbewegungsmitteln – Schiffen und Lichtgleitern – und die Kunst des Heilens bringen, außerdem das Alte Wissen über das Licht und die Liebe, damit es auf der Erde Fortschritt und Evolution geben kann. Und natürlich auch, um die Dunkelheit zurückzudrängen, dem Licht und der Liebe zum endgültigen Sieg zu verhelfen.

Und so verteilen sich die Kinder des Lichts auf dem ganzen Planeten, um dort ihren Auftrag zu erfüllen. Dieser Auftrag entspricht ihrer Lebensaufgabe, die sie mit Hilfe und Unterstützung der Großen Sonne zu erfüllen bereit sind.

Es ist ein langer Weg, eine lange Reise. Ein neues Erdzeitalter hat begonnen und an seinem Ende wird der endgültige Sieg des Lichts stehen.

Und noch eine Zwischenzeit

Vor dem Untergang von Atlantis gab es so manchen Meister des Lichts im Großen Tempel des Lichts. Einer davon ist Toth. Er hat Unsterblichkeit erlangt, kann parallele Realitäten und parallele Dimensionen bereisen und hat das Alte Wissen und die Kosmischen Gesetze vollkommen in sein Wesen integriert. Toth hat den Auftrag erhalten, mit Kindern des Lichts nach Ägypten zu gehen (das damals das Land von Khem genannt wurde), um das Alte Wissen, das Licht und die Liebe, die Weisheit dorthin zu bringen.

Unsere Zwillingsseelen sind mit dem Segelschiff unterwegs nach Ägypten. Toth segelt nicht auf den Wogen des Meeres, sondern er schwebt durch die Lüfte, getragen von einem Lichtgleiter, der sich mit der Energie der Großen Sonne vorwärts bewegt. Er eilt voraus, um die Ankunft der Segelschiffe aus Atlantis vorzubereiten. Solche Lichtgleiter werden heute UFOs genannt und mit Staunen betrachtet. Das Alte Atlantis war den Menschen von Khem nicht nur in technischer Hinsicht weit voraus. Das Licht ist das Fünfte Element und die Grundlage für alle technischen Errungenschaften der Atlantaer. Die Menschen reisten mit den Lichtgleitern, angetrieben vom Licht, sie bauten Tempel und Häuser mit Hilfe des Lichts und dessen Frequenz, sie erschufen Materie aus Licht, indem sie die Frequenz des Lichts herabsenkten und es so dichter werden ließen, sodass aus dem Licht kristallisierte Materie entstand. Der Große Tempel des Lichts, der unversehrt in den Fluten des Meeres verschwunden ist, besteht aus solch kristallisiertem Licht, ist unzerstörbar und kann die Zeiten am Grund des Meeres unbeschadet überstehen.

Die Bewohner des Landes von Khem sind unzivilisierte, stark behaarte Barbaren. Sie hausen in Höhlen und leben schlechter als die Tiere.

Was unterscheidet den Menschen vom Tier?

Sowohl Mensch als auch Tier sind Kleine Sonnen, besitzen eine Seele, sind geboren aus der Großen Sonne.

Der Mensch hat im Unterschied zum Tier Bewusstsein, das Potenzial, das Licht, die Flamme zu entfachen, Weisheit und Wissen zu erlangen und den Weg ins Licht zu gehen.

Die Menschen von Khem besitzen natürlich ein Bewusstsein, und dennoch sind sie eher tierisch als menschlich, weil das Bewusstsein schlummert, sich noch nicht entwickelt hat. Das Bewusstsein wird erweckt durch das Licht, durch den Göttlichen Strahl der Großen Sonne. Toth und die Kinder des Lichts sind Boten der Großen Sonne und bringen das Licht, das das Bewusstsein erwachen lässt.

So kommt Toth mit seinem Lichtgleiter in Ägypten an. Die Bewohner des Landes Khem stürzen aus ihren Höhlen, bewaffnet mit Keulen, bereit, ihr Land gegen die Eindringlinge zu verteidigen. Sie bemerken die Wogen von Licht und Liebe nicht, die ihnen entgegenkommen. Ihr Bewusstsein ruht noch tief in ihnen.

Toth schwebt mit der von ihm angeführten Gruppe von Kindern des Lichts vom Himmel hernieder. Die Barbaren wollen sich auf sie stürzen, sie mit ihren Knüppeln erschlagen – aber sie werden immer wieder zurückgeworfen. Toth hat einen

Schutzwall aus Licht um sich und seine Gruppe aufgebaut. Dieser Schutzwall ist undurchdringlich und unüberwindbar.

Immer wieder rennen die Eingeborenen gegen den Schutzwall an. Immer wieder scheitern sie.

Toth lässt sie toben, schreien und brüllen, wartet in Ruhe ab. Schließlich geben die Bewohner von Khem ihren Widerstand auf und ergeben sich.

Und so spricht Toth zu ihnen:

„Wir sind Boten der Großen Sonne, die zu Euch kommen, um Euch Licht und Liebe, Weisheit und das Alte Wissen zu bringen. Wir sind aus Atlantis gekommen, das in den Fluten des Meeres versunken ist, um das Licht um die Welt zu tragen. Wir wollen hier Tempel bauen und das Alte Wissen verankern. Andere von uns sind in andere Erdteile gegangen, um dorthin das Licht und die Liebe zu tragen. Und so wird um die Erde herum, verankert durch Tempel, ein einzigartiges Energetisches Netz entstehen, das die Erde für immer in Licht und Liebe einhüllen wird. Das ist der Wille der Großen Sonne, der Wille Gottes, dessen Kinder Ihr auch seid. Ihr seid Kinder der Großen Sonne, Kinder des Lichtes und der Liebe. Die Große Sonne hat uns zu Euch gesendet, um Euer Bewusstsein zu erwecken, Eure Flamme zu entfachen, Euch den Weg ins Licht zu zeigen."

Dann umgibt er die Bewohner von Khem mit einer Wolke aus Licht und Liebe. Mit seinem Lichtstab berührt er jede einzelne Flamme, das Bewusstsein jedes einzelnen Menschen.

Die Bewohner von Khem erwachen, fühlen das Licht und die Liebe und ihre Flammen leuchten heller.

Toth erfüllt seinen Auftrag, zu dem es auch gehört, im Land von Khem die Große Pyramide zu errichten, um in ihr das Atlantische Wissen für die kommenden Generationen aufzubewahren.

Rückblick nach Atlantis

Das Meer hat sich beruhigt, der Himmel ist blau und die Sonne strahlt.

Dort, wo Atlantis gewesen ist, ist nichts mehr.

Kein Land, nur Wasser.

Der Große Tempel des Lichts ist als letztes Bauwerk gesunken, einfach untergegangen, unversehrt.

Auf dem Grunde des Meeres wird er ruhen bis zum endgültigen Sieg des Lichts und der Liebe über die Dunkelheit, bis die Zeit kommt, in der es auf der Erde nur mehr Licht und Liebe geben und die Große Sonne über allem erstrahlen wird. Gleichzeitig mit dem Erstrahlen der Großen Sonne wird sich der Große Tempel des Lichts wiederum aus den Fluten erheben, emporgehoben durch die Bewegungen der Erde.

Die Kinder des Lichts sind gerettet, die Kinder der Dunkelheit hingegen sind mit Atlantis in den Fluten untergegangen. Sie haben das Inferno nicht überlebt.

Sie haben die himmlischen Heerscharen gerufen.

Armageddon.

Das Inferno provoziert.

Sie haben – einstweilen – das Ende ihrer Macht erfahren, erkannt, dass sie nicht unbesiegbar sind. Aber dennoch leben sie im Raum, zur Zeit außerhalb der Zeit, sammeln sich und ihre Kräfte. Sie haben der Großen Sonne und den Kindern des Lichts geschworen, dass sie wiederkehren werden, um die Macht über die Erde endgültig an sich zu reißen.

Für immer und alle Zeiten.

Ägypten

Unsere Zwillingsseelen haben die Reise über das Meer nach Ägypten gemeistert. Es war alles ganz genau nach dem Plan der Großen Sonne verlaufen, alles war so gekommen wie prophezeit.

Toth versammelt die Kinder des Lichts und erklärt ihnen, was als nächstes zu tun ist. Er hat den Ort bereits vermessen, das heißt, er hat auf Grund seiner Berechnungen der Bahnen der Planeten und Sterne in den nächsten 26.000 Jahren den geeigneten Platz für die Errichtung der Großen Pyramide gefunden und ihn mit Lichtsrahlen eingefasst bezeichnet. Auch die Ausmaße der Großen Pyramide wurden bestimmt, ebenso der Ort, an dem er unter dem geflügelten Löwen seinen Lichtgleiter für seine einstige Wiederkehr aufbewahren wird.

Er erschafft eine Illusion der zu errichtenden Bauwerke aus Licht, damit die Kinder des Lichts sehen können, wie sie nach der Fertigstellung aussehen. Sie sind begeistert. Unterhalb der Großen Pyramide werden Hallen und Gänge errichtet, die denen unterhalb des Großen Tempels des Lichts in Atlantis gleichen. Über einen Raum innerhalb der Pyramide wird man in die unterirdischen Hallen und Gänge gelangen, indem man sich einfach in eine Steinwanne legt. Es wird einen abwärts geneigten, in die Erde führenden Gang geben, der der Zugang zur Vierten Dimension ist. Andere Schächte und Räume in der Pyramide werden den Zweck haben, die Sterne genau beobachten zu können, um die Zeit zu messen, die noch bis zum Ende dieses Erdzeitalters verbleibt, die Zeit bis zum endgültigen Untergang der Dunkelheit, bis zur endgültigen Rückkehr des Lichts auf die Erde. Die Große Pyramide ist ein Tempel des Lichts, ein Zeugnis für die Große Sonne. Sie wird außerdem das Alte Wissen enthalten und für kommende Generationen aufbewahren, den Weg in die nächste Dimension weisen. All das ist nach den Regeln der Mathematik zu entschlüsseln, denn Mathematik ist die Universelle Sprache, die alle Zivilisationen verbindet. Toth wird außerdem die ganze Anlage mit einem besonderen Schutzwall umgeben, sodass sie die kommenden Jahrtausende unbeschadet übersteht. Vieles wird auf der Erde zerstört werden, doch die Große Pyramide wird unantastbar, unangreifbar und unzerstörbar sein. Innerhalb und unterhalb der Großen Pyramide wird es viele Gänge und Räume geben, in denen Schriftrollen, Gefäße, Geräte, Stäbe und Symbole aus Atlantis für die Verwendung in der fernen Zukunft aufbewahrt werden. Nur Wissende, kundige Kinder des Lichts werden sich Zugang verschaffen können, denn es ist gefährlich, wenn all das in falsche Hände, nämlich in die Hände der Kinder der Dunkelheit, gerät. Außerdem wird es Wächter der Ewigkeit, Wächter des Lichts geben: Wesenheiten, die über große Macht verfügen und die Anlage vor unerwünschten Zutritten und Übergriffen schützen. Nur Befugte sollen Zutritt erhalten und die Wächter der Ewigkeit wissen, wem sie Zutritt gewähren dürfen und wem nicht.

An vielen Stellen der Großen Pyramide wird die Blume des Lebens eingeritzt werden – das Symbol für das Ewige Leben. Außerdem enthält die Blume des Lebens die mathematische Formel, die für die Entschlüsselung des in der Großen Pyramide verborgenen Alten Wissens notwendig ist. Es wird in der Zukunft Menschen geben, die den Schlüssel kennen, um das Alte Wissen ihren Zeitgenossen zu vermitteln. Auch diese Menschen sind bereits bestimmt und ausgewählt.

Die Große Pyramide erzählt von der Großen Sonne und legt deren Zeugnis ab. Sie ist ein Ritualplatz und ein Einweihungsort für Priester und Priesterinnen, ein Bauwerk nach Alter Atlantischer Kunst.

Alles folgt Gottes Großem Plan, dem Plan der Großen Sonne.

Der Bau beginnt. Mit Feuereifer machen sich die Kinder des Lichts ans Werk. Die Pyramide und alles, was dazugehört, wird mit Atlantischer Bautechnik errichtet. Materie ist kristallisiertes Licht, Licht, das dicht geworden ist und in einer niedrigeren Frequenz schwingt. Wenn man die Schwingung erhöht, verliert die Materie an Dichte, das heißt, je höher die Schwingung ist, desto leichter wird sie und um so müheloser lässt sie sich bewegen. Die Erhöhung der Frequenz der Materie erfolgt durch die Kraft des Geistes, durch einen gedachten oder ausgesprochenen Befehl. Mittels Geisteskraft und Befehl wird die höherfrequente Materie bewegt, anschließend die Schwingung verringert, um aus der lichten Materie wieder dichtes Material entstehen zu lassen. Auf diese Weise können riesige Steinquader mit Hilfe der Augen bewegt, mühelos angehoben und an der gewünschten Stelle platziert werden, ohne einen Finger zu rühren, ohne Kran, technische Hilfsmittel oder sonstige Maschinen, ohne Sklaven, die zur Arbeit angetrieben werden. So ist in Windeseile die Große Pyramide mit den unterirdischen Hallen und Gängen entstanden. Fein und exakt nach den Atlantischen Regeln erbaut, fein und exakt ihre Aufgaben erfüllend.

Gleichzeitig beginnen die Kinder des Lichts, die Bewohner von Khem im Alten Wissen zu unterrichten, sodass sich eine besondere Kultur entwickelt, die hunderte Jahre erhalten bleiben wird.

So ersteht eine Kolonie des Mutterlandes, eine Enklave des Lichts. Atlantis lebt weiter.

Was die Zukunft bringen wird, wird mit speziellen Zeichen und Bildern in die Mauern der Großen Pyramide geritzt. Klar ist, dass bei der anhaltenden Dunkelheit auf der Erde die meisten Menschen die Schrift nicht werden entziffern und entschlüsseln können, aber klar ist auch, dass solche Menschen in der Zukunft geboren werden. Auf sie soll die Große Pyramide warten, als Bote aus der Vergangenheit, der den Schlüssel zur Zukunft in die Gegenwart bringt.

Rückblick um die Erde

So wie Toth mit seiner Gruppe der Kinder des Lichts im Land von Khem gelandet ist, haben auch die anderen Meister des Lichts ihre Aufträge erfüllt. Dem Willen der Großen Sonne folgend haben sie sich mit ihren Gruppen auf der Welt verteilt und überall Tempel des Lichts errichtet, hoch oben in den Bergen oder im Dschungel verborgen, wo immer die Große Sonne einen Ort dafür bestimmt hat. So wie in der Großen Pyramide in Ägypten ist auch in all diesen Tempeln das Alte Wissen verborgen, um es zu erhalten und künftigen Generationen zugänglich zu machen. Diese Tempel sprechen von Licht und Liebe, bezeugen das Wesen und Sein der Großen Sonne. Die Plätze, an denen die Tempel erbaut wurden, sind besondere Orte der Kraft, Orte, an denen die Kosmische und die Erdenergie besonders stark sind und die sich besonders gut zum Leiten und Verteilen von Energie eignen. Die Tempel sind sowohl Energieleiter wie auch Energieempfänger und Energieverteiler. Sie bilden ein Netz auf der Erde, sind nach einem bestimmten System errichtet. Toth und die anderen Meister des Lichts haben den Auftrag erhalten, ein Energetisches Netz um die Erde herum zu errichten. Dieses Energetische Netz leitet eine besondere Energie: Die Christusenergie. Es besteht heute noch und wird auch Christusgitternetz oder Christusenergienetz genannt. Seine Aufgabe ist es, Licht und Liebe auf die Erde zu leiten, um das Bewusstsein jedes einzelnen Menschen zu erwecken, die Flamme jedes einzelnen Menschen aufleuchten und erstrahlen zu lassen.

Mit der Errichtung des Christusenergienetzes wurde schon lange vor der Geburt Christi begonnen, denn die Menschen sollten auf die Ankunft des besonderen Boten der Großen Sonne vorbereitet werden. Jesus soll als Bote Gottes erkannt und seine Lehren von den Menschen verstanden werden, damit sie ihm auf dem Weg ins Licht folgen.

Christi Licht wird die Dunkelheit auf der Erde erhellen und er wird die Macht und die Kraft haben, das Bewusstsein der Menschen zu erwecken, ihre Flammen zum Strahlen zu bringen, sie an ihre Seelen zu erinnern. Er wird in eine sehr dunkle Zeit der Menschheitsgeschichte geboren werden. Um ihm die Erfüllung seines Auftrags zu erleichtern, wird der Bau des Christusgitternetzes in aller Eile vorgenommen.

Aber auch die dunkle Seite ruht nicht. Ihre Kinder haben sich gesammelt, wollen Rache für die Zerstörung von Atlantis, für den Untergang ihres Reiches, wo sie doch dem Sieg so nahe gewesen sind. Sie beobachten, verborgen in Raum und Zeit, die Vorgänge auf der Erde und beschließen, Gegenmaßnahmen zu ergreifen. Sie sabotierten den Bau der Tempel und Pyramiden und die Errichtung des Christusgitternetzes. Wo immer es geht, richteten sie Schaden an, sind stets bemüht, das Licht und die Liebe von der Erde zu vertreiben. Ein Bemühen, das bis heute anhält. Sie geben nicht auf.

Der Kampf zwischen Licht und Dunkelheit ist noch nicht beendet, der Krieg geht weiter – auf allen Ebenen des Seins.

33 nach Christus

Unsere Zwillingsseelen stehen Hand in Hand an dem Ort, von dem aus Christus in die Vierte Dimension aufgestiegen ist. Sie haben - wie tausende andere Menschen – zugesehen.

Was ist geschehen?

Christus ist als Bote der Großen Sonne geboren worden und hat die Botschaft übermittelt. Doch die Menschen haben ihn nicht verstanden. Anfangs liebten sie ihn, denn sie fühlten das Licht und die Liebe, die von ihm ausgingen, die sie erhoben, ihre Flammen aufleuchten ließen und ihr Bewusstsein erweckten. Viele fanden so ihren Weg ins Licht, lösten die Fesseln ihres Sklavendaseins, und befreiten sich aus der Dienerschaft der dunklen Herren und Mächte.

Doch dann begannen sie, von den Herren der Dunkelheit aufgewiegelt, Christus zu hassen, und sie hassten auch sich selbst, ihr Leben und seine Umstände, ja sie hassten sogar die Liebe. Ihr Leben stand nunmehr im krassen Gegensatz zu dem, was Christus lehrte. Die Dinge, von denen er sprach, erschienen ihnen nun unerreichbar. Licht und Liebe wurden ersetzt durch Wut und Hass. Außerdem hatten sie Angst, denn wer Christus folgte, wurde verfolgt. Die dunkle Seite verbreitete ihre Aura von Hass, Wut und Zorn. Diese Emotionen erstickten die Flamme, ließen das Bewusstsein wieder einschlafen. Der Mensch wurde lieber wieder zum Tier, als Mensch zu bleiben und sich als Mensch weiterzuentwickeln. Er fiel in den Zustand des Bewusstseins zurück, den die Bewohner von Khem besaßen, bevor Toth sie mit seinem Lichtstab berührte und erweckte.

Das Christusgitternetz umspannte damals noch nicht zur Gänze den Planeten Erde. Viele Tempel des Lichts waren zwar bereits errichtet, aber noch nicht mit dem Energetischen Netz verbunden. Es tat also noch nicht seine volle Wirkung. Und die dunkle Seite war stark und entschlossen.

So wurde Christus vom Geliebten zum Gehassten.

Unsere Zwillingsseelen folgten ihm, hörten auf seine Lehren und halfen mit, das Licht zum Leuchten zu bringen, den Weg ins Licht zu erhellen. Sie erinnern sich an die weitläufigen Hallen und Gänge, die sie unter dem Großen Tempel des Lichts in Atlantis gesehen haben und nach deren Vorbild auch die Hallen und Gänge unterhalb der Großen Pyramide im Land von Khem errichtet wurden. Sie wissen, dass der Weg ins Licht ein Weg durch die Dunkelheit ist, denn nur durch die Dunkelheit gelangt man zum Licht. Die Dunkelheit ist die Illusion, die das Licht verschleiert, die durchschaut und zerrissen werden muss. Christus lehrte das die Menschen, zeigte ihnen die Illusion, indem er Wunder vollbrachte, zeigte ihnen, wie die Illusion zerstört werden kann. Anfangs liebten sie ihn für die vollbrachten Wunder, aber dann hielten sie ihn – unter dem Einfluss der dunklen Herren – für einen bösen Zauberer, für einen Magier, der aus einer anderen Welt kam, um sie in die Irre zu führen.

Christus zeigte ihnen Möglichkeiten, aus ihrem ärmlichen Leben auszubrechen, ihr Dasein in ein Leben getragen von Licht und Liebe zu verwandeln – doch die Menschen glaubten ihm nicht. Zu sehr waren sie in der Dunkelheit verhaftet, zu sehr waren sie an ihr Dasein gefesselt. Dadurch, dass ihnen der Glauben an die Lehren und Botschaften Christi fehlte, erlangten sie weder Wissen noch Weisheit. Denn der, der glaubt, hat Wissen und mit dem Wissen kommt die Weisheit. Das ist ein Gesetz. Daher braucht der Mensch nur den Glauben. Das Wissen kommt dann von allein dazu. Das ist ein Gesetz der Großen Sonne, die es ihren Kindern so leicht wie möglich machen will, Wissen und Weisheit zu erlangen. Den Menschen fehlt der Glaube und so erlangen sie das Wissen und die Weisheit nicht.

Christus hatte von der Großen Sonne die Botschaft erhalten, heimzukommen, aufzusteigen, mit dem Körper die Erde zu verlassen – als Zeichen dafür, dass das Leben ewig währt. Er hatte den Auftrag, dieses Wunder vor den Augen der Menschen zu vollbringen, als Zeichen dafür, was dem möglich ist, der glaubt, was dem möglich ist, der auf Gott vertraut.

Christus stand auf dem Berg, die Arme und das Gesicht zum Himmel erhoben. Ein heller Lichtstrahl aus dem Universum hüllte ihn ein, zog ihn in die Höhe, weg von der Erde. Sein Körper begann zu strahlen, wurde heller und heller, verschmolz immer mehr mit dem Lichtstrahl der Großen Sonne. Der Himmel öffnete seine Pforte für den aufsteigenden Meister und nahm ihn in Empfang.

Die Menschen fielen auf die Knie, gepackt von Ehrfurcht und Erstaunen, sie fassten das Wunder nicht, das sie gesehen hatten. Viele hatten auch Angst, verstanden nicht, was vorgeht, fürchteten sich.

Christus wurde von dem Lichtstrahl aufgenommen, immer höher, immer weiter weg von der Erde getragen, bis er als strahlende Lichtkugel im Himmel verschwand und sich die Himmelspforte hinter ihm schloss.

Tausende Menschen waren zu dem Berg gekommen, hörten noch einmal seine Worte, die Botschaft der Großen Sonne, die Botschaft Gottes, und sahen zu, wie er in den Himmel auffuhr, die Erde mit seinem Körper verließ. Die Menschen sahen, dass es nicht nötig ist, zu sterben, sie sahen, dass das Leben ewig ist und das Ewige Leben nur begrenzt ist durch den Verstand des Menschen, der glaubt, dass der Körper sterben muss. Sie erkannten, dass der Tod nur eine Illusion ist, eine Illusion der dunklen Seite, der sie alle folgen.

Viele Meister des Lichts sind vor den Augen anderer Menschen aufgestiegen und manche von ihnen werden heute noch gottgleich verehrt. Die Chance des Aufstiegs in die Vierte Dimension ist jedem Menschen gegeben – sofern er glaubt, auf Gott vertraut und den Aufstieg als reale Möglichkeit des Lebens akzeptiert.

Auch für unsere Zwillingsseelen ist es Zeit, wieder nach Haus, zur Großen Sonne zu gehen. Sie spüren ihren Ruf und folgen ihm.

Die Zwischenzeit

Unsere Zwillingsseelen schweben im Kosmos bei der Großen Sonne und blicken auf die Erde herab. Sie betrachten mit Liebe und Freude die Große Pyramide, den geflügelten Löwen und all die anderen Bauwerke, bei deren Errichtung sie mitgeholfen haben, um den zukünftigen Erdenbewohnern das Alte Wissen zu vermitteln. Sie sehen, wie überall auf der Erde an speziell ausgewählten Orten Pyramiden und Tempel errichtet werden und wie das Christusgitternetz um die Erde immer stärker, stabiler, widerstands- und leistungsfähiger wird. Unermüdlich wird gearbeitet, dem Plan der Großen Sonne folgend. Und ebenso unermüdlich arbeitet die Dunkle Seite an der Zerstörung des Netzes, um die Erde in der Finsternis zu halten, die Erleuchtung der Menschen zu verhindern.

Unsere Zwillingsseelen wissen, dass sie bald wieder inkarnieren werden, um ihren Anteil am Aufbau des Christusgitternetzes zu leisten. Sie werden viele Leben auf verschiedenen Kontinenten in den unterschiedlichsten Lebensumständen verbringen, um ihre Aufgaben als Boten des Lichts zu erfüllen, aber auch, um das Leben als Mensch in all seinen Facetten und Varianten zu erfahren, alle Rollen zu spielen. Das ist ein Teil des Weges, ein Teil des Spiels.

Sie sehen, dass der Kampf zwischen Licht und Dunkelheit weiterhin auf der Erde tobt, und sie wissen, dass dieser Krieg noch lange nicht vorbei sein wird, sondern dass er sich verstärken und auf alle Seinsebenen ausdehnen wird. Denn immer mehr Menschen sind in der Zwischenzeit der Macht der Dunkelheit verfallen, sind an sie gekettet, und zwar auf eine Art, die es ihnen durch viele Leben hindurch nicht ermöglicht, sich von den Fesseln zu lösen, denn die Dunkelheit macht sie blind für die Liebe und das Licht.

Die Große Sonne erlaubt ihnen eine Reise in andere Reiche und Welten der Dunkelheit. Sie sollen als Beobachter dort hingehen, ohne an diesen Orten zu inkarnieren, ohne an diese Orte gebunden zu sein. Also machen sie sich auf den Weg und schweben einen Augenblick später über dunklen Tälern, die bodenlos scheinen, in tiefster Schwärze versinken. An die Dunkelheit gebundene Seelen kriechen dort übereinander – als wimmelndes, grausiges, ekelhaftes, schleimiges Getier – ohne Bewusstsein, die Flammen der Seelen fast erloschen. Aber nur fast, weil auch die größte Dunkelheit die Seelenflamme nicht gänzlich zum Erlöschen bringen kann, denn sie ist ein Teil der Großen Sonne, ist aus ihr geboren und daher unsterblich, unauslöschlich, nicht zu ersticken. Die Dunkelheit kann das Licht nie endgültig besiegen.

Die Zwillingsseelen sehen das ekelhafte Gewimmel in der Dunkelheit und es graut ihnen. Niemals würden sie an diesem Ort inkarnieren wollen. Aber die Seelen dort haben sich freiwillig an diesen Ort gebunden. Sie haben sich aus freien Stücken in die Hölle begeben, dem Licht und der Liebe entsagt.

Die Zwillingsseelen sehen, wie die Würmer übereinander kriechen und sich gegenseitig auffressen oder begatten, um dann unter großen Qualen und Schmerzen ihre Jungen in die Dunkelheit zu gebären. Sie wälzen sich in ihrem eigenen Dreck.

Der einzige Weg aus dieser Hölle ist der, wieder auf der Erde zu inkarnieren und während des Lebens als Mensch die Entscheidung zu treffen, den Weg ins Licht zu gehen, konsequent und bedingungslos der Dunkelheit den Rücken zu kehren und nur noch ins Licht zu sehen, die Liebe zu finden und sie zu leben. Dieser Weg ist ein schwieriger Weg, denn die dunklen Seelen haben vergessen, dass es Licht und Liebe überhaupt gibt. Sie kennen nichts anderes als Dunkelheit und Elend.

Der Mensch ist der Schöpfer, derjenige, der sein Leben erschafft. Der Mensch entscheidet sich aus freiem Willen, ob er im Himmel, im Paradies, im Licht lebt oder in der Hölle, in der Dunkelheit. Niemand verbannt den Menschen in die Hölle, niemand schickt den Menschen in die Dunkelheit – der Mensch geht freiwillig dorthin und bleibt auch freiwillig dort. Das Gesetz des Freien Willens ist ein Gesetz der Großen Sonne, ein Gesetz von ewiger Gültigkeit.

Die Dunkelheit macht blind für das Licht und die Liebe und all die Würmer und Maden, die unsere Zwillingsseelen in den finsteren Tälern gesehen haben, sind blind, ihre Augen sind entweder zugewachsen oder – im besseren Fall – nur von einem dunklen Schleier überzogen. Sie leben ein elendes Dasein, das sie sich aus freiem Willen erschaffen und für sich angenommen haben.

Zurück von ihrer Reise als Beobachter des Reiches der Dunkelheit beschließen unsere Zwillingsseelen, bei einem alten Volk auf der Erde zu inkarnieren, das Unterstützung braucht beim beginnenden Kampf gegen einen neuen, von Menschen erfundenen grausamen Gott, der richtet und in die Hölle verbannt.

Sie erinnern sich an den Aufstieg Christi in die Vierte Dimension und sehen, welchen Glauben, welche Religion die Menschen auf der Existenz Christi aufbauen, nämlich den Glauben an einen grausamen, rächenden, richtenden, tötenden Gott, der unbedingten Gehorsam und Gefolgschaft fordert und alle bestraft, die ihm nicht folgen wollen; den Glauben an einen Gott, der genau das Gegenteil von dem Gott ist, von dem Christus auf Erden erzählte und dessen Bote er war.

Ja, sie wollen wieder auf die Erde gehen und ihrer Aufgabe als Boten der Liebe, als Boten der Großen Sonne gerecht werden, sie wollen als Krieger des Lichts inkarnieren.

1450

Unsere Zwillingsseelen sind wieder bei der Großen Sonne, schweben im Universum, vereint mit ihrer Seelenfamilie. Zufrieden sehen sie zurück auf ihre vergangenen Leben. Sie sind stolz, denn sie haben viel gelernt und viel geleistet, haben mit vielen anderen Seelen mitgeholfen, den nachfolgenden Generationen Bauwerke zu hinterlassen, die all das Wissen bergen, das so wichtig ist für die Zukunft der Menschheit und der Erde.

Sie haben mehrere Leben in einem Gebiet auf der Erde verbracht, das später Mesoamerika genannt werden wird. Und schon damals war klar, dass Europäer die dort angesiedelten Hochkulturen vernichten werden. Die Weisen, Priester und Schamanen haben es prophezeit und so wurden alle Kräfte vereint, alle Anstrengungen unternommen, um das Wissen zu bewahren und weiterzugeben – in Form von Tempeln, Statuen und anderen Bauwerken, die die Menschen in ihren Seelen berühren und sie dazu bringen sollten, sich an ihr Wahres Sein, ihre Göttlichkeit, zu erinnern.

Bevor sie inkarniert waren, gab es noch viele Menschen auf der Erde, die sich an das Alte Wissen erinnerten und es an ihre Kinder und Kindeskinder weitergaben. Sie wurden aber immer weniger. Dabei spricht doch das Alte Wissen von Licht und Liebe, von Freude, Harmonie und Frieden. Die neue Religion aber, die auch Mesoamerika erreichen wird, spricht von Tod, Gehorsam, Leid und Unterwerfung unter einen grausamen Gott, der richtet und verurteilt, der Seelen in die Hölle stößt, die den von ihm geforderten Gehorsam nicht leisten. Es ist diese finstere Religion, die die Dunkelheit auf Erden noch größer machen wird, das Licht und die Liebe bekämpfen und endgültig vertreiben will, die alles Heil im Leiden sieht. Das Kreuz Christi soll allerorts auf Gottes Erden getragen werden.

Die von den weisen Völkern errichteten Bauwerke sind so konzipiert, dass sie Jahrhunderte überdauern können, denn so lange wird es dauern, bis die Menschen erwachen, das Licht und die Liebe wieder suchen und nach der Erleuchtung streben.

In der Zwischenzeit wird das Alte Wissen fast völlig verschwinden. Die neue Religion wird keinen anderen Glauben dulden, und wer sich nicht unterwirft, wird den Tod erfahren. Und so werden die Wissenden ausgerottet werden und das Alte Wissen wird mit ihnen von der Erde verschwinden.

Doch wer das Alte Wissen wieder erlangen will, wird dies mit Hilfe der Tempel und Pyramiden tun können.

Nun wollen wir gemeinsam mit unseren Zwillingsseelen Rückschau in die Vergangenheit halten:

Um 700 sind unsere Zwillingsseelen in ein indianisches Volk namens Maya geboren. Dieses Volk stammt direkt von den Überlebenden des Untergangs von Atlantis ab. Die Atlantische Kultur ist noch sehr lebendig – Straßen, Häuser, Plätze, Paläste und Tempel entsprechen der Hochblüte, die Atlantis vor seinem Untergang erlebt hat. Die Mayas sind lichtvolle Wesenheiten in Menschengestalt und leben nach dem Alten Wissen, nach den Atlantischen Traditionen.

Maya – so nennen sie sich selbst, um sich immer daran zu erinnern, dass die Welt, so wie man sie sieht, nur eine Illusion, eine Täuschung ist, ein Spiegelbild des Selbst, um eigene Defizite zu erkennen und aufzulösen. „Erkenne den Spiegel, dann erkennst du dich selbst", lehren die Weisen der Mayas.

Die Mayas sind ein weises Volk, aber wie schon in Atlantis geschehen, beginnt auch bei ihnen der Verfall der Kultur. Das Volk spaltet sich in die Gebildeten und Ungebildeten, in die Wissenden und Unwissenden. Unsere Zwillingsseelen beobachten die Entwicklung des Volkes der Maya, sehen die Trennung zwischen den Wissenden und den Unwissenden und bemerken, dass sich jede Gruppe zum Extremen verändert: Die Wissenden werden immer wissender, die Unwissenden immer unwissender. Und so teilt sich das Volk langsam in zwei Gruppen, die sich dann auch räumlich von einander trennen. Es gibt Bezirke für die Wissenden und Bezirke für die Unwissenden. Aus diesen Bezirken entwickeln sich Städte und am Ende ist das Land der Mayas geteilt.

Die Gruppe der Wissenden entwickelt sich enorm weiter, lebt auf der Erde nach den Kosmischen Gesetzen und will als Gesamtheit in die Vierte Dimension aufsteigen. Sie arbeitet konsequent und gewissenhaft an diesem Vorhaben, glaubt daran und vertraut auf die Große Sonne – so wie Christus es damals tat. Sie schafft es und steigt gemeinschaftlich in die Vierte Dimension auf.

Für den auf der Erde zurückgeblieben Teil des Volkes der Mayas sieht es so aus, als wären die anderen einfach verschwunden. Keine Spur ist mehr von ihnen zu finden. Verlassen liegen ihre Häuser und ihre Gerätschaften, verlassen der materielle Teil ihres Lebens. Die Zurückgebliebenen verstehen nicht, was geschehen ist, begreifen nicht, dass ein Teil ihres Volkes mit ihren Körpern aufgestiegen ist, dass sie es durch langes Üben geschafft haben, die Frequenz des Körpers auf die Frequenz der Vierten Dimension anzuheben, und dass das der Grund dafür ist, dass nicht ein einziger Körper auf der Erde zurückgeblieben ist.

Die aufgestiegenen Mayas haben mittlerweile in einem anderen Teil des Universums eine neue Zivilisation begründet, ein Leben in einer neuen Form begonnen. Sie sind auf dem Weg zu neuen Ufern, schreiten aufwärts auf der Spirale des Lebens, unermüdlich dem Licht entgegen.

Schweren Herzen verlassen unsere Zwillingsseelen das Volk der aufgestiegenen Mayas und entschließen sich, ein Leben bei den auf der Erde zurückgebliebenen unwissenden Mayas zu verbringen. Aber das ist eben das Spiel des Lebens: Jede Facette des Seins muss erfahren werden – egal, ob sie voll Licht oder voll Dunkelheit ist.

Um 900 inkarnieren unsere Zwillingsseelen ihrem Wunsch entsprechend wieder bei dem unwissenden Teil des Volkes der Maya. Mit deren Kultur ist es in der Zwischenzeit noch weiter bergab gegangen – sie haben das Alte Wissen schon zur Gänze vergessen. Sie erkennen nicht, dass der Verfall ihrer Kultur ihren eigenen Verfall widerspiegelt. Unsere Zwillingsseelen erleben ihn am eigenen Leib. Sie können sich der Dunkelheit nicht entziehen, deren Macht zu groß, deren Einfluss zu stark ist. Sie vergessen im Laufe ihres Lebens ihr Wissen und verlieren den Kontakt zu ihren Seelen. Sie führen ein dumpfes Leben, reduziert auf das reine Menschsein und das nackte Überleben und ohne jede spirituelle Komponente. Sie hungern, wenn die Ernte schlecht war. Über Lager- und Tierhaltung wissen sie nichts mehr. Sie sind krank an Körper und Geist, denn sie haben alles über die Heilkräfte von Pflanzen und Kräutern vergessen. Die Baukunst der Alten Mayas ist längst in Vergessenheit geraten, an die Errichtung eines Palasts oder eines Tempels, an den Bau einer Straße oder gar nur eines einfachen festen Hauses ist gar nicht mehr zu denken. Und so sterben sie so erbärmlich, wie sie gelebt haben: in einer schmutzigen, verrußten Lehmhütte mit löchrigem Strohdach, in ihrem eigenen Dreck.

Wieder zu Haus bei der Großen Sonne sind sie sehr erschüttert über die Macht der Dunkelheit auf Erden. Sie haben sie am eigenen Leib erlitten und erfahren, was es bedeutet, ohne Licht und ohne Liebe zu leben.

Inzwischen ist aber ein anderes Volk auf dem Weg zur Hochkultur: Die Tolteken.

Unsere Zwillingsseelen beobachten vom Universum aus deren Entwicklung. Bald stellen sie auch bei diesem Volk eine Spaltung wie bei den Mayas fest. Das Volk teilt sich in spirituelle und in weniger oder gar nicht spirituelle Menschen. Es teilt sich in zwei Gruppen – so wie es schon in Atlantis gewesen war. Die Geschichte wiederholt sich immer wieder, bis die Menschen die Fehler erkennen und umkehren. Je nachdem, wo das Problem liegt, sind die Folgen mehr oder weniger fatal. Das Erkennen des Fehlers entscheidet, ob die Menschen in Krieg oder Frieden leben, entscheidet über Leben oder Tod, Gesundheit oder Krankheit, Glück oder Leid.

Um 1100 entscheiden sich unsere Zwillingsseelen, im Volk der Tolteken zu inkarnieren. Dort wird das Alte Wissen anders und neu interpretiert, interessante Schlüsse werden gezogen, eine neue spirituelle Kultur entsteht. Das wollen sie erleben, dorthin wollen sie, da wollen sie dabei sein.

Kaum inkarniert, stellen sie fest, dass die unwissende, nicht-spirituelle Gruppe der Tolteken immer mehr verfällt und zusehends – und das ist besonders schlimm – ihre Menschlichkeit verliert: Ein Menschenleben ist ihnen nichts mehr wert, es kann einfach geopfert werden.

Die Gruppe der Wissenden hingegen entwickelt eine besondere Baukunst und erschafft herrliche Tempel. Außerdem stellt sie ihre Götter in riesigen Skulpturen dar – sie sind wahre Meister in diesem Handwerk.

Unsere Zwillingsseelen lernen und arbeiten mit Feuereifer, um so viel Wissen wie möglich mitzunehmen, abzuspeichern für die Zukunft. Das Materielle bleibt immer auf der Erde zurück, mitgenommen wird nur das Wissen und die gemachten Erfahrungen, denn die Seele speichert sie und so können sie in jedem Leben erinnert und genutzt werden. Nichts ist umsonst, jede Mühsal hat ihren Sinn so wie jede Freude und jedes Glück. Das Herstellen der riesigen Skulpturen war mühsam und anstrengend – aber noch heute, fast 1.000 Jahre später, existieren sie und werden von den Menschen bewundert.

Wieder bei der Großen Sonne. sind sie froh, dass sie sich im letzten Leben nicht von der Macht der Dunkelheit haben beeinflussen lassen und ihr zum Trotz im Licht und mit Liebe gelebt, unbeirrt ihre Lebensaufgabe erfüllt und ihren Lebensweg verfolgt haben.

Unsere Zwillingsseelen beobachten im Universum schwebend die Vorgänge auf der Erde, die als „Kreuzzüge" in die Geschichte der Menschheit eingehen werden. Die Vertreter und Kämpfer des grausamen, rächenden, richtenden Gottes versuchen, mit Gewalt die Herrschaft über den Geist anders-

gläubiger Menschen an sich zu reißen. Nachdem es ihre Aufgabe ist, immer wieder Licht und Liebe auf die Erde zu tragen, entschließen sie sich, wiederum auf der Erde zu inkarnieren. Die Menschen auf der Erde schreiben ungefähr das Jahr ...

... **1290** Frohen Mutes reitet er über die Zugbrücke auf das Burghaupttor zu. Er trägt die Kleidung eines Adeligen, der sich verpflichtet hat, an einem Kreuzzug teilzunehmen: Einen weißen Mantel mit einem roten Kreuz, der ihn als Mitglied eines Ritterordens ausweist. Er ist sehr stolz darauf. Tief in sich fühlt er, dass er einer Berufung folgt und dementsprechend die richtige Entscheidung getroffen hat.

Er denkt an den Abschied von seinen Eltern vor ein paar Tagen. Sein Vater versuchte, ihm die Teilnahme an dem Kreuzzug zu verbieten. Die Mutter weinte verzweifelt, denn man weiß, dass nur wenige Ritter wieder nach Hause zurückkommen. Die anderen sterben entweder eines gewaltsamen Todes, überleben die Strapazen, den Hunger und den Wassermangel nicht oder werden von Krankheiten dahingerafft.

All das schreckt ihn nicht, denn er fühlt, dass er seinen Weg gehen muss – mit allen Konsequenzen. Die Probleme seines Vaters interessieren ihn nicht; soll doch, falls er nicht zurückkehrt, das Schloss und die Güter ein anderer erhalten. Die Erbfolgeprobleme, die seinen alten Herrn so beschäftigen, sind ihm einerlei. Er ist der einzige Sohn und damit der Erbe. Aber schließlich, so denkt er, könnte seine Schwester standesgemäß heiraten und die Ländereien als Mitgift in die Ehe einbringen. Wenigstens wird sie einen Mann von Stand und hohem Adel heiraten können und hoffentlich mit ihm glücklich werden. Für seine Schwester hat die ganze Sache zusätzlich noch den Vorteil, dass sie sich als begüterte Frau einen Bräutigam aussuchen kann und nicht warten muss, bis sich jemand bereit erklärt, sie zu ehelichen. So ist also alles bestens geregelt, denkt er.

Mittlerweile ist er im innersten Hof der Burg abgesessen, hat sein Pferd einem Knecht übergeben und geht mit seinen Satteltaschen bepackt zu seinem Quartier. Seinen Diener und seinen Pferdeknecht hat er zu Hause bei den Eltern gelassen und so muss er sich selbst um seine Habseligkeiten kümmern, was ihn aber nicht stört. Ganz im Gegenteil, es gibt ihm ein Gefühl von Freiheit.

Auch heute geht er wieder mit Staunen durch die Burg. Ihre Größe imponiert ihm, versetzt ihn in eine Art Ehrfurcht. Sie wurde direkt am Meer errichtet, auf einer Klippe, die hunderte Meter steil abfällt. Die Wellen donnern an den Fuß der Klippe und Gischt spritzt hoch auf, wenn sie vom Gestein zurückgeworfen werden und sich mit den nachkommenden Wogen kreuzen. Ein wunderbares Schauspiel von Mutter Natur.

Vom Land her ist die Burg nur über eine Zugbrücke zu erreichen, die über einen tiefen Wassergraben führt. Sie ist uneinnehmbar und leicht zu verteidigen. Sie ist ein gewaltiges Bauwerk, das Gottes Streitmacht beherbergt und mit vielen Türmen, Zinnen und Wehrgängen beschützt.

Er bringt seine Sachen in seine bescheidene Zelle und beschließt, den höchsten Turm der Burg zu ersteigen, um die Aussicht zu genießen. Fünfhundert Stufen weiter ist er Gott nahe. Die Sonne scheint vom wolkenlosen Himmel herunter, der Wind zaust sein Haar und zerrt an seinem weißen Mantel mit dem roten Kreuz. Er beobachtet den Flug der Möwen, hört ihr Kreischen, das sich mit dem Donnern der Wellen vermischt. Ein tiefes Glücksgefühl durchflutet ihn – er ist eins mit sich und mit Gott. Er ist zufrieden mit sich und fühlt sich wieder in seiner Entscheidung bestätigt. Er hat nichts zu verlieren, sondern nur etwas zu gewinnen.

Ein paar Tage später erscheint ein hoher Abgesandter des Papstes, um die letzten Anweisungen des heiligen Vaters für den bevorstehenden Kreuzzug zu überbringen. Die Ritter versammeln sich im größten Saal der Burg, wo ihnen die Kreuzzugsroute, die Treffpunkte mit anderen Rittergruppen, die Eroberungsstrategie und alles weitere Wichtige erklärt wird.

Das ist der Moment, in dem ihn die ersten Zweifel packen, der Kreuzzug erscheint ihm desorganisiert, der Plan lückenhaft und es bleiben viele Fragen offen. Auch meldet sich zum ersten Mal die Stimme der Angst. Die anderen diskutieren, verwerfen Pläne und erdenken neue Strategien, aber der Abgesandte des Papstes hat kein Recht und somit auch keine Möglichkeit, den Plan zu ändern. Und er zeigt auch nicht viel Interesse; er ist dick und alt und hält die ganze Sache offensichtlich nicht für sein Problem. Er tut, was ihm aufgetragen, und ist nicht Willens, nur einen einzigen weiteren Gedanken an den Kreuzzug zu verschwenden. Er beobachtet die anderen Ritter, will sehen, wie sie auf die Gleichgültigkeit des Gesandten reagieren und ob es wohl möglich ist, einen gemeinsamen Widerstand gegen die Durchführung des Kreuzzuges in der geplanten Form zu organisieren. Da entdeckt er am anderen Ende des Raumes einen Kreuzritter, von dem er so fasziniert ist, dass er nicht den Blick von ihm wenden kann. Er muss eben erst angekommen sein, sonst wäre er ihm schon längst einmal begegnet, dann hätte er ihn schon längst entdeckt.

Diese Augen, dieses Gesicht! Die Hände, der schlanke, hoch gewachsene Körper!

Oberhalb seines linken Mundwinkels entdeckt er ein Muttermal. Es gefällt ihm und zieht seinen Blick immer wieder zu dem schön geschwungenen Mund. Dieses Muttermal rührt eine Saite in ihm an, die sofort zu schwingen beginnt.

Ihre Blicke begegnen sich, immer wieder, immer öfter.

Er hat das Gefühl, diesen Mann schon ewig zu kennen.

Aber das kann doch nicht sein – er hat ihn noch nie im Leben gesehen. Er ist sich sicher, dass sie einander noch nie begegnet sind.

Er ist verwirrt.

Er fühlt sich zu diesem Mann hingezogen, hat das Bedürfnis, ihn zu berühren, ihm nahe zu sein.

Ja, er empfindet eine tiefe Liebe für diesen fremden Mann.

Das verwirrt ihn noch mehr. Schließlich fühlt er sich zu Frauen hingezogen, obwohl er sich bis jetzt noch nicht zu einer Heirat entschließen konnte.

Die Versammlung der Ritter geht zu Ende, der Gesandte des Papstes reist mit seinem vierhundert Mann umfassenden Gefolge wieder ab. Allerdings hat er den Befehl zum Abmarsch nicht gegeben, denn sogar er hat begriffen, dass zu viele Punkte ungeklärt sind und somit der Kreuzzug womöglich zu scheitern droht. Er hat schlussendlich sogar eingesehen, dass es einer besseren Organisation und weiterer eingehender Planung bedarf. Vor allem aber hat er den Unwillen der Männer bemerkt, an einem Kreuzzug teilzunehmen, von dem von vornherein klar ist, dass er scheitern wird. Selbstverständlich kann man nicht alles bis ins kleinste Detail planen, man wird natürlich vor unerwarteten Problemen und Situationen stehen – aber das, was beeinflussbar ist, muss im Vorfeld ordentlich geregelt werden.

Nach dieser Zusammenkunft herrscht in der Burg eine Atmosphäre der Angst. So mancher will wieder nach Hause gehen – aber das ist ausgeschlossen, denn jeder hat sich freiwillig zur Teilnahme an dem Kreuzzug verpflichtet. Jeder von ihnen hat einen heiligen Eid auf Gott, die Kirche und den Papst geleistet. Viele fragen sich jetzt, warum sie das getan haben – einen Eid auf einen Menschen zu leisten, den sie nicht einmal kennen und dem ihr Schicksal offenkundig nicht sehr am Herzen liegt, einen Eid auf eine Kirche zu leisten, die von machtgierigen Ignoranten geführt wird. Nur wenigen gelingt die Flucht. Die mächtige Burg ist zu einem Gefängnis für Gottes Heerscharen geworden. Warum braucht Gott für die Menschen, die für ihn kämpfen wollen, ein Gefängnis? Manche – die Glücklicheren – werden auf der Flucht getötet, die ganz Unglücklichen werden nach ihrem Fluchtversuch ins Burgverlies gesperrt – ein dreckiges, stinkendes, tief in die Klippen gehauenes Loch, wo sie, falls die den Sturz in den Abgrund überleben, dem Hungertod preisgegeben werden.

Er verbringt viel Zeit auf dem Turm. Und eines Tages trifft er dort seinen Ordensbruder, der ihn vom ersten Augenblick an so fasziniert, dessen Erscheinung und Aussehen ihn so tief berührt hat. Sie lauschen dem Gesang der Möwen. In trauter Zweisamkeit genießen sie ihr Zusammensein und den Frieden, der sie einhüllt. Und so kommt der Tag, an dem sie sich gegenseitig ihre Liebe gestehen, diese unglaubliche, tiefe Liebe, die sie für einander empfinden. Keiner von beiden kann sich dem anderen entziehen und so werden sie – heimlich natürlich – ein Paar, das nach außen hin nur eine Freundschaft pflegt. Manchmal treffen sie sich auf dem Turm und manchmal, vor allem nachts, in der kleinen Burgkapelle, die weitab von den Quartieren liegt und nie benutzt wird.

Eines nachts – er schleicht gerade durch die nur spärlich beleuchtete Burg in Richtung Kapelle – sieht er einen dunklen Schatten in der Sakristei verschwinden. Alle seine Sinne mahnen zur Vorsicht. Er überlegt, ob er zurückgehen und seinen Liebsten warnen soll, entscheidet sich aber dann dafür, nachzusehen, was dort vor sich geht. Und so kommt er zu einem Stelldichein des Abgesandten des Papstes, der vor kurzem wieder mit neuen Befehlen des Heiligen Vaters eingetroffen ist, mit dem Burgherrn. Er belauscht das Gespräch und eilt dann so schnell und leise wie möglich zu seinem Liebsten. Sie müssen einen Plan zur Flucht schmieden, denn sie werden auf dem Kreuzzug geopfert, sie sollen zu Märtyrern werden: Der Plan wird den Ungläubigen verraten werden.

Für die Flucht ist es allerdings zu spät, denn zwei Tage später kommt der Marschbefehl.

Es folgt ein langer Ritt über Land und eine Reise per Schiff übers Meer. Unsere Zwillingsseelen reiten nebeneinander, teilen sich auf dem Schiff eine Koje. Das ist ihnen ganz recht so – doch der wahre Grund liegt darin, dass es zu wenig Platz für Ritter, Pferde und Verpflegung gibt. Niemand hat jemals genau überlegt, wie viel Platz für Nahrung und Wasser, für Mensch und Tier notwendig ist. Die Organisatoren des Kreuzzuges sitzen mit dicken Bäuchen in ihren Palästen und leben in Pracht und Luxus. Das Schicksal der Menschen, die sie in den Krieg schicken, kümmert sie nicht.

Endlich ist die mühsame, entbehrungsreiche Überfahrt geschafft. Manche sind schon auf dem Schiff von verdorbenen Lebensmitteln oder dem fauligen Wasser krank geworden. Unsere Zwillingsseelen gehen an Land, die weißen Mäntel nicht mehr ganz so weiß und strahlend, die roten Kreuze weniger leuchtend.

Ihre Liebe zueinander ist immer noch stark, stärker als ihre Körper, denn sie haben Nahrung und Wasser mit ihren Pferden geteilt. Es ist ihnen wichtig, ihre Pferde gut zu versorgen. Denn was sollen sie ohne Pferde tun?

Nach tagelangem Ritt durch glühende Hitze erreichen sie eine kleine, von dicken Wehrmauern umgebene Stadt. Viele ihrer Ordensbrüder sind bereits tot. Es hat zu wenig Wasser gegeben, zum Ende des Rittes gar keins mehr und die Lebensmittel sind längst aufgebraucht. Männer und Pferde hungern und leiden Durst. Nur die stärksten Männer und die gesündesten Pferde haben diese Tortur überstanden. Unsere Zwillingsseelen sind geschwächt, aber immerhin noch am Leben. Ihre Liebe gibt ihnen die Kraft, zu überleben, alles auszuhalten. Sie sorgen für einander, so gut es ihnen möglich ist. Früher haben sie an Gott geglaubt, jetzt hoffen sie nur noch, dass es überhaupt einen Gott gibt und dass er sie aus dieser Hölle herausbringen wird. Lebendig und mit heiler Haut.

Der klägliche Haufen, der von der Truppe, die einst so stolz und prächtig anzusehen die Burg verlassen hat, noch übrig ist, quartiert sich in der Stadt ein. Das Leben wird besser – es gibt wenigstens genug Wasser und zu essen. Auch für die Pferde ist gesorgt. Die Zeit vergeht, sie warten auf weitere Befehle.

Unsere Zwillingsseelen würden gern fliehen, denn sie ahnen, dass dieser Ort der Hinterhalt ist, in dem sie in Gottes Namen geopfert werden sollen. Schließlich ist die Stadt perfekt dafür geeignet: Sie wird von dicken Mauern umschlossen und dahinter liegt die Wüste und der sichere Tod. Außerdem wissen sie nicht, wohin sie sich wenden sollen, denn ihr Äußeres, ihre Haltung und ihre Kleidung würden sie sofort verraten. Die Ritter sind hier eindeutig nicht willkommen. Die Einwohner der Stadt sind feindlich gesinnt, wollen sie loswerden. Ihr Gott ist nicht der Gott der Ritter und der christliche Gott interessiert sie nicht. Sie haben ihren eigenen Glauben, ihre eigene Religion und wollen leben, wie sie seit Generationen schon gelebt haben.

Unsere Zwillingsseelen sind sehr beunruhigt. Sie spüren die Feindschaft und außerdem werden die Lebensmittel schon wieder knapp. Die Stadt ist nicht für die Versorgung von so vielen zusätzlichen Bewohnern und Pferden eingerichtet. Es ist also höchste Zeit, weiter zu ziehen. Doch der Papst lässt sich Zeit. Er hat es nicht eilig. Er leidet ja auch keine Not.

Dann kommt die Nacht des Verrats. Die Einwohner haben die Stadttore heimlich geöffnet und weitere Glaubensbrüder eingelassen. Die Kreuzritter verlieren den Kampf, viele sterben. Unsere Zwillingsseelen überleben auch das und werden ins Verlies der Burg gesperrt, wo sie mit ihren Ordensbrüdern im Dreck vegetieren. Ratten sind ihre einzige Nahrung. Sie erschlagen sie und essen sie roh. Etwas anderes bekommen sie nicht. Täglich werden einige von ihnen zur öffentlichen Auspeitschung auf den Marktplatz geholt – als Belustigung und Unterhaltung für die Stadtbewohner. Sie haben nun ihre Rache und kein Mitleid mit den Fremden, die ihnen ihre Religion nehmen und sie zwingen wollten, an einen anderen Gott zu glauben. Die ausgepeitschten Kreuzritter werden blutend wieder in den schmutzigen Kerker geworfen.

Eine der Zwillingsseelen stirbt bei der Auspeitschung, die andere an einer Infektion im Kerker.

Sie sind wieder zu Hause, wärmen sich an der Großen Sonne und erinnern sich an das harte Leben, das gerade hinter ihnen liegt. So gehen also Menschen miteinander um, die die Liebe nicht kennen, weil sie vergessen haben, was Liebe ist. Ja, sogar vergessen haben, dass es die Liebe überhaupt gibt.

Die Zeit verstreicht und sie überlegen, wohin sie sich im nächsten Leben wenden wollen.

Da entdecken sie die Inkas. Ja, sie werden noch einmal auf diesen Erdteil gehen, bei der Errichtung wunderbarer Bauwerke mitmachen und helfen, das Alte Wissen monumental darzustellen und über die kommenden Jahrhunderte zu retten. Die Inkas arbeiten noch für die Zukunft des Lichts, während Europa in vollkommener Dunkelheit versinkt.

Nach allem, was sie auf der Erde in ihrem letzten Leben erlebt haben, muss alles getan werden, um dem Licht und der Liebe die Rückkehr auf die Erde zu ermöglichen.

Um 1400 Die Wolken hängen tief, sind grau, dunkel und schwer vom Regen. Die Gipfel der das Hochplateau schützenden Berge sind in den Wolken verschwunden. Aber das ist egal, denn sie kennen ihren Weg zur Spitze des Berges, der später Huayana Picchu genannt werden wird.

Diesen Gipfel wollen sie besteigen, miteinander alleine sein, sich erinnern an vergangene Zeiten und dann gemeinsam die Erde verlassen, zur Großen Sonne nach Hause gehen. Sie haben ihre Aufgabe erfüllt, sind ihrem Lebensplan gefolgt und haben alles, was möglich ist, erreicht und getan. Sie wissen, dass dies das Ende ihres Lebens bedeutet, denn wenn es nichts mehr zu tun gibt, stirbt der Körper und die Seele geht nach Haus zu Gott, um ein weiteres Leben zu planen. Sie haben beschlossen, ihr Leben am Gipfel des Huayana Picchu zu beenden, sie gehen hinauf, um zu sterben, um ihre Körper einschlafen zu lassen, auf dass ihre Seelen die Verbindung zu ihnen lösen und zur Großen Sonne heimgehen können.

Ein gewaltiger Regenschauer geht nieder. Es ist jetzt die Jahreszeit, in der es viel regnet. Kostbares Nass schenkt der Himmel der Erde, damit sie wachsen, blühen und gedeihen kann. Sie beschließen, in einer Höhle Schutz zu suchen und abzuwarten, denn sie hoffen, dass sie noch einen letzten Blick auf ihre geliebte Stadt, in der sie so lange gelebt haben und an deren Aufbau sie beteiligt waren, werfen können.

Die Stadt, die später den Namen Machu Picchu tragen wird, ist mit viel Vorsicht und Bedacht erbaut worden. Die Weisen der Inkas haben prophezeit, dass Eroberer aus fernen Landen kommen und ihre Kultur wie die der ihnen voraus gegangenen Völker vernichten werden, weil sie einem grausamen Gott dienen, der keinen anderen Glauben als den an sich selbst duldet. Sie verkündeten den Untergang des Alten Wissens, sagten aber auch, dass es für die folgenden Generationen bewahrt werden kann, indem man an unzugänglichen, verborgenen Orten, hoch oben in den Bergen oder mitten im Dschungel, Tempel und Pyramiden errichtet.

So ist Machu Picchu entstanden, gebaut in der Hoffnung, die Eroberer mögen sie wirklich nicht finden und sie werde so zum Schutz der Inkas, ihrer Kultur und des Alten Wissens dienen. Die Stadt ist außerdem so geplant, dass die Bewohner zum Beispiel in der Trinkwasserversorgung und der Produktion von Lebensmitteln unabhängig sind. Zu diesem Zweck wurden zur Vergrößerung der Anbauflächen

Terrassen angelegt. Auch kann die Stadt leicht verteidigt werden – wobei ein Angriff der Eroberer von den Weisen ausgeschlossen wurde.

Mittlerweile hat es aufgehört zu regnen, die Wolken lösen sich langsam in den Sonnenstrahlen auf. Sie blicken hinab auf das Hochplateau, sehen ihre Stadt im Licht der Sonne funkeln, als wäre sie mit Millionen von Diamanten übersät. Rundherum erstrahlt die Natur in sattem Smaragdgrün und verstärkt das Funkeln von Machu Picchu.

Die beiden senden einen letzten Gruß an ihre Stadt, in der sie so glücklich gelebt haben, an ihre Familien und Freunde, die sie lieben. Dann wenden sie sich um und steigen weiter bergauf.

Deutschland, 1500

Sie steht am Fenster und blickt in den Hof der Burg hinunter. Es ist Winter und es schneit in dicken Flocken. Fröstelnd verkriecht sie sich in sich selbst und zieht ein dickes Wolltuch enger um die Schultern. Ein Feuer brennt im Kamin, doch erzeugt es keine Wärme. Das alte Gemäuer erwärmt sich nie richtig. Obwohl sie schon fast 50 Jahre alt, ist sie immer noch eine schöne Frau, besitzt noch alle Zähne, ist trotz vieler Geburten immer noch schlank und hat volles, langes, gelocktes dunkles Haar mit nur wenigen weißen Strähnen. Sie setzt sich vor den Kamin, zieht ein Wolfsfell über die Knie, legt ein anderes um ihre Schultern und beginnt zu spinnen. So wie das Spinnrad drehen sich auch ihre Gedanken, zurück in die Vergangenheit, an den Anfang ihres Lebens, als alles begann.

Es ist ein schöner Frühlingstag, blauer Himmel, Sonnenschein, die Vögel zwitschern, der Wind treibt Wattewolken über den Horizont und die Bäume tragen erste Blättchen. Sie streunt über die Wiesen rund um die Burg ihres Vaters und ist froh, nach den langen Wintermonaten endlich wieder im Freien sein, den Wind in den Haaren und die Sonne auf der Haut spüren zu können. In der Ferne erspäht sie einen Reiter und beobachtet ihn, während er auf die Burg zu reitet. Sie beschließt, ihm entgegen zu gehen – sie ist sehr neugierig, um wen es sich handeln mag.

Sie treffen einander auf dem mit Steinmauern befestigten Weg zum Burgtor. Der Reiter ist ein junger Mann, der ihr auf den ersten Blick gefällt. Seine Kleidung zeugt ebenso wie sein prächtiger Rappe, der Sattel und das Zaumzeug von seinem hohen Stand. Er zügelt sein Pferd und fragt sie, ob es sich bei der Burg um jene des Fürsten S. handelt. Als sie nickt, sitzt er ab und sie gehen gemeinsam zur Burg. Sie sind fasziniert voneinander, schüchtern machen sie sich miteinander bekannt, erzählen aus ihrem Leben, betrachten sich gegenseitig. Der junge Mann hat oberhalb des linken Mundwinkels ein Muttermal. Als sie es sieht, fühlt sie eine tiefe Sehnsucht nach etwas Namenlosen. Eine ferne, feine, zarte Erinnerung, die sie nicht fassen kann, taucht in ihrer Seele auf. Der Anblick des Muttermals erfüllt sie mit Freude und Sehnsucht und mit dem Bedürfnis, zärtlich seine Wange zu berühren, den schön geschwungenen Mund zu küssen. Sie weiß, dass ihre Kindheit zu Ende geht. Eigentlich hat sie noch keine Lust, zu heiraten, doch wenn es schon sein muss, dann will sie einen Mann wie ihn, jung, reich, schön und stolz.

Auch er beobachtet sie, denn er weiß bereits, dass sie seine Braut ist. Diese Hochzeit ist zwischen ihren Vätern, als sie noch kleine Kinder waren, vereinbart worden. Er ist sehr froh, dass er, wenn er schon heiraten muss, gerade sie zur Frau bekommen wird.

In ihren Gemächern träumt sie von dem jungen Mann, den sie in ihren Gedanken „ihren Ritter" nennt. Vor dem Abendessen lässt ihr Vater sie zu sich rufen und teilt ihr mit, dass sie sich diesen Sommer noch mit dem jungen Mann vermählen wird. Sie ist glücklich und freut sich über die gute Wahl ihres Vaters. Sie hätte es viel schlechter treffen können.

Die nächsten Monate vergehen wie im Flug; viele Vorbereitungen müssen getroffen werden, es soll eine große, schöne Hochzeit werden, denn als einzige Tochter soll sie standesgemäß heiraten.

Und schließlich, Anfang Juli, ist es endlich soweit.

Unsere Zwillingsseelen werden auf der Erde Mann und Frau, trauen einander. Sie sind glücklich, lieben einander zärtlich und inniglich.

Die Hochzeitsfeier findet auf der großen Wiese vor der Burg statt. Viele Gäste sind angereist und die, für die in dem Gemäuer kein Platz ist, bauen überall ihre Zelte auf, deren bunte Wimpel im Wind flattern. Überall sind fröhliche, ausgelassene Menschen zu sehen, die nach Herzenslust essen, trinken und feiern. Ein Hochzeitsturnier wird veranstaltet, in dem Ritter mit Lanzen gegeneinander kämpfen. Auch die Bevölkerung der umliegenden Dörfer ist zu dem eine Woche währenden Spektakel geladen.

Dann wird es Zeit für den Aufbruch und für den Abschied von den Eltern, denn sie wird mit ihrem Mann auf der Burg ihres Schwiegervaters leben – weit weg von zu Haus. Obwohl sie sich auf ihr Leben als Ehefrau freut, fällt ihr die Abreise schwer. Alle drei weinen und umarmen einander und die Reise ins neue Leben beginnt.

Sie werden von einem großen Tross begleitet. Einerseits ist ihr Gatte mit seinem Gefolge zur Hochzeit gekommen und andererseits muss die großzügige Mitgift, die sie von ihren Eltern erhalten hat, transportiert werden. Und so sind fast zweihundert Menschen auf Pferden und auf mit Möbeln, Truhen, Kleidern, Putz und anderen Dingen beladenen Wagen, sowie mit Ochsen, Schafen, Ziegen und Hühnern unterwegs. Jeden Abend schlagen sie ein Lager auf, schlafen in Zelten oder im Freien. Unsere Zwillingsseelen sind sehr glücklich. Tagsüber reiten sie nebeneinander an der Spitze des Zuges und in der Nacht beobachten sie miteinander die Sterne und die Wandlungen des Mondes.

Eines Nachts verfolgen sie die Wanderung des Mondes über den Nachthimmel im dunklen Spiegel eines Teiches. Plötzlich sausen hunderte Sternschnuppen übers Firmament. Fasziniert schauen sie zu und beide wünschen sich das gleiche: Ein frohes und glückliches gemeinsames Leben, Kinder, Ruhe, Frieden und dass immer für alles gesorgt sei und sie niemals Not leiden müssen.

Die Jahreszeiten geben dem Land verschiedene Gesichter und im Sommer des drauf folgenden Jahres wird das erste Kind unserer Zwillingsseelen geboren. Beide sind unendlich glücklich und voller tiefer Freude und Dankbarkeit. Um so trauriger sind sie, als ihr Sohn schon kurz nach der Geburt stirbt. Bald darauf wird sie wieder schwanger. Wieder gebiert sie einen Sohn und dieser bleibt am Leben und ist gesund und stark. Diesem Kind folgen noch zehn weitere. Manche sterben bei oder kurz nach der Geburt oder werden tot geboren. Nur vier von ihnen überleben. Es sind harte Jahre für unsere Zwillingsseelen, denn sie wünschen sich viele gesunde Kinder, wollen eine glückliche Familie sein. Der Erstgeborene ist der besondere Liebling seiner Mutter. Er sieht seinem Vater sehr ähnlich und hat sogar dessen Muttermal geerbt.

Unsere Zwillingsseelen lieben sich von Tag zu Tag mehr, zärtlich, inniglich. Sie pflegen eine ganz tiefe, intensive Beziehung zu einander und wollen keine Minute getrennt voneinander sein. Doch dann bricht der Krieg über das Land herein und reißt ihn fort von ihr. Sie bleibt mit den fünf Kindern in der Burg zurück, fühlt sich verlassen und einsam. Sie ist traurig und hat furchtbare Angst um ihn. Sie könnte es nicht ertragen, wenn ihm ein Leid geschähe. Tag und Nacht betet sie, dass er gesund und heil zurückkommt. In dieser Zeit konzentriert sie ihre ganze Liebe auf ihren Sohn, der, je älter er wird, dem Vater immer mehr ähnelt. Er wird ebenso groß und schlank werden wie er, das Muttermal betont seinen schön geschwungenen Mund, seine Gesichtszüge sind fein und er hat auch die schöne Nase seines Vaters geerbt. Er ist ihr Ein und Alles. Sie weiß wohl, dass sie ihre anderen Kinder vernachlässigt, sich zu wenig um sie kümmert, aber sie kann nicht anders.

Das Letztgeborene, ein Mädchen, leidet besonders. Es fühlt sich ungeliebt und weiß, dass ihre Mutter alle anderen Kinder lieber hat als sie. Und in der Tat empfindet ihre Mutter nichts für sie. Im Gegensatz zu ihren anderen Kindern betrachtet sie die Kleine nicht mit Wohlgefallen, sondern mit Ablehnung. Immer wieder fragt sie sich, wo und wie sie jemals für dieses Kind, das weder hübsch noch besonders intelligent noch liebreizend ist, einen passenden Ehemann finden soll. Die Kleine zieht sich immer mehr in sich selbst zurück und verliert – falls das überhaupt noch möglich ist – immer mehr an Reiz.

Regelmäßig kommen Boten, die ihr Briefe von ihm bringen. Eines Tages schreibt er, dass der Krieg sich immer weiter ausdehnt, dass das feindliche Heer ihrer Burg immer näher kommt und sie daher mit den Kindern zu einem befreundeten und verbündeten Burgherren gehen und dort bleiben soll.

Eigentlich will sie nicht fortgehen – sie will in ihrer Burg bleiben, an dem Ort, an dem sie miteinander gelebt haben und so glücklich gewesen sind, und hier auf ihn warten, bis er endlich wieder nach Hause kommt. Viele Monate sind ins Land gezogen, sie vermisst ihn so sehr, die Sehnsucht steigert sich – und auch die Liebe.

Aber seine Worte und Botschaften werden immer drängender und er bittet sie inständig, mit den Kindern fort zu gehen. Also gibt sie seinem Wunsch endlich nach.

Die Zeit vergeht und ein Ende des Krieges ist nicht in Sicht. Sie ist einsam, sehnt sich nach der Nähe ihres Mannes, sehnt sich nach Liebe, Fürsorge und Zärtlichkeit. Die Kinder entwickeln sich prächtig – bis auf die Kleinste. Je älter sie wird, desto unansehnlicher wird sie. Ein Jammer.

Der Burgherr, unter dessen Schutz sie nun leben, bekundet sein persönliches Interesse an der einsamen Frau immer intensiver. Ihre jüngste Tochter beobachtet seine Avancen, von Eifersucht und Neid erfüllt. Ja, sie hasst ihre Mutter und liebt ihren Vater, den sie so sehr vermisst. Außerdem beneidet sie ihre Mutter um ihre Schönheit und ihre schlanke Gestalt. Wenn sie im Spiegel ihr Bild betrachtet, wird ihr klar, dass sie hässlich und unscheinbar ist und niemals so schön sein wird wie sie. Sie hasst ihre Mutter um so mehr, als sie entdeckt, dass diese dem Liebeswerben des Burgherrn nachzugeben beginnt.

Die Spindel entgleitet ihrer Hand und sie schreckt auf. Sie ist wohl eingeschlafen, während ihre Gedanken in der Vergangenheit weilten. Es muss viel Zeit vergangen sein, denn das Feuer im Kamin ist heruntergebrannt und draußen dunkelt es schon. Im Zimmer ist es eisig kalt und sie sehnt sich nach ihrem Bett mit den vielen Fellen.

Sie ist alt und allein und spürt, dass die Kälte sich immer mehr ihrem Herzen nähert. Bald wird die kalte Hand des Todes zugreifen und sie wird ihrem geliebten Mann nach Hause folgen. Er ist voraus gegangen und wartet auf sie in einer anderen Welt, in der sie wieder vereint sein werden, einem Land der Freude und der Sonne, des Glücks und der Harmonie. Sie ist müde und ist es Leid, zu leben. Sie hat soviel erlebt und soviel ertragen, es reicht, es ist genug.

Die Tage vergehen, der Frühling kommt und es wird wärmer. Und so wie in die Natur kehrt auch in ihren Körper das Leben zurück. Ihre Gedanken allerdings ziehen sie zurück in die Vergangenheit. In der Dämmerung sitzt sie am Ufer des Teiches, lauscht dem Quaken der Frösche und dem Rascheln des Schilfs im lauen

Abendwind. Der Mond zeigt sich bereits als blasse Sichel, während die untergehende Sonne die Ränder der Wolken rosa färbt.

Ja, sie war damals weich geworden, hatte dem Werben des Burgherrn nachgegeben und ihrer tiefen Sehnsucht nach Liebe und Zärtlichkeit. Sie hat es vom ersten Augenblick an bereut, so tief bereut, dass sie es mit Worten gar nicht sagen kann.

Und sie bereut es noch immer.

Mit großem Entsetzen stellt sie fest, dass sie schwanger ist. Sie kann nicht fassen, was sie getan hat. Sie, die ihren Mann, der noch immer im Krieg ist, so unendlich liebt, bekommt ein Kind von einem anderen, der ihr nichts bedeutet. Sie hat sich darauf eingelassen, ist selber Schuld. Aber muss das Leben so grausam sein?

In ihrer Not eilt sie zu ihrem Beichtvater ins Kloster. Sie trifft ihn, als er gerade ein wunderschönes Bild in leuchtenden Farben in ein dickes ledergebundenes Buch malt. Sie fleht ihn an, ihr zu helfen, ihr einen Rat zu geben. Sie ist außer sich, verzweifelt. Der Priester schließt die Tür der Bibliothek, setzt sich zu ihr und nimmt ihre Hände in seine. Er will ihr wenigstens ein bisschen Trost und Wärme geben. Er bewundert ihre Schönheit, versteht ihre Einsamkeit, die er aus eigener Erfahrung kennt und von der er weiß, wie schwer sie zu ertragen ist. Und er versteht den Burgherrn. Er versteht alles, die ganze Situation. Er prüft sein Gewissen, schwankt zwischen den Warnungen seiner inneren Stimme und Mitleid und Verständnis, die er empfindet. Mitleid und Verständnis siegen schließlich und so nennt er ihr den Namen einer Kräuterhexe, die mitten im Wald allein in einer Hütte haust und von der er weiß, dass sie die erforderliche Hilfe leisten wird. Die Hexe wird von den Menschen gemieden, sie haben Angst vor ihr und ihren Kräften. Sie verabscheuen sie aber auch wegen ihres Aussehens: Sie ist alt, bucklig und hässlich.

Gestärkt, getröstet und voller Hoffnung verlässt sie ihren Beichtvater. Es gibt eine Lösung für ihr Problem und sie hätte den schwächsten Strohhalm dankbar ergriffen, um alles wieder gut zu machen, um alles wieder ins Lot zu bringen.

Als sie gegangen ist, betet der Priester und hofft inständig, dass er das Richtige getan hat. Er bittet Gott um Vergebung, denn er weiß, dass sie mit Hilfe der Kräuter eine Fehlgeburt haben wird. Er ist seinen Gefühlen gefolgt, denn er liebt und bewundert sie. Er will nicht, dass sie so schwer für ihren Fehltritt bezahlen muss. Er möchte, dass sie wieder lachen und ihre Verzweiflung vergessen kann. Sie ist ein Kind Gottes, das vom Weg abgekommen ist, und er will ihr helfen, ihn wieder zu finden. Er schließt sie in sein Gebet ein und bittet Gott auch um Vergebung für die Sünde, die sie wohl begehen wird. Er empfiehlt Gott seine eigene und ihre Seele.

Niemand weiß von ihrer Schwangerschaft – nicht einmal ihre Zofe. Das Risiko ist zu groß – sie will um alles in der Welt vermeiden, dass ihr Mann davon erfährt. Sie weiß, dass es ihm das Herz brechen und ihre Liebe zerstören wird.

Am nächsten Tag lässt sie ihr Pferd satteln und macht sich auf den Weg in den Wald. Die Hütte zu finden, ist nicht leicht, aber sie schafft es. Als sie die alte Frau erblickt, weiß sie, warum sie von den Menschen gemieden wird und nur die Verzweifelten sich aufraffen und zu ihr gehen – sie ist abstoßend hässlich, buckelig, klein und zahnlos. Sie überwindet sich, denn die Alte ist ihre einzige Chance auf eine friedliche, harmonische Zukunft mit ihrem Mann. Die Kräuterhexe überreicht ihre eine dunkelbraune bitter riechende Flüssigkeit und erklärt ihr genau, wie und wann sie sie einnehmen muss, damit sie ihre volle Wirkung tut. Der Preis, den die Hexe verlangt – einen Lederbeutel voller Goldmünzen – empört sie, doch die Alte kichert nur hämisch, Spott blitzt in ihren Augen. „Das wird es der hochwohlgeborenen Dame wohl wert sein oder willst Du, dass Dein Mann alles erfährt?“. Die Hexe weiß genau, dass es sich um das Kind des Burgherrn handelt, der sie verstoßen und in den Wald vertrieben hat, weil er sie wegen ihrer Hässlichkeit nicht in seiner Nähe haben wollte. Einst hat sie ihn geliebt, jetzt hasst sie ihn. Abgrundtief. Nun endlich kann sie sich rächen, endlich ist die Zeit der Rache da. Sie weiß, dass der Burgherr diese Frau liebt. All seine Sehnsucht konzentriert sich auf sie und er wäre außer sich vor Freude, wenn er wüsste, dass die Begehrte schwanger von ihm ist. Noch dazu mit einem Sohn! Er wünscht sich Zeit seines Lebens einen Erben – aber keine seiner vielen Geliebten und Ehefrauen hat ihm je einen geschenkt. Er ist nur der Vater vieler Töchter, die ihm alle nichts bedeuten. Sein größter Wunsch ist die Geburt eines Erben. Dieser Wunsch wäre jetzt in Erfüllung gegangen. Laut und voller Hass lacht sie zum Himmel auf. Das ist ihre Rache, sein Herzenswunsch wird nicht in Erfüllung gehen. Sie hätte ihm auch einen Sohn geboren, aber er hatte sie verstoßen, angewidert von ihrer Hässlichkeit. „Verschwinde, Hexe!“, hatte er geschrieen. „In den Wald mit Dir, wohin Du gehörst und wo kein Mensch Dich sehen und vor Deinem grässlichen Antlitz erschrecken kann!“ Befriedigt denkt sie an die Kräuter, die sie ihr gegeben hat. Sie wird viel Glück brauchen, um das in ihnen enthaltene Gift zu überleben. Und wenn sie es tut, wird sie viele Tage sehr, sehr leiden. Ihre Rache ist perfekt. Höhnisch lachend geht sie in ihre Hütte.

Es wird dunkel, sie muss zurück in die Burg. Außerdem will sie ihre Enkelkinder noch sehen. Ihr Lieblingssohn hat mittlerweile geheiratet und lebt mit seiner Frau und seinen Kindern bei ihr, in der Burg, die er von seinem Vater geerbt hat. Er ist immer noch ihr Liebling, ihr Ein und Alles. Mit ihrer Schwiegertochter hat sie sich recht und schlecht angefreundet. Allerdings gesteht sie sich ein, dass sie keine Frau an der Seite ihres Sohnes gerne sieht und dass er eine kluge Wahl getroffen hat.

Von den vier Töchtern haben drei geheiratet und sind weit weggezogen. Die Letztgeborene lebt auf der Burg ihres Großvaters, wo sie, die Mutter, ihre glückliche Kindheit verbracht hat. Ihre Eltern sind schon vor langer Zeit gestorben, sie hat sie nie vergessen, denkt viel an sie und an die Liebe, die sie von ihnen erhalten hat. Vor allem jetzt, wo sie fühlt, dass das Ende ihres Lebens naht.

In Gedanken versunken wandert sie durch die laue Frühlingsnacht zur Burg zurück. Sie denkt an ihre letztgeborene Tochter. Sie ist eine alte Jungfer geworden, die nur schwarze Kleider und schwarze Hauben trägt. Kein Mann hat sie – trotz ihres beachtlichen Erbteils und der großen gebotenen Mitgift – je heiraten wollen. Im Laufe der Jahre ist das Bisschen Liebreiz, das sie hatte, zur Gänze verloren gegangen, ihre Gestalt ist immer krummer und gebeugter geworden. Ihre Tochter erinnert sie an die alte Kräuterhexe, die ihr damals geholfen hat, das Ungeborene zu töten. Ja, zu töten – sie hat es sich längst eingestanden, nennt die Tat beim Namen und sich selbst eine Kindermörderin. Es schaudert sie und plötzlich fröstelt sie so, als hätte ein kalter Windhauch sie gestreift. Sie spürt die Kälte des Todes, der seine eisige Hand nach ihrem Herzen ausstreckt.

Sie hat damals die Kräuter genommen, genau nach Vorschrift, und es hat funktioniert. Das Kind war abgegangen. Niemals wird sie diese Schmerzen vergessen, die Bauchkrämpfe und das viele Blut. Tagelang hatte sie sich im Bett gewunden, schweißgebadet, fiebrig, andauernd erbrechend, und gedacht, sie müsse sterben. Keine ihrer vielen Geburten hatte ihr derartige Schmerzen bereitet. Ihre ratlose Zofe holte Hilfe und so war alles doch noch ans Tageslicht gekommen. Der Burgherr verstand sofort, dass sie sein Kind tötete. Er roch an der Tinktur und verfluchte die Hexe auf das Schauerlichste. Und auch die letztgeborene Tochter begriff und hasste – wenn überhaupt möglich – ihre Mutter noch mehr. Sie hinterging nicht nur ihren Vater, der noch immer im Krieg kämpfte, sondern war auch noch schwanger von einem anderen Mann.

Das war einfach zu viel für sie. Eines Nachts schlich sie sich in das Gemach der Mutter, die sich fiebrig im Bett wälzte, gequält von körperlichen und seelischen Schmerzen. Die Tochter betrachtete sie voller Hass und gönnte ihr den schlimmen Zustand. Am Fußende des Bettes stehend weckte sie die Mutter und verfluchte sie. Sie war auch bei der alten Kräuterhexe gewesen und hatte von ihr die Kunst des Verfluchens und der Schwarzen Magie gelernt. Sie verfluchte ihre Mutter nicht nur, sondern beschwor auch die dunklen Mächte, damit die Mutter in aller Zukunft keine Liebe, keine Freude, keine Zärtlichkeit mehr genießen, keine Kinder mehr bekommen und niemals mehr eine erfüllte Beziehung mit einem Mann erleben werde. Diesen Fluch sprach sie unter Aufbietung aller ihrer geistigen und körperlichen Kräfte aus, und mit der ganzen Gewalt ihres Hasses auf die Mutter. Sie lag erstarrt in ihrem Bett, fürchtete sich vor ihrer in schwarze Kleider gehüllten Tochter; sie war fassungslos und zu schwach, um sich zu wehren. Und so vernahm sie voller Entsetzen den Fluch, spürte den tiefen Hass ihrer Tochter und verlor das Bewusstsein.

Mittlerweile hat sie ihr Schlafgemach in der Burg erreicht und sinkt, mit ihren Gedanken weiterhin in der Vergangenheit weilend, in ihren Schaukelstuhl.

Als sie am folgenden Tag erwachte, sah sie sich in einer Blutlache liegen. Sie war schwach vom Fieber und vom Blutverlust und fühlte, wie das Leben langsam ihren Körper verließ. Ihrem Wunsch folgend holte die Zofe ihren Beichtvater – sie wollte Gott um Verzeihung bitten, ihre Sünden loswerden, Frieden haben, Ruhe finden.

Der Priester erschien und brachte Kräuter mit. Ein weiser Ordensbruder, der die Kunde der Kräuter studiert und am Geruch der Tinktur das Gift erkannte, hatte ihm ein Gegenmittel mitgegeben. Und auch noch andere Kräuter, die sie aufbauen und stärken, das Fieber senken und sie gesunden lassen sollten.

Er nahm ihr die Beichte ab und wiegte sie, als sie weinte, in den Armen wie ein kleines Kind, gab ihr Wärme und Geborgenheit, versuchte, ihr Vertrauen in das Leben wieder zu erwecken. Dann flößte er ihr den Tee ein, den die Zofe zwischenzeitig aus den mitgebrachten Ingredienzien bereitet hatte.

Jeden Tag kam er und brachte heilende Pflanzen mit. Und mit der Zeit wurde ihr Körper wieder stärker und gesünder. Doch ihr Herz war gebrochen und ihr Geist ruhelos. Ihr Gewissen ließ sich nicht beruhigen.

Eine Tages war der lange Krieg endlich zu Ende. Ihr Mann schickte einen Boten, der ihr die Nachricht brachte, dass sie mit den Kindern nach Hause zurückkehren könne. Gleich wurde ihr wohler – sie konnten auf ihre Burg zurück, Frieden herrschte im Land. Endlich.

Es war herrlich, wieder zu Hause zu sein! Der nahende Herbst hatte das Land in bunte Farben getaucht, die Spätsommersonne schien noch warm und freundlich. Sie verspürte Freude und Glück und das gab ihr Hoffnung, Hoffnung auf eine gute Zukunft. Und sie freute sich unbändig auf ihren Mann, den sie so sehr liebte, mit dem sie endlich wieder zusammen sein würde.

Sie war in ihrem Gemach und machte Ordnung in ihrer Kleidertruhe. Jemand betrat den Raum. Sie dachte, dass es ihre Zofe sei, und rief sie zu sich. Nachdem sie keine Schritte hörte, drehte sie sich um – und sah ihn. Ihr Herz schlug heftig, sie lief auf ihn zu, wollte ihn in die Arme nehmen. Sie war so glücklich, dass sie sein verzerrtes Gesicht nicht sah – verzerrt von Wut, Traurigkeit und Enttäuschung. Er schlug ihr mit aller Kraft ins Gesicht. Der Schlag kam für sie so unerwartet, dass sie das Gleichgewicht verlor und rücklings gegen die Wand fiel, zu Boden rutschte und schluchzend liegen blieb. Er stellte sich neben sie, so dass sie nur seine Stiefel sehen konnte, und schaute voller Verachtung auf sie herab. Er wusste alles, seine Tochter hatte ihm alles berichtet, jedes Detail, nichts hatte sie ausgelassen. Er war unendlich enttäuscht von ihr, sie hatte ihn betrogen, ihre Liebe mit Füßen getreten. Am liebsten hätte er noch ein zweites Mal zugeschlagen. Sie lag am Boden und weinte bitterlich, flehte ihn an, ihr zu verzeihen. Sie beschwor ihre Liebe. Doch es nützte nichts.

Er verließ ihr Gemach, zog in einen anderen Flügel der Burg und wollte mit ihr nichts mehr zu tun haben. Das alles war zu viel für ihn. Nur der Gedanke an sie und ihre Liebe hatte ihn in den entbehrungsreichen Zeiten am Leben gehalten. Er war ausgezehrt, ausgemergelt, im Krieg ein alter Mann geworden und hatte seinen Stolz verloren. Er war ein gebrochener und nun auch noch verbitterter Mann, krank und voller Narben. Und jetzt war auch noch sein Herz gebrochen, seine Liebe verraten, alles Glück dahin.

Seine Glieder schmerzten so sehr, dass er an vielen Tagen das Bett nicht verlassen konnte. Und er hatte solche Sehnsucht nach ihr, nach ihrer Liebe, nach ihrer Nähe und Wärme. Er wollte Zärtlichkeit und Fürsorge spüren. Mittlerweile war er überzeugt, dass sie ihn immer noch liebte. Sie tat alles, um ihn davon zu überzeugen, bemühte sich unermüdlich, seine Liebe und seine Zuneigung wieder zu erlangen. Langsam ließ er sich erweichen, die tiefe, innigliche Liebe siegte über Enttäuschung und Verbitterung.

Kurz darauf war sie wieder schwanger. Einerseits freuten sie sich sehr, andererseits hatten sie Angst, denn sie war schon zu alt, um noch zu gebären. Es war ein Wunder, was hier geschah!

Sie führten nun ein beschauliches Leben und gingen miteinander so liebevoll und zärtlich um wie vor dem Krieg. Die dunklen Wolken der Vergangenheit hatten sich verzogen, die Sonne schien wieder auf ihrem gemeinsamen Himmel und die Zukunft lag leuchtend vor ihnen. Sie genossen ihr Zusammensein, die traute Zweisamkeit, die Liebe, die sie umhüllte und sie zutiefst verband.

Die Schwangerschaft gestaltete sich anstrengend. Die meiste Zeit musste sie das Bett hüten und sie beteten um eine leichte Niederkunft.

Ein Schrei drang an sein Ohr – das Kind war geboren. Er stützte sich auf seinen Stock und humpelte so schnell er konnte ins Geburtsgemach. Er war außer sich vor Freude, als er seinen neuen Sohn in den Armen wiegte, der ihm fest in die Augen schaute und sofort seinen Finger umklammerte. Gott, wie liebte er dieses Kind und diese Frau! Wäre es ihm möglich gewesen, so hätte er getanzt, lauthals gejubelt, sein Glück in die Welt hinaus gebrüllt.

Sie war noch schwach und gezeichnet von der schwierigen Geburt, aber sie war auch glücklich, voller Liebe und Freude. Er küsste sie zärtlich und strich ihr liebevoll über die Stirn.

Jetzt war wieder alles gut.

Zu Ehren des neugeborenen Sohnes und seiner Frau veranstaltete er ein fröhliches Fest im Burghof. Das Bier und der Met flossen in Strömen, Ochsen wurden gebraten, es gab Kuchen und andere seltene Spezereien. Es wurde getanzt, gegessen, getrunken und gefeiert – tagelang. Und überall erhellten Freudenfeuer die Nacht.

Lächelnd sitzt sie in ihrem Schaukelstuhl beim Kamin und schaut den züngelnden Flammen bei ihrem Tanz zu. Was für eine schöne Zeit hat ihnen Gott doch noch geschenkt. Ihre Wünsche waren wahr geworden, ihre kühnsten Träume hatten sich erfüllt. Sie waren noch einmal glücklich gewesen, hatten zu dritt eine schöne Zeit verbracht.

Eines Nachts, der Wind trieb Graupelschauer vor sich her, schloss er für immer die Augen. Er war in ihren Armen eingeschlafen, hatte sie noch einmal voller Liebe und Zärtlichkeit angelächelt, ihr in die Augen geblickt und ihre Hand gestreichelt. Dann war er gegangen.

Sie blieb zurück. Allein. Ihr einziger Trost war ihr jüngster Sohn, der ihm so ähnlich war und sie so sehr brauchte. Daher konzentrierte sie all ihre Liebe auf ihn und zog ihn mit unendlicher Zärtlichkeit groß.

Dann kam der schreckliche Tag, an dem der Kleine von einem der zinnenbewährten Burgtürme stürzte. Sie hatte ihm mehrfach verboten, auf den Türmen zu spielen. Aber sie waren sein Lieblingsplatz gewesen, die Türme hatten ihn magisch angezogen.

Sie wiegte den leblosen, zerschmetterten Körper in ihrem Armen. Sie konnte es nicht fassen. Wieder einmal brach ihr das Herz.

Wann würde Gott aufhören, sie zu betrafen?

Müde erhebt sie sich von ihrem Stuhl, das Kaminfeuer ist fast erloschen, es ist kalt im Gemach und sie will ins Bett, unter die wärmenden Felle kriechen.

Wann wird Gott aufhören, sie zu bestrafen?

Sie schließt die Augen.

Dunkelheit umfängt sie.

Die Zwischenzeit

Unsere Zwillingsseelen sind wieder zu Hause, schweben bei der Großen Sonne, genießen die Liebe, die Wärme, die Ruhe und den Frieden. Sie sind wieder vereint und froh, zusammen zu sein.

Gemeinsam betrachten und analysieren sie ihr vergangenes Leben im mittelalterlichen Deutschland. Es ist ein hartes Leben gewesen und sie haben beide sehr gelitten.

Für sie sind die Abtreibung und die lange Trennung von ihm schwierige Ereignisse gewesen, für ihn der lange Krieg und die dadurch bedingte Abwesenheit von zu Hause, von ihr und den Kindern. Ja, und vor allem, dass sie ihn hintergangen und sich vom Burgherren hat verführen lassen. Das hat sich tief in seine Seele gegraben.

Auch jetzt bei der Großen Sonne ist die Kleine Sonne nicht ganz so strahlend hell, sondern zeigt einen dunklen Fleck, der ihren Verrat an ihrer Liebe symbolisiert. Die Verletzung der Seele muss im nächsten Leben ausgeglichen, geheilt, gut gemacht werden. Jede Seele muss alles erlebt haben, bevor sie reif zur Verschmelzung ist. Das Leben muss mit all seinen Facetten erfahren werden, jeder spielt die verschiedensten Rollen – Täter und Opfer, Priester und Hure, Millionär und Bettler.

Also werden sie im nächsten Leben die Rollen tauschen. Sie wird ihn abgöttisch lieben und er wird sie hintergehen. So wird sie den Schmerz erfahren, den er schon erlebt und gefühlt hat, die Enttäuschung, den Verrat, den Vertrauensbruch.

Und so planen sie ihr gemeinsames, neues Leben ...

Venedig, 1570

Sie liegt in einem großen Himmelbett und räkelt sich zufrieden in teuren Seidendecken. Die Vormittagssonne scheint durch die hohen Flügelfenster, bringt die Farben des wertvollen Teppichs zum Leuchten und erhellt die mit Gold verzierten weißen Wände. Das Leben ist schön. Sie gähnt und streckt sich genüsslich wie eine Katze, rollt sich aus dem riesigen Bett, hüllt sich in den mit echten Spitzen besetzten Morgenrock und geht barfuß zum Fenster, um es zu öffnen. Tief atmet sie die frische Luft ein, die so herrlich nach Meer riecht. Außerdem bewundert sie ihre Aussicht direkt auf den Canale Grande, auf dem bereits reger Betrieb herrscht. Viele Boote sind unterwegs, befördern Menschen und Güter, eilig oder gemächlich, aber immer mit einem bestimmten Ziel.

Sie ist froh, mit dem normalen Leben der Menschen nichts zu tun zu haben. Sie ist reich, wird unterstützt von ihren Galanen, die sie mit kostbaren Geschenken überhäufen. Zufrieden betrachtet sie ihr Spiegelbild – sie ist eine schöne Frau. Und von den Männern heiß begehrt. Wegen des großen Interesses an ihren Diensten hat sie den Preis erhöht. Die Männer kommen trotzdem und bringen Freunde mit, die sie wiederum ihren Freunden weiterempfehlen. Das Geschäft floriert. Wunderbar! Sie muss ihre Jugend nutzen, denn das Alter wird auch ihre Schönheit zerstören. Darüber ist sie sich im Klaren. Jetzt ist die Zeit zum Geldverdienen.

Voller Freude legt sie sich das Geschenk, das sie letzte Nacht erhalten hat, um den Hals – ein Smaragdcollier von einem ganz besonderen Verehrer. Die Smaragde unterstreichen perfekt die Farbe ihrer Augen. Sie hat die Augen einer Katze, allerdings nicht die einer verwöhnten Hauskatze, sondern die einer Raubkatze. Und sie hat auch deren Krallen.

Versonnen und selbstverliebt betrachtet sie ihr Spiegelbild, bewundert sich und das Smaragdcollier. Sie denkt an den Kunden der letzten Nacht; er ist etwas Besonderes. Abgesehen davon, dass er rasend in sie verliebt ist und immer mehr ihrer Zeit für sich beansprucht – was natürlich mehr kostet, aber anstandslos von ihm bezahlt wird –, existiert noch eine andere Bindung zwischen ihnen. Ein Umstand, der ihr äußerst zuwider ist. Ihre Devise lautet, sich niemals und nie zu verlieben. Das ist schädlich für den Ruf und fürs Geschäft.

Aber dennoch fühlt sie diese Verbindung zu ihm. Er liebt sie offensichtlich. Und sie? Liebt sie ihn? Nein. Da ist sie sich ganz sicher. Sie kann dadurch, dass er sie liebt, sehr viel mehr Geld verdienen und wird noch kostbarere Geschenke erhalten. Es ist also ein gutes Geschäft, bei dem sehr viel für sie herausspringt, wenn sie es richtig anstellt. Sie muss diese Verbindung zwischen ihnen einfach ignorieren, ihn als normalen Kunden sehen und auch als solchen behandeln. Dann wird sie den größtmöglichen Vorteil daraus ziehen können.

An dem Abend, als sie ihn zum ersten Mal sah und als Kunden annahm, empfing sie ihn in den offiziellen Räumen, in dem mit rotem Brokat ausgestatteten großen Salon mit den kostbaren Antiquitäten, an den ein luxuriös eingerichtetes Esszimmer angrenzt. In diesen Räumen serviert sie ihren Kunden ein erlesenes Abendessen – selbstverständlich erst, nachdem sie ihre Forderungen beglichen haben. Auch für die Vertragsabschlüsse mit ihnen benutzt sie diese Räume. Wer ihre Dienste regelmäßig und für einen längeren Zeitraum in Anspruch nehmen will, muss sich vorher per Vertrag verpflichten, ihren Unterhalt zu bestreiten: Kleidung, Schuhe, Hüte, Wäsche, Strümpfe, Handschuhe und was sie sonst noch so alles benötigt. Selbstverständlich muss der Palazzo erhalten und die Dienstboten bezahlt werden. Außerdem besitzt sie noch Pferde, Kutschen und Gondeln. Das alles kostet Geld. Viel Geld. Also teilt sie alle diese Kosten auf ihre Kunden auf, die brav alles berappen, und nebenbei mehrt sich ihr Vermögen noch beträchtlich. Die Kunden halten sich an ihre Vertragspflichten – ansonsten würde sie sich an deren Ehefrauen wenden.

Zu diesem Mittel hat sie bisher nur einmal greifen müssen. Lachend denkt sie an diese Szene zurück – die Frau wäre fast in Ohnmacht gefallen und konnte sich nur mit ihrem Riechsalz bei Bewusstsein halten. Die Ärmste, so dick und fett und hässlich. Kein Wunder, dass ihr Mann von ihr flüchtete und Trost in den Armen einer schönen, jungen Frau suchte.

Sie hat eben nicht nur die Augen einer Raubkatze, sondern auch deren Krallen und Zähne. Sie holt sich, was ihr gehört. Immer. Bedingungslos.

Die Zofe bringt ihr das üppige Frühstück ans Bett. Sie liebt es, im Bett zu essen; alles, was man tut, ist im Bett noch viel besser getan. Ihre Gedanken wandern zurück zur letzten Nacht. Zu dem Mann, der etwas Besonderes ist. Und dann fällt ihr die Sache mit dem Muttermal ein.

Sie hat oberhalb des linken Mundwinkels ein Muttermal, das ihren schön geschwungenen Mund betont und die Blicke auf ihn zieht. Der Mann war vom ersten Moment an fasziniert von dem Muttermal. Immer wieder betrachtete und berührte er es. Er erzählte ihr, dass es ihn an etwas erinnert, wobei er diese Erinnerung nicht zu fassen bekommt. Jedenfalls berührt es ihn, bringt eine Saite in ihm zum Schwingen. Er redet immer davon, dass zwischen ihnen eine Verbindung bestehe, dass sie einander schon lange kennen, also nicht nur in diesem Leben, sondern dass sie einander schon in vergangenen Leben begegnet seien. Sie hält dieses Gerede für Unsinn. Das Leben ist schön – aber einmal genügt voll und ganz.

Andererseits spürt sie, dass da mehr ist. Er ist kein gewöhnlicher Kunde. Er ist eben etwas Besonderes. Auch für sie.

Sie hat ihr Frühstück beendet, schiebt alle Gedanken an ihn zur Seite und befasst sich mit dem weiteren Tagesablauf, der zwar immer der gleiche ist, aber Beruf ist eben Beruf. Sie muss sich pflegen, baden, die Körperhaare zupfen lassen – eine schmerzhafte, aber notwendige Prozedur, die sie über sich ergehen lassen muss, und außerdem kommt nachmittags die Schneiderin zur letzten Anprobe ihrer Ballrobe. Am Abend wird sie für intime Freunde einen Kostümball geben und es wird ein großer Spaß werden.

Das Fest war ein voller Erfolg, ist zu einer richtigen Orgie geworden. Der Champagner ist in Strömen geflossen, erlesene Speisen sind gereicht worden und sie ist die Königin des Balls gewesen, die Königin der Nacht. Sie hat geflirtet und getanzt, nicht mit ihren Reizen gegeizt, sondern mit ihnen gespielt und sich geschickt in Szene gesetzt – die Raubkatze, die sie ist, hat sich gezeigt und neue Kunden in ihren Bann gezogen. Und das ist gut so, es entspricht ihrem Plan, sie will ihr Alter in Reichtum und nicht in Armut verbringen.

Sie denkt zurück an ihre Kindheit, die sie in tiefster Armut verbracht hat. Sie ist das sechste von zwölf Kindern, die der Vater, ein Fischer, nur mühsam durchbrachte. Es ist ein Elend gewesen und so etwas will sie nie mehr erleben. Es hat nie genug zu essen, nie genug Kleidung, nie genug Brennmaterial gegeben – immer hat irgendetwas gefehlt. Als sie elf Jahre alt war, brachte ihr Vater sie nach Venedig in den Dienst eines Grafen. Dort begann auch bald ihre Karriere, sie blieb nicht lange Küchenmädchen. Sie setzte ihre Schönheit ein und entdeckte bald, wie man den Männern am besten das Geld aus der Tasche zieht und sie dazu bringt, großzügige Geschenke zu machen.

Es ist ein harter Weg gewesen, aber sie hat es mit eisernem Willen, Härte und Ausdauer geschafft. Und sie hat niemals aufgegeben und keine Sekunde an ihrem Erfolg gezweifelt. So ist sie der Armut entkommen und hat mittlerweile beträchtlichen Reichtum angehäuft. Der prächtig ausgestattete Palazzo gehört ihr – ein Geschenk eines Verehrers, der auch alle Kosten dafür trägt, ihre Schmuckkassetten quellen über, ebenso ihre Kleiderschränke, die Vorratsräume und der Weinkeller.

Zufrieden trinkt sie den letzten Schluck Champagner und steigt die Treppe hinauf in ihr privates Schlafzimmer, das sie nur allein, ohne Gäste, benutzt.

Sanftes Plätschern weckt sie am nächsten Morgen. Sie liebt dieses Geräusch, das entsteht, wenn die Wellen des Canale Grande an die Hausmauer rollen. Es gibt ihr ein Gefühl der Geborgenheit und Sicherheit. Zufrieden denkt sie an den Ball zurück. Doch halt! Eine unschöne Szene hat es gegeben – und zwar mit ihm! Mit diesem Mann, der etwas Besonderes ist, der immer mehr Platz in ihrem Leben einnehmen, sie immer mehr nur für sich beanspruchen will. Er will nicht, dass sie auch andere Männer in ihren Bann zieht. „Damit muss er leben“, denkt sie trotzig.

Er geht – in Gedanken ganz bei ihr – durch das frühsommerliche Venedig, überquert den Markusplatz, biegt in eine kleine Gasse ein, in der sich der beste Juwelier der Stadt befindet. Heute Abend wird er seine Angebetete wieder sehen und will ihr ein ihrer Schönheit angemessenes Präsent überreichen.

Er hat sich schon lange eingestanden, dass er sie liebt. Obwohl es lachhaft ist, sich in eine Kurtisane zu verlieben. Seine Freunde hänseln ihn auch schon deswegen. Aber das ist ihm egal – er will sie haben, mit ihr zusammen sein, mit ihr leben. Um jeden Preis. Er verzehrt sich nach ihr, sie beherrscht tagsüber seine Gedanken und des Nachts seine Träume.

Letzte Nacht, während des Balles, hat er ihr seine Liebe erklärt. Sie hat nur gelacht und ihm über den Kopf gestreichelt, als ob er ein kleiner Bub wäre, der des Trostes der Mutter bedarf.

Er fühlt, dass sie etwas ganz Besonderes ist. Und dann ist da dieses Muttermal, das ihn so fasziniert, dessen Anblick ihn mit Liebe und Zärtlichkeit erfüllt. Eigentlich versteht er es selbst nicht – aber seit wann ist Liebe logisch? Er hat sich Rat bei einer Astrologin geholt, die aber ein Scheitern seines Liebeswerbens in Aussicht stellte. Trotzdem ist er nicht gewillt, aufzugeben. Vorsichtshalber bemühte er auch eine Hellseherin, die ihm sagte, dass zwischen ihnen eine besondere Beziehung oder Bindung besteht, die ihren Ursprung in einem oder mehreren früheren Leben hat. Er hat ihr das alles auch erzählt, aber sie tat es als Unsinn ab und lachte über ihn.

Mittlerweile hat er das Juweliergeschäft erreicht und betritt es. Voller Freude betrachtet er das herrlich funkelnde Armband, das er extra für sie hat anfertigen lassen. Es passt perfekt zu ihr! Gut gelaunt schlendert er zum Markusplatz zurück, um sich, als Vorbereitung für einen schönen Abend mit ihr, mit einem Grappa zu stärken.

Allerdings nahm der Abend einen unerwarteten Verlauf ...

Zum vereinbarten Zeitpunkt zog er frohgemut an der Kette der Glocke. Ein zweites Mal. Und noch ein drittes Mal. Endlich wurde ihm von einem Diener seiner Angebeteten geöffnet, der allerdings über sein Erscheinen nicht informiert war und ihm – zu seinem größten Ärger – den Zutritt verwehren wollte, denn seine Herrin sei „beschäftigt“. Es entstand eine Debatte, in deren Verlauf unser verliebter Galan immer hitziger und zorniger wurde und sich schlussendlich den Zugang zum Palazzo erzwang, indem er den Diener einfach zur Seite schob und in den Roten Salon lief. Der Diener rannte ihm nach, wollte ihn aufhalten. Nachdem er den Salon leer vorgefunden hatte, stürmte er, gefolgt vom Diener, der versuchte, ihn am Arm zu erwischen und aufzuhalten, die Treppe hinauf zum Schlafzimmer seiner Liebsten, öffnete die Tür und platzte ins Zimmer, um ihr sein Herz zu Füßen zu legen.

Doch sie war nicht allein, lag mit einem anderen Mann im Bett. Mit seinem besten Freund.

Nachdem er den ersten Schock überwunden hatte, zerrte er seinen Freund auf die Füße und versetzte ihm einen Faustschlag mitten ins Gesicht, sodass er wie ein Stein ins Bett zurückfiel.

In der Zwischenzeit hatte auch der Diener den Schauplatz des Dramas erreicht und versuchte, den Tobenden, Gekränkten, Eifersüchtigen von weiteren Angriffen abzuhalten und den Kunden seiner Herrin vor weiteren Ohrfeigen zu bewahren.

Sie saß im Bett, die Decke bis zum Hals hochgezogen und kreischte.

Angezogen durch den Lärm erschienen weitere Diener. Gemeinsam packten sie ihn und expedierten ihn auf die Straße.

Die Tage vergehen. Er ist zutiefst verletzt. Er leidet Höllenqualen, zieht von einer Kneipe in die andere und betrinkt sich. Er versucht, sich mit anderen Huren abzulenken, doch es gelingt ihm nicht. Stunden steht er vor ihrem Palazzo und starrt zu ihren Fenstern hinauf. Manchmal bekommt er sie zu Gesicht, wagt aber nicht, sie anzusprechen. Sein Herz ist gebrochen und sein Verstand funktionierte nicht mehr, er ist nur noch getrieben von seiner Eifersucht und seiner Gier, sie zu besitzen. Und trotzt allem liebt er sie. Wenn sein Verstand funktioniert, dann sagt er ihm, dass sie eine Hure ist, die beste und teuerste von ganz Venedig, und dass er das immer gewusst hat. Dann kommt er sich vor wie ein Idiot. Und dennoch liebt er sie. Eindeutig. Ohne jeden Zweifel.

Er versucht, sie zu vergessen. Es gelingt ihm nicht. Nach wie vor beherrscht sie tagsüber seine Gedanken und in der Nacht seine Träume. Sie ist allgegenwärtig in seinem Leben.

Eines Tages nimmt er all seinen Mut zusammen und sucht bei ihr um einen offiziellen Besuch an. Seine Bitte wird erhört.

Er ist furchtbar nervös und fürchtet sich vor dieser Begegnung, er hat Angst vor dem Schmerz, der trotz allem wohl unausweichlich ist. Aber er muss es versuchen. Einmal noch will er mit ihr reden, einmal noch sie sehen, sie fragen, ob sie ihn heiraten will. Er weiß, dass sie ablehnen wird. Und doch hat er Angst, Angst vor ihren Worten, Angst vor dem Schmerz, den ihre Worte auslösen können. Etwas in ihm treibt ihn zu diesem letzten Versuch. Es muss getan und gesagt werden.

Zur vereinbarten Zeit wird er in den Palazzo gelassen und zum Roten Salon geführt. Kurz darauf empfängt sie ihn. Als er sie sieht, stockt ihm der Atem – sie ist so schön, so begehrenswert und er spürt wieder diese tiefe, innigliche Liebe, die er für sie, und nur für sie empfindet, eine Liebe nicht von dieser Welt.

Sie aber ist eisig, ablehnend, kalt, hat die peinliche Szene nicht vergessen. Spontan war sie mit seinem Besuch einverstanden gewesen, ein Entschluss, den sie kurz darauf schon bereute. Sie hatte sich aber auch nicht entschließen können, ihm abzusagen. Sie hatte viel über ihn und die Verbindung zwischen ihnen, die ja auch sie fühlte, nachgedacht, und auch darüber, ob sie ihr Leben ändern sollte, um nur noch mit ihm zusammen zu sein. Ihr Herz sagte ja, ihr Verstand sagte nein. Der Verstand hat gesiegt, sie wird ihn fortschicken. Sie will sich nicht an einen Mann binden und ihre finanzielle Unabhängigkeit aufgeben. Auch sie hat Angst vor dem Wiedersehen und versteckt diese hinter der Eiseskälte.

Und so begegnen sich unsere Zwillingsseelen zum letzten Mal in diesem Leben.

Der volle Mond spiegelt sich im Kanal und er beobachtet, wie dessen Spiegelbild durch kleine Wellen verzerrt wird, um dann wieder ganz rund und ruhig zu sein. Er ist tief traurig und verzweifelt. Das Gespräch ist verlaufen, wie er es befürchtet hat, aber mit ihrer Eiseskälte hat er nicht gerechnet. Und so ist er verletzter als erwartet, der Schmerz ist noch größer und die Enttäuschung auch. Er hat sich vor ihr zum Narren gemacht. Auch das quält ihn. Er fühlt sich einsam, verlassen und ungeliebt. Niemand braucht ihn, niemand liebt ihn. Er fragt sich, was er eigentlich noch auf der Welt verloren hat ...

Es verspricht ein schöner Tag zu werden. Zwischen den Hügeln ruht der Nebel, der sich durch die Strahlen der aufgehenden Sonne rosa färbt, sich langsam auflöst und den Blick auf die wunderschöne Hügellandschaft frei gibt. Er liebt diesen Anblick am frühen Morgen und er steht jeden Tag früh genug auf, um ihn nicht zu verpassen.

„Gehen wir zu den Schafen, Papa?“

Sein kleiner Sohn tappt auf bloßen Füßen in seinem langen weißen Nachthemd über die Terrakottafliesen und streckt ihm die kleine Hand hin. Dankbar und voller Liebe ergreift er sie und so stehen sie Hand in Hand und beobachten das Auftauchen der Hügel aus dem Nebel. Der sanfte Morgenwind lässt die silbrig-grünen Blätter der Olivenbäume im Licht der Sonne funkeln. In der Ferne hören sie die Glocken seiner Schafe und das Bellen der Hunde, die sie zusammentreiben. Wenn der Nebel vollständig zerflossen ist, werden sie seine Schafe auf den umliegenden Hügeln weiden und die Lämmer miteinander spielen sehen. Er beschließt, den ganzen Tag in seinen Weinbergen zu arbeiten.

Dankbarkeit, Freude und Glück, das erlebt er jetzt jeden Tag, fühlt er tief in sich. Er führt ein ruhiges, friedliches und beschauliches Leben, zusammen mit seiner Frau, die wieder schwanger ist, und seinem kleinen Sohn.

Ruhe, Frieden und Liebe, das hat er sich immer gewünscht und der Wunsch ist in Erfüllung gegangen.

Er betrachtet seine Weinstöcke und ist zufrieden. Sie gedeihen prächtig und es wird eine reiche Ernte geben.

Reiche Ernte ...

Er denkt zurück an den Abend in Venedig, als er auf der Brücke stehend den sich im Kanal spiegelnden Vollmond betrachtet hatte.

Das ist schon so lange her.

Gott sei Dank.

Er war so verzweifelt gewesen, so einsam, so unglücklich, hat gedacht, dass sein Leben nun zu Ende ist, und so wollte er damals springen, tot sein, alles hinter sich lassen, die Einsamkeit, den Schmerz, die Angst vor dem Leben und der Zukunft.

Doch er hatte in sich eine Flamme gefühlt, die ihn wärmen wollte, die ihn zum Weiterleben bewegen wollte, dazu bringen, sich nicht aufzugeben, weiterzumachen, ein neues Leben zu beginnen. Er schwankte zwischen Leben und Tod, dem Willen, zu leben, und dem Willen, zu sterben. So war er auf der Brücke gestanden, hin- und her gerissen zwischen den Extremen.

Dann hatte er eine Vision gehabt. Eine kleine, hell leuchtende Kugel war vor ihm erschienen. Er fühlte die Liebe und die Wärme, die sie ausstrahlte und ihn einhüllte. Es musste also doch noch etwas geben, wofür zu leben es sich lohnte.

Damals beschloss er, nicht zu springen, sondern ein neues Leben zu beginnen. Er verkaufte seinen Palazzo in Venedig und zog nach Florenz. Der Abschied fiel ihm nicht schwer, er ging ohne Bedauern, denn er wollte sein ganzes bisheriges Leben hinter sich lassen und neu beginnen.

In Florenz lernte er bei einem Ball seine Frau kennen – und sie liebte ihn von Anfang an so sehr wie er sie. Zwischen ihnen gab es vom ersten Moment an Liebe, Vertrauen und Harmonie und seitdem lebten sie in Ruhe und Frieden. Nach dem

Tod ihres Vaters übersiedelten sie von Florenz in die Toskana in das große Gutshaus, das inmitten der eigenen Ländereien steht. Dort wurde auch sein Sohn geboren und er war außer sich vor Freude.

Er liebt seine Familie und freut sich auf den Zuwachs. Der Herbst wird nicht nur eine reiche Lese bringen, sondern auch ein neues Menschenkind, das sie voller Liebe und Dankbarkeit aufnehmen werden.

An sie denkt er nicht mehr. Sie ist ein Teil der Vergangenheit. Damit hat er abgeschlossen. Vor längerer Zeit hat ihn ein Studienkollege aus Venedig besucht, der auf der Reise nach Rom bei ihnen Station gemacht hat. Sie haben Erinnerungen ausgetauscht und über alte Zeiten geplaudert und so hat er erfahren, dass sie sich – mittlerweile reich und einsam – zur Ruhe gesetzt hat und ein zurückgezogenes Leben führt.

Es berührt ihn nicht, es interessiert ihn nicht. Die Vergangenheit ist endlich abgeschlossen und bewältigt. Er hat sein Leben gemeistert, hat eine Familie, die er liebt, Land, das ihm gehört und das er selbst bewirtschaftet. Sein Leben hat endlich einen Sinn bekommen. Er liebt die Arbeit mit den Händen, die Verbindung mit der Erde. In Venedig hat er den ganzen Tag verbummelt, sinnlos vertan, die Zeit tot geschlagen. Von Geburt an reich, hätte er niemals arbeiten müssen, sich sein ganzes Leben lang bedienen und alles nachtragen lassen können. Aber dieser Zustand hat ihn eher unglücklich gemacht. Jetzt hat er eine Aufgabe, eine Familie und Land, um das er sich kümmern muss – etwas, wofür es sich zu leben lohnt.

Er ist glücklich und zufrieden.

Er sieht das Licht und fühlt die Liebe.

Und er ist dankbar für sein Leben und all das Gute, das er erfahren hat und noch erfahren wird.

„Gehen wir jetzt endlich zu den Schafen, Papa?“

Die Zwischenzeit

Sie sind wieder zu Hause und freuen sich, dass sie ihre Aufgaben bewältigt haben und der Rollentausch ein Erfolg gewesen ist: Seine Seele hat den dunklen Fleck verloren, den sie aus dem Leben im Mittelalter in Deutschland davongetragen hatte.

Das vergangene Leben ist von der emotionalen Seite her sehr schwierig gewesen, aber sie haben es geschafft – nicht zuletzt auch dank der großen Unterstützung anderer, verwandter Seelen. Auch die Seele der Frau, die ihn schließlich geheiratet hat, schwebt gemeinsam mit ihnen bei der Großen Sonne. Sie ist eine Seelengefährtin, eine Seelenverwandte von ihnen. Jede Seele hat nur eine Zwillingsseele, aber viele Seelengefährten und sie alle zusammen bilden eine Seelenfamilie. Und wer war der Sohn? Das war die Seele, die schon als ihr ältester Sohn in Deutschland inkarniert war, als jener Sohn, den sie beide so sehr geliebt haben, der ihr Ein und Alles gewesen war.

Gemeinsam betrachten unsere Zwillingsseelen die Vorgänge auf der Erde, staunend, was dort geschieht. Die Vertreter des grausamen Gottes fordern brutal Gehorsam und Gefolgschaft. Wer anderen Geistes ist, nicht gehorchen und sich nicht unterordnen will, wird getötet.

Die Weisen der Mayas, Tolteken und Inkas haben mit ihren Prophezeiungen Recht behalten: Die fremden Eroberer sind gekommen und haben gemordet, gefoltert und das Alte Wissen vernichtet, indem sie Schriften, Kunstwerke, Artefakte, Monumente und Tempel zerstörten.

Doch die wichtigsten, mit Bedacht im Verborgenen beziehungsweise unzugänglichen Gelände angelegten Pyramiden und Tempel, die auch als Energieleiter für das Christusenergienetz dienen, stehen noch, leiten Energie und bewahren das Alte Wissen für die Wiederentdeckung in der Zukunft. Der Plan der Weisen war gut, denn die Fremden wagten sich nicht in das unwegsame Gebiet der Berge und fürchteten sich vor den Tieren des Dschungels.

Terror und Unterdrückung herrschen auf der Erde. Die Menschen werden ihrer Freiheit beraubt und leben als Sklaven des Adels und Klerus' in tiefer Armut. Die Dunkelheit auf der Erde nimmt unaufhörlich zu.

Es wird Zeit, wiederum als Licht auf die Erde zu gehen, als Bote der Großen Sonne, um das Licht und die Liebe zum Leuchten zu bringen, die Menschen an das Alte Wissen zu erinnern und es zu ihrem Wohle anzuwenden.

Spanien, 1650

Es ist nass, kalt und finster. Sie liegt in einem Verlies auf mit Blut, Schweiß, Exkrementen und Erbrochenem getränktem Stroh. Sie hört die Ratten nur huschen und im Stroh rascheln, ahnt ihre blanken, aufmerksamen Augen, die sie beobachten. Sie hört auch die Schreie der anderen Frauen, die gerade gefoltert werden – im Namen des Gottes, den sie nicht kennt, der aber der Gott der Menschen ist. Sie liebt einen anderen Gott, die Große Sonne, die Liebe, Wärme, Geborgenheit und Licht gibt.

Der Gott der Menschen ist grausam und brutal und seine Vertreter auf Erden fordern die Rechte ihres Gottes ein – mit Folter und Feuertod.

Sie wird der Hexerei und Ketzerei bezichtigt – dabei ist sie eine Heilerin, eine Seherin, eine weise Frau, die den Menschen nur Gutes getan hat. Bald wird sie die Erde verlassen, wird heimgehen zur Großen Sonne, ihre Zwillingsseele wieder sehen, denn es naht die Zeit, in der sie mit anderen Hexen den letzten Gang antreten wird – den Gang zum Scheiterhaufen, dem Feuertod entgegen.

Seit Tagen, seit Wochen – sie weiß es nicht genau – wird sie auf das Grausamste gefoltert, die Wunden eitern und schmerzen, sie hat Fieber und fällt immer wieder in die Bewusstlosigkeit und ist dankbar dafür, denn dann träumt sie von der Großen Sonne, von zu Hause, von ihrer Zwillingsseele. Im Traum spricht sie mit ihr. Sie sehnt sich danach, von hier wegzukommen, in ein neues, besseres Leben.

In ihrer Bewusstlosigkeit sieht sie eine große, schlanke Frau in einem langen, weißen wallenden Gewand mit einem goldenen Gürtel auf einem Hochplateau stehen, die Arme und das Gesicht zum Himmel erhoben. Um die Fußgelenke und Oberarme winden sich fein aus Gold gearbeitete Schlangen und um den Kopf hat sie ein breites Goldband gebunden, das ihr langes, lockiges Haar zurückhält. Nur die Gipfel der umliegenden Berge sind zu sehen, die sind viel tiefer gelegen sind als der Ort, an dem sie steht. Dieses Hochplateau ist ihr persönlicher Ritualort, der Ort, an dem sie die Fünf Elemente beschwört. Dorthin geht sie, wenn sie der Großen Sonne näher sein und ihre Rituale und Gebete abhalten will.

Atlantis!

Geliebtes Atlantis!

Das ist eine Erinnerung an das Alte Atlantis, als es noch heil war, als sie dort als junge Priesterin gewirkt hat, die Macht des Alten Wissens kennend, lebend und lehrend. Ein Leben als Mensch, als Frau, als Priesterin auf der Erde, die damals noch die Erde der Großen Sonne war, wo Licht und Liebe herrschten, kurz bevor die Dunkelheit sich über die Erde senkte, die alles in die Finsternis stieß.

Sie sieht die Lichtstrahlen, die aus Handflächen und Stirn der Priesterin treten, um sich irgendwo im Universum zu treffen. Sie bilden ein perfektes Dreieck – eines der Symbole der Großen Sonne. Auf diese Weise ruft man die Große Sonne an und beschwört ihre Macht und Kraft.

Das Alte Atlantis, das Atlantis des Lichts und der Liebe ist versunken – bis zu dem fernen Zeitpunkt, an dem das Licht und die Liebe auf die Erde zurückkehren werden und das Reich der Großen Sonne wieder erstehen wird. Einst wird der Große Tempel des Lichtes, der jetzt auf dem Meeresgrund ruht, von den Bewegungen der Erde aus den Fluten gehoben werden und so die Rückkehr der Großen Sonne verkünden.

Ihre Schmerzen reißen sie aus der Bewusstlosigkeit zurück in die grausame Realität.

Warum muss sie hier so viel Leiden ertragen? Die Folterungen, Misshandlungen, Vergewaltigungen? Mit ihrem inneren Auge betrachtet sie den Zustand ihres Körpers und stellt fest, dass er nicht mehr viel Kraft besitzt. Entweder wird sie den Feuertod ertragen müssen oder – was ihr lieber wäre – schon vorher sterben. Durch die sexuellen Attacken der Gefängniswärter, denen natürlich niemand Einhalt gebietet, ist der Mastdarm eingerissen, die Nieren sind gequetscht, ihre Gebärmutter blutet mittlerweile dauernd und einige Rippen sind gebrochen. Die spitzen Enden der gebrochenen Rippen bohren sich in die Lunge, denn sie hustet Blut. Auch die Wirbelsäule schmerzt. Bald, ganz bald, wird es überstanden sein. Sie wird heimgehen.

Sie erinnert sich, dass sie sich aus Freiem Willen entschlossen hat, in dieses Leben zu gehen. Und sie hat auch gewusst, wie es ausgehen wird. Doch jetzt zweifelt sie, denn dass es so furchtbar werden würde, hat sie nicht in Erinnerung.

Sie sieht die Kleine Sonne, die ihre Zwillingsseele ist, über ihrem Körper schweben und mit ihrer Aura verschmelzen. Sie fühlt Liebe und Geborgenheit, ist dankbar, dass sie nicht allein an diesem grauenhaften Ort sein muss.

Ihre Zwillingsseele erinnert sie daran, dass sie in dieses Leben gegangen ist, um Licht und Liebe auf die Erde zu tragen, als Bote der Großen Sonne – und eines Tages wird ihr Schicksal zur Rückkehr des Lichts und der Liebe beitragen.

So einfach ist das – aber doch so schwer zu leben und zu ertragen.

Wieder fällt sie in tiefe Bewusstlosigkeit.

Sie sieht ein fröhlich lachendes Kind mit langen, dunklen Locken über eine mit Blumen übersäte Wiese laufen. Die Kleine hüpft auf ihre Mutter zu, die Kräuter für Tees, Salben und Tränke sammelt, und wirft sich in ihre Arme. Die Mutter hebt sie hoch und dreht sich mit ihr im Kreis, dass die Locken nur so fliegen.

Von ihrer Mutter hat sie die Kunst des Sehens und Heilens erlernt. Mutter und Tochter hatten ein glückliches Leben. Bis die Priester mit den Kreuzen und den strengen Gesichtern kamen, in schwarzen Scharen, um von ihrem grausamen Gott zu berichten, dem sie dienen und dem sie alle Menschen unterwerfen wollen.

Ihre Mutter ist schon länger tot – die Priester haben sie gefesselt in einem Sack in einen Fluss geworfen, wo sie hilflos ertrunken ist. Auch sie war angeblich eine Hexe und Ketzerin gewesen. Sie hat ihre Mutter sehr geliebt und ist froh, dass ihr die Folter und der Feuertod erspart geblieben sind.

Die Tage vergehen. Sie liegt in dem Verlies, wartet und leidet. Ein Priester war gekommen, wollte sie bekehren, sie dazu bringen, an den grausamen Gott zu glauben. Sie wollte nicht, sie weigerte sich. Und so hat man sie nochmals vors Gericht gezerrt und zum Feuertod verurteilt.

Darauf wartet sie jetzt.

Sie steht an einen Pfahl gebunden auf dem Scheiterhaufen. Die Schergen der Priester haben sie und andere Frauen zum Richtplatz getrieben – mit Stöcken und Peitschen. Sie waren alle so schwach vor Hunger und der dauernden Folter, dass sie kaum mehr gehen konnten. So schleppten sie sich den langen Weg an der johlenden Menge vorbei zu den Scheiterhaufen. Die Frauen, die auf dem Weg zusammenbrachen und nicht mehr weiter konnten, wurden dort zu Tode geprügelt und noch ihre Leichen mit Füßen getreten und angespuckt.

Sie hat es mit letzter Kraft auf den Scheiterhaufen geschafft, denn sie will ihren Glauben an den liebenden Gott, die Große Sonne, bewahren und mit Würde sterben. Sie sieht ihre Zwillingsseele bei sich, in ihrer Aura, die mit ihrer Kleinen Sonne verschmilzt.

Sie ist da!

Sie ist nicht allein!

Und gleich werden sie wieder vereint sein!

Sie spürt keinen Schmerz mehr – sie will nur noch nach Hause, weg von diesem Planeten der Grausamkeit. Sie will mit ihrer Zwillingsseele bei der Großen Sonne schweben, in Licht und Liebe baden.

Am Rande ihres Bewusstseins nimmt sie wahr, dass jemand ihren Scheiterhaufen entzündet hat und dass die Flammen bereits am Holz hoch züngeln. Weit entfernt hört sie Schreie und riecht den Gestank brennenden Fleisches und brennender Haare.

Und dann sieht sie Christus auf sich zukommen!

Den Boten, den die Große Sonne ihr geschickt hat, um sie abzuholen!

Er trägt ein weißes Gewand, ist von einer hell leuchtenden Aura – dem Licht der Großen Sonne – umgeben und strahlt tiefe, unendliche Liebe aus. Er kommt mit geöffneten Armen auf sie zu. Sie fühlt das Licht und die Liebe und geht Christus entgegen. Sie verschmelzen miteinander und mit der Großen Sonne. Es ist geschafft, es ist vollbracht, ihr Werk vollendet, denn sie hat ihre Aufgabe, die sie sich für dieses Leben vorgenommen hat, gemeistert, ihre Lebensaufgabe erfüllt.

Als die Flammen ihre Füße erreichen, hat sie ihren Körper bereits verlassen.

Der Körper ist tot.

Und sie ist wieder zu Hause.

Paris, 1775

Tausende Kerzen brennen in dem großen Saal und erhellen ihn, vervielfachen sich in den Spiegeln, die die Wände zum Teil bedecken, und in den Terrassentüren, die in den Garten führen, bringen die vergoldeten Wände zum Glitzern und Funkeln.

Purer Reichtum und Luxus. Maßlos zur Schau gestellt. Die feinste Pariser Gesellschaft amüsiert sich, trinkt Champagner, genießt die erlesenen Speisen und wirft die Reste achtlos auf den Parkettboden mit den kunstvollen Einlegearbeiten.

Sie hasst diese Gesellschaft. Sie gehört ihr zwar an, ist in sie hineingeboren worden, doch will sie mit ihr nichts zu tun haben, mit dieser Oberflächlichkeit, den Intrigen, den sexuellen Ausschweifungen und Perversionen, der Verachtung gegenüber den weniger begüterten Menschen, die weniger Glück gehabt haben und wie Sklaven behandelt und gehalten werden.

Sie steht in dem Ballsaal und hält sich die Maske vor die Augen. So ist es eben Brauch und widerwillig macht sie mit. Sie trägt ein Perücke, deren weiße, glänzende Haare hoch aufgetürmt und mit goldenen, diamantenbesetzten Kämmen festgesteckt sind. Ihr Ballkleid ist aus goldfarbenem Brokat, durchzogen von echten Goldfäden, bestickt mit Perlen und Diamanten. Auch die Schuhe sind aus diesem Stoff gefertigt, mit Absätzen aus purem Gold und ebenfalls mit Perlen und Diamanten besetzt. Geschlossen werden sie durch weiße Seidenmaschen, die sich perfekt mit den weißen Seidenstrümpfen ergänzen, die aber unter dem weiten, langen Rock verborgen bleiben.

Purer Reichtum und Luxus. Maßlos zur Schau gestellt.

Sie hasst sich dafür, dass sie sich so benimmt, dass sie hier auf dem Ball ist, anstatt zu Hause vor dem Kamin zu sitzen, dass sie an diesem „Vergnügen“ teilnimmt, das sie als vulgär und widerwärtig empfindet angesichts der Armut und des Hungers, den die meisten in Paris leiden.

Die feine Gesellschaft, die sich hier ein Stelldichein gibt, stinkt zum Himmel. Nicht nur wegen der Heuchelei, der Unmoral und der Menschenverachtung, sondern auch wegen des Geruchs ihrer ungewaschenen Körper. Sie schütten sich literweise Parfum über die Kleidung – aber es hilft nichts. Ihre Körper starren vor Dreck, riechen entsetzlich und sie weiß, dass sich unter den Perücken Läuse tummeln, unter den erlesenen Stoffen Wanzen- und Flohbisse verborgen sind und die Filzläuse sich fröhlich vermehren.

Es schüttelt sie bei diesen Gedanken. Sie ist einer der wenigen Menschen, die ein Badezimmer besitzen und es auch benutzen. Deshalb ist sie auch nie krank. Als sie noch ein Kind war, hat ihr Vater einen Arzt aus Japan ins Schloss gebracht, weil ihre Mutter damals sehr litt. Der hatte ihnen von den japanischen Badehäusern erzählt, von Akupunktur, Kräutern und Pflanzen, bestimmten Speisen, die den Körper gesund erhalten. Seit diesem Zeitpunkt lebt sie nach den Regeln, die der Arzt aufgestellt hat, und ist immer gesund gewesen.

Voller Trauer gedenkt sie ihrer mittlerweile verschiedenen Eltern. Sie hat nun niemanden mehr auf der Welt. Auch ihre Eltern haben diese Zurschaustellung von Reichtum und Luxus immer abgelehnt, ihre Dienstboten gut behandelt und sich so gut es ging um die Armen gekümmert. Eine Familientradition, die sie nun fortführt, die sie aber auch zum Außenseiter macht. Man hält sie für sonderbar, weil sie ein Herz für die Armen hat und ihnen von ihrem Reichtum sehr viel gibt, weil sie sich um Menschen kümmert und sorgt, die von ihrer Gesellschaftsklasse nur als minderwertiger Abschaum betrachtet und als solcher behandelt werden. Es ist ihr egal, was die anderen über sie denken. Sie folgt ihren eigenen Regeln und Gesetzen, geht ihren eigenen Weg, geführt von ihrem Gewissen und ihrer Intuition.

Sie steht an der geöffneten Terrassentür und betrachtet die funkelnden Sterne am samtschwarzen Himmel und den Vollmond, der zwischen ihnen hängt, befestigt von Gottes Hand an seinem Firmament. Die Blumen im Garten riechen betörend, alles steht in voller Blüte und Pracht – Gottes Geschenke an die Menschen, von ihnen kaum beachtet, geschweige denn geschätzt.

Der prachtvolle Garten steht im krassen Gegensatz zum restlichen Paris, das in Armut, Gestank und Unrat zu versinken droht. Von weit weg hört sie das Geschrei und Gezeter der Menschen, die sich vor dem Schloss versammelt haben, um auf ihre elende Lage, ihren Hunger und ihre Not aufmerksam zu machen. Solche Demonstrationen der Unzufriedenheit werden mittlerweile immer öfter abgehalten, werden aber ignoriert, die teilnehmenden Menschen nur als Pöbel bezeichnet, verlacht und verhöhnt.

Sie fühlt sich beobachtet, spürt, dass jemand sie mit seinen Blicken misst. Sie dreht sich um.

An der weißen, mit goldenen Ornamenten verzierten Flügeltür steht der schönste Mann, den sie jemals gesehen hat. Er trägt eine Perücke, deren weiße Haare mit einer schwarzen Masche zu einem Zopf gebunden sind. Er ist erlesen gekleidet: Schwarze Schuhe mit goldenen Schnallen, weiße seidene Kniehosen mit weißen Seidenstrümpfen, dunkelblaue Brokatjacke, weißes Rüschenhemd mit Spitzenmanschetten, die unter den Ärmeln seiner Jacke hervorschauen. An der rechten Hand trägt er einen breiten goldenen Saphirring.

Er steht da und starrt sie an. Sie starrt zurück, ist so hingerissen, überrascht und zugleich bestürzt, dass sie ihre Augenmaske fallen lässt. Er kommt herbei, hebt sie auf und überreicht sie ihr mit einer eleganten Verbeugung und einem Handkuss. Dann stellt er sich vor und nennt seinen Namen.

Diese Stimme! Diese Augen! Diese Hände! Dieses Gesicht! Sie ist zutiefst berührt, ihr Herz schlägt heftig, die Knie zittern und sie bringt kein Wort heraus. Und dann entdeckt sie das Muttermal oberhalb des Mundwinkels! Es berührt sie tief und erinnert sie an etwas, das sie aber nicht zu fassen bekommt. Eine Erinnerung, die ihr immer wieder entgleitet, aber dennoch stark ist. Der Anblick des Muttermals erfüllt sie mit Freude und Zärtlichkeit, aber gleichzeitig auch mit Trauer und dem Gefühl des Verlusts.

Sie stehen einander gegenüber, sehen einander in die Augen, erfassen einander mit ihrem ganzen Wesen und Sein.

Die Welt um sie herum versinkt.

Nichts hat mehr Bedeutung, nichts ist mehr wichtig.

Beide haben das Gefühl, am Ziel angekommen zu sein, etwas, das sie gesucht, gefunden zu haben.

Obwohl keiner von ihnen den anderen bewusst gesucht hat, haben sie nach einander gesucht und haben sich – Gottes Großem Plan folgend und von ihren Kleinen Sonnen geführt – gefunden.

Unsere Zwillingsseelen sind in Menschengestalt wieder vereint, leben wieder miteinander, sind in Liebe miteinander verbunden. Wie seit ewigen Zeiten.

Sie sitzt in ihrem Rosa Salon vor dem Kamin, in dem ein Feuer flackert. Sie liebt es, die Flammen und die Schatten, die sie auf den Parkettboden werfen, zu beobachten. Als das Mädchen den Raum betritt, findet sie ihre Herrin vor dem Feuer träumend vor, die Stickerei im Schoß liegend. Sie ist versunken in die Gedanken an ihn, gibt sich ihren Gefühlen hin. Sie hat ihn seit dem Ball nicht mehr wieder gesehen und auch damals hat sie nicht viel mit ihm gesprochen.

Ihre Gefühle waren derartig überwältigend gewesen, dass sie fluchtartig das Schloss verlassen und ihrem Kutscher befohlen hat, sie nach Hause zu bringen. Sie bemerkte nicht, dass die demonstrierenden Armen der Kutsche die Durchfahrt verweigern wollten und dass die Soldaten des Königs schreiend und brüllen, mit ihren Waffen drohend einen Weg durch die tobende Menge für sie bahnen mussten. Sie bemerkte nicht, dass Frauen ihre halb verhungerten Kinder zu den Fenstern der Kutsche hoch hoben und am Mantel des Kutschers zerrten. Der Kutscher hat immer eine Handvoll Münzen in der Tasche seines Umhangs, die er in einem solchen Fall in die Menge wirft, die dann am Boden das Geld sucht und den Weg frei gibt. Sie bemerkte auch nicht, dass die Menschenmenge die Pferde erschreckte, sodass sie scheuten und der Kutscher sich sehr bemühen musste, sie am Durchgehen zu hindern.

In ihrer Verwirrung hat sie sogar seinen Namen vergessen.

Sie bereut es tief, nicht viel mit ihm gesprochen zu haben. Sie hat Sehnsucht nach ihm, nach seiner Nähe. Ja, sie liebt ihn. Und ist verwirrt, denn wie kann man sich in einen Mann verlieben, den man noch nie zuvor gesehen hat?

Das Mädchen berührt sie sachte und überreicht ihre die Karte des Besuchers, der im Blauen Salon auf sie wartet. Sie liest die Karte – der Name sagt ihr nichts.

Sie öffnet eine verborgene Tür, die zu einer geheimen Treppe führt, und erreicht so ihre privaten Zimmer. Sie betrachtet sich im Spiegel, ist zufrieden mit dem, was sie sieht, parfümiert sich, richtet ihr Spitzenkleid und ist bereit, dem Besucher gegenüber zu treten.

Zwei durchdringend blaue Augen sehen sie an, leuchtend, strahlend, ernst und voller Liebe.

Ihr stockt der Atem.

Er ist es!

Er ist gekommen!

Hat sie gefunden!

Vergessen sind alle Konventionen. Sie fallen einander in die Arme, küssen und liebkosen, streicheln und lieben sich auf dem Sofa im Blauen Salon, dessen Wände Stoffe und Möbelüberzüge so blau sind wie seine Augen.

Anschließend spazieren sie Hand in Hand durch ihren Park und tollen auf der Wiese herum, lachend, fröhlich, wie die Kinder. Sie picknicken auf einer kleinen Lichtung im Wald, genießen die Wärme des Bodens, den Duft der Erde und der Nadelbäume und beobachten die Vögel. Sie sind glücklich und zufrieden, voller Liebe und Freude.

Ungetrübtes Glück und Sonnenschein. Die Monate vergehen, ihre Liebe wird immer tiefer und inniger. Sie verstehen einander ohne viele Worte. Jeder weiß, was der andere fühlt, will, denkt. Sie sind ein Herz und eine Seele – Zwillingsseelen, die einander auch in Menschengestalt perfekt ergänzen. Sie teilen auch die Meinung über die politische Situation im Land, darüber, dass dem Volk geholfen werden muss, indem man den Reichtum umverteilt. Diese Maßnahmen müssen rasch umgesetzt werden, wenn noch Schlimmeres verhindert werden soll. Sie sprechen viel darüber, aber immer nur flüsternd, denn ihre Gedanken und Meinungen sind Hochverrat. Mit Gnade ist nicht zu rechnen, falls sie erwischt werden sollten.

Eines Tages, als sie von einem ausgedehnten Ausritt mit ihm zurückkommt, eilt ihr eines der Mädchen entgegen und teilt ihr mit, dass der Polizeipräsident mit zwei Männern im Blauen Salon auf sie wartet. Sie bekommt es mit der Angst zu tun, fühlt deren süßlichen Geschmack im Mund. Was will dieser Mann von ihr, der nicht nur in ganz Paris als brutal und grausam verschrien ist?

Sie betritt den Blauen Salon, ihre Angst verbergend, aufrecht und stolz – wie es sich gebührt in ihrer gesellschaftlichen Position. Jetzt ist sie ihrer Mutter dankbar, die sie all das gelehrt und es ihr immer wieder ins Gedächtnis gerufen hat.

Der Polizeipräsident gibt sich höflich und zuvorkommend, doch ist er misstrauisch, hinterhältig und verlogen. Er fragt, ob sie ihn gesehen habe, ob sie wisse, wo er sich aufhalte. Er sagt ihr, dass er ein Hochverräter ist, der gesucht wird, um seiner gerechten Strafe zugeführt zu werden.

Sie leugnet, ihn zu kennen und behauptet, nichts zu wissen. Der Polizeipräsident ist sichtlich verstimmt, denn er weiß, dass sie lügt. Aber er darf sie nicht zu hart anpacken, denn sie wird von einer hoch stehenden Pariser Persönlichkeit geschützt, und er will keinen Ärger haben. Die kleine Schlampe mit ihren dummen Ideen wird ihn ganz sicher nicht in Schwierigkeiten bringen und ihm sein schönes, bequemes Leben zerstören. Also entschließt er sich, zu gehen und unerwartet wiederzukommen. Er wird das Pack schon erwischen und dann seinen Spaß mit ihnen in den Kellern der Bastille haben.

Als der Polizeipräsident mit seinen Männern gegangen ist, starrt sie in den Schlosspark hinaus. Sie hat eine wunderbare Aussicht auf Paris, denn das Schloss ist auf einem Hügel erbaut. Sie denkt nach. Sie muss ihn warnen, dazu bringen, Frankreich umgehend zu verlassen und nach England zu fliehen. Dort ist er sicher vor den Häschern des Königs. Das hat er ja eigentlich auch tun wollen, aber wegen ihr und ihrer Liebe ist er geblieben.

Jetzt muss er fort. Sofort.

Sie will schon die Kutsche anspannen lassen, als ihr einfällt, dass der Polizeipräsident sie wahrscheinlich beobachten lässt. Also muss sie zu Fuß gehen, wenn es dunkel ist.

Dunkle Wolken verbergen die Sterne und den Mond. Sie schleicht sich in der Kleidung einer Dienstmagd aus dem Schloss. Niemand wird sie vermissen. Sie ist offiziell zu Bett gegangen, hat sich in ihre Gemächer zurückgezogen und will – wie üblich – nicht mehr gestört werden.

Sie nimmt dem kürzesten Weg zu Fuß über die Felder und durch den Wald nach Paris. Sie weiß, wo er sich häufig mit seinen Freunden trifft – andere Adelige, die so denken wie sie beide. Der Weg ist gefährlich. In Paris und Umgebung wimmelt es nur so von Räubern und Dieben – aber das ist ihr egal. Außerdem hat sie eine Pistole dabei. Sie wird sich wehren, wenn es sein muss.

Und so läuft sie querfeldein Richtung Paris.

Sie hat Glück – sie trifft ihn bei einem Freund an, als sie gerade Pläne schmieden, den König zu stürzen. Sie musste sich an dem Diener, der ihr die Türe öffnete, vorbeidrängen, weil er sie nicht einlassen wollte. Ihre Verkleidung ist offenbar gut. Sie ist zufrieden mit sich.

Sie fallen einander in die Arme und sie erzählt von dem nachmittäglichen Besuch des Polizeipräsidenten mit seinen Schergen. Sie drängt die beiden Männer zur Flucht, fleht sie an, zu fliehen, so lange es noch möglich ist. Er will nicht, will bei ihr bleiben. Zum ersten Mal sind sie nicht einer Meinung. Sie beschwört ihn bei ihrer Liebe, zu gehen, schnell, am besten gleich. Sein Freund erkennt die Notwendigkeit der Flucht sofort und zusammen überreden sie ihn, nach England zu gehen.

Eine Umarmung noch, ein Kuss, der Schmerz des Abschieds treibt ihnen die Tränen in die Augen, ein letzter Kuss ... und fort ist er. Durch die Hintertüre des Palais, wo er sofort in der Dunkelheit verschwindet.

Sie sitzt vor dem Kamin und weint bitterlich.

Fort ist die Sonne ihres kleinen Universums, ihres Lebens.

Wird sie ihn jemals wieder sehen?

Plötzlich stürzt der Diener, der ihr den Zutritt ins Haus verweigern wollte, in den Salon und schreit, der Polizeipräsident stehe vor der Tür und seine Schergen hätten das Haus umstellt.

Sie muss weg! Aber wohin?

Der Diener packt sie am Arm und zieht sie die Treppe in den Weinkeller hinunter. Dort rollt er ein großes Weinfass zur Seite und betätigt einen verborgenen Knopf in der Wand. Eine Tür schwingt auf und gibt einen finsteren Gang frei. Er drückt ihr eine Öllampe in die Hand und sagt ihr, dass sie den Gang entlang gehen soll, der in der Nähe der Seine endet. Sie schlüpft hinein, die Tür schließt sich hinter ihr und sie hört, wie der Diener das Weinfass an seinen Platz zurückschiebt.

Schwer atmend lehnt sie sich an die feuchte Mauer, das Herz rast, das Blut pocht in ihren Schläfen. Fürs Erste ist sie in Sicherheit. Aber sie muss sich beeilen, schauen, dass sie nach Hause kommt, in ihr Bett, als wäre nichts geschehen.

Sie hastet den Gang entlang. Er ist schmal, moosig und stellenweise so niedrig, dass sie auf allen Vieren kriechen muss. Sie klemmt den Griff der Öllampe zwischen die Zähne und schiebt sich bäuchlings weiter. Ihre Nerven sind zum Zerreißen gespannt und sie verdrängt die Gedanken an Spinnen, Käfer und Würmer, die hier wohl hausen. Die Mauern werden feuchter, stellenweise tropft Wasser herab. Sie muss also ganz in der Nähe der Seine sein. Vorsichtig tappt sie weiter und erreicht das Ende des Ganges. Sie räumt Steine und diversen Unrat beiseite und kriecht ins Freie. Sie steht am Ufer der Seine. Schnell verbirgt sie den Zugang hinter Steinen und Müll, der überall herumliegt, und läuft querfeldein nach Hause.

Sie jubelt. Er ist geflohen und auch sie ist den Häschern des Königs entkommen. Aber sie muss in nächster Zeit sehr vorsichtig sein. Die Gefahr ist noch nicht vorüber, die Sache noch nicht ausgestanden.

Erschöpft kommt sie in ihrem Schlafzimmer an. Sie hat es geschafft, sich von den Dienstboten ungesehen ins Schloss zu schleichen, obwohl schon der Morgen graut und das Tagewerk in Schloss und Stall begonnen hat. Sie sieht in den Spiegel und lacht. Niemand hätte sie erkannt. Sie sieht aus wie eine Bettlerin, die Kleidung zerrissen, dreckig und feucht, das Haar verfilzt, das Gesicht und die Hände schwarz vor Schmutz.

Ihre Zofe wird um neun, wie jeden Tag, das Frühstück bringen – Zeit genug zum Baden und um die zerfetzte Kleidung verschwinden zu lassen. Sie zieht sich aus, verbrennt die Überreste der Dienstmagdtracht im Kamin und steigt in die Badewanne. Als ihre Zofe mit dem Frühstückstablett kommt, liegt sie sauber und mit gewaschenem Haar im Bett, als wäre sie die ganze Nacht da gewesen, als wäre nichts passiert.

Die nächsten Tage verbringt sie im Bett. Sie ist krank. Krank vor lauter Kummer. Sie betet, dass er gut in England angekommen ist und dass sie eines Tages wieder zusammen sein und ihre Liebe werden leben können.

Sie lässt alle Besucher abweisen. Ein Mann, der Herzog von O., der sie sehr begehrt und ihr schon seit längerer Zeit den Hof macht, ist da gewesen, weil er von ihrer Krankheit gehört hat, und schickt seitdem riesige Körbe mit Blumen, Obst, Süßigkeiten und anderen Leckereien. All dies verteilt sie unter ihren Dienstboten. Sie will nichts von ihm haben, denn sie verabscheut ihn. Er widert sie an mit seinen gelben, fauligen Zähnen, der verfilzten Perücke, seinem Gestank, den auch große Mengen Parfum nicht vertreiben können. Außerdem ist er dem König treu ergeben, den sie hasst. Jetzt noch viel mehr, da er die Liebe ihres Lebens vertrieben, die Sonne ihres Universums hat untergehen lassen.

Stundenlang sitzt sie an ihrem Fenster, starrt in den Schlosspark und beobachtet die Natur. Sie wäre so gern ein Vogel, denn dann könnte sie nach England fliegen und mit ihm zusammen sein.

Ihre Zofe reißt sie aus ihren Träumen. Der Polizeipräsident ist wieder da. Sie hat ihn schon drei Mal abgewiesen, aber jetzt besteht er auf ein Gespräch und lässt sich nicht mehr wegschicken. Widerwillig zieht sie sich an und empfängt ihn im Blauen Salon. Natürlich will er wissen, ob sie etwas von der Flucht weiß, wohin die Flucht geführt hat und so weiter. Sie behauptet, nichts zu wissen und seit Wochen auf Grund ihrer Krankheit völlig zurückgezogen zu leben. Schließlich verabschiedet sich der Mann, kündigt aber an, wiederzukommen, eine Aussicht, die sie nicht erfreut, aber was kann sie dagegen tun?

Die Tage vergehen und sie beschließt, ihr altes Leben wieder aufzunehmen, in die Gesellschaft zu gehen, am Pariser Leben teilzunehmen. Sie will sich von ihren Sorgen und ihrem Kummer ablenken. Und das ist auch gut so. Natürlich hat sich in der „feinen" Pariser Gesellschaft ihre Beziehung zu dem geflohenen Königsverräter herumgesprochen. Die einen belustigt es, die anderen sind empört und die, die sie schon immer für sonderbar gehalten haben, wundern sich nicht.

Einer ist allerdings von Hass, Neid und Eifersucht auf ihn zerfressen – der Herzog von O., derjenige, der ihr die Blumen, das Obst und die Süßigkeiten geschickt hat, der sie so sehr liebt und begehrt, dass er glaubt, er werde verrückt, wenn er sie nicht bekommt. Sie verfolgt ihn in seinen Träumen und den ganzen Tag denkt er an sie. Seine Liebe ist krankhafte Besessenheit. Er liebt sie abgöttisch, tut alles für sie. Wenn er nicht gewesen wäre, hätte man sie längst wegen ihrer Beziehung zu dem Königsverräter verhaftet, gefoltert und zum Tode verurteilt. Er hat als königstreuer Höfling, der dem König nicht nur die Hand küsst – was allerdings nur wenige wissen – sehr viel Macht und Einfluss. Sie verschmäht ihn zwar, aber dennoch beschützt er sie, denn er ist fest entschlossen, sich zu holen, was ihm gehört. Er hat die fixe Idee, dass sie ihm gehört, daran zweifelt er keine Sekunde. Und wenn sie sich nicht freiwillig hingeben will, wird er sie eben zwingen, indem er sie erpresst. Er weiß alles über ihre Beziehung zu ihm, denn er hat sie beobachten lassen. Kein Problem für ihn, denn er ist so reich und mächtig, dass er alles, was er haben will, auch bekommen kann. Daher ärgert es ihn um so mehr, dass sie seinem Werben nicht nachgibt. Er hat in der Zwischenzeit seine Spione auch nach England geschickt, um den Verräter, seinen Feind, zu finden. Sollte er jemals wieder französischen Boden betreten, wird er höchstpersönlich dafür Sorge tragen, dass er in der Bastille landet.

Da sich bei den Festen, Bällen und Pariser Opernaufführungen immer dieselben Leute treffen, sieht er sie fast täglich – und sein Begehren wird immer stärker, heftiger und wahnsinniger. Er muss sie haben. Unbedingt. Er lässt sie nicht aus den Augen, ist immer in ihrer Nähe. Er beobachtet, dass auch andere Männer sich um sie bemühen, sie umwerben. Sie ist ja auch eine schöne Frau, reich, klug – alles in allem eine, die gerne geheiratet wird. Ihre Beziehung zu dem Verräter wird belächelt, nicht Ernst genommen und außerdem ist er geflohen und es rechnet niemand damit, dass er wiederkommen wird, denn so verrückt kann er nicht sein, dieses Risiko auf sich zu nehmen.

Bei einem Gartenfest des Königs sieht der Herzog von O., wie ein Mann sehr zudringlich wird und sie sich wehrt. Der Mann versucht, sie zu küssen und ins Gebüsch zu zerren. Er lächelt in sich hinein als sie dem Mann eine Ohrfeige verpasst. Ja, sie ist eine richtige Wildkatze und es wird ihm große Freude bereiten, sie zu zähmen, sie seinem Willen untertan zu machen und sie zu beherrschen. Die Ohrfeige hat jedoch nur das Begehren des Mannes gesteigert – ein Umstand, der ihn nicht wundert, denn ganz Paris weiß Bescheid über dessen sexuelle Vorlieben und amüsiert sich darüber. Nachdem sein Verhalten immer brutaler und gewalttätiger wird, schreitet er ein und schlägt den Mann zu Boden.

Drei Tage später treffen sie einander im Morgengrauen auf einer Wiese außerhalb von Paris. Sie sind sechs Personen, denn jeder hat zwei Sekundanten mitgebracht. Nachdem der Mann das Bewusstsein wiedererlangt hatte, musste er natürlich seine Ehre retten und ihn vor allen Gästen des Königs zum Duell fordern.

Die Wiese liegt mitten im Wald, so dass niemand von der Ferne aus zusehen kann. Außerdem ist sie eine beliebte Duellwiese, sozusagen ein Ort mit Tradition, wo schon viele ehrenvolle Männer ihr Leben gelassen haben. Alle tragen schwarze Umhänge und schwarze Hüte. Sie sehen aus wie die dunklen Unheil bringenden Krähen, die auf den Bäumen als Zaungäste des Geschehens hocken und krächzen.

Jetzt sitzt er – unter besten Bedingungen natürlich – in der Bastille und wartet auf seine Freunde, die ihm die Zeit mit Kartenspielen vertreiben. Er hat seinen Widersacher erschossen, der erste Schuss hat mitten ins Herz getroffen. Der Mann war zu Boden gegangen, Blut hatte seinen schwarzen Umhang gefärbt und die Krähen waren laut krächzend aufgeflogen. Damit ist die Sache erledigt. Man fordert schließlich auch nicht einen der besten Schützen von Paris zum Pistolenduell. Das war schlichtweg dumm gewesen.

Als er mit seinen Sekundanten in sein Palais zurückgekommen war – wo sie ein großes Frühstück einzunehmen gedachten – hatte der Polizeipräsident schon auf ihn gewartet. Jemand hatte sie verraten. Der Polizeipräsident hatte es nicht eilig, ihn zu verhaften – schließlich sind sie alte Freunde – und so hatten sie zusammen gefrühstückt. In der Zwischenzeit verständigte einer seiner Freunde den König von dem morgendlichen Missgeschick.

Und so ist er jetzt zwar in der Bastille eingesperrt, hat jedoch seine eigenen Möbel, vor allem das große, bequeme Himmelbett mit dem Seidenbettzeug, hierher transportieren lassen, sein Diener ist bei ihm und zwei Mädchen aus seinem Haushalt bringen drei Mal täglich Speisen und Wein, Champagner und all die anderen Dinge, die er braucht und gewohnt ist. Weil er viele Freunde hat, ist immer jemand zu Besuch bei ihm. Auch in der Nacht ist es ihm nicht langweilig, denn seine Freundinnen und Gespielinnen dürfen bei ihm übernachten. Der König hat es so verfügt, denn er will, dass er, der er einer seiner treusten Gefährten ist, es möglichst bequem im Gefängnis hat. Schließlich schuldet ihm der König auch das Eine oder Andere. Also beschwert er sich nicht, denn einerseits wird er morgen wieder in die Freiheit entlassen und andererseits geht es ihm den Umständen entsprechend gut. Seine Räume liegen hoch über dem Verlies, so dass er das elende Gewimmer und die Schreie der Gefolterten nicht hört. Das wäre auch wirklich eine Zumutung! Schließlich und endlich ist er ein Mann von Rang und Stand und verdient eine bessere Behandlung als der Pöbel.

Nur zwei Dinge haben ihn die ganze Woche hindurch verstimmt: Er kann sie nicht umwerben und befürchtet, dass ihm ein anderer Mann nun zuvorkommen könnte, und er vermisst sein neues Pferd, das er selbst fürs Wettreiten ausbildet. Die Ausbildung muss konsequent und mehrere Stunden täglich erfolgen und wegen der unseligen Geschichte hat er unnötigerweise eine Woche verloren. Das ärgert ihn, denn dadurch kann er an dem übermorgen stattfindenden Rennen nicht teilnehmen und er weiß genau, dass er als Sieger durchs Ziel gegangen wäre. Man hat ja so wenig Spaß im Leben und das Wenige ist ihm jetzt auch noch verdorben. Als seine Freunde zum Kartenspiel erscheinen, ist er dementsprechend übel gelaunt.

Wieder in Freiheit setzt er sein Werben nach allen Regeln der Kunst fort, schickt Geschenke, zum Beispiel Pferde und Schmuck, Kutschen, kostbare Gewänder, Kunstwerke, Juwelen und einen kleinen Jungen, der ihr als Page Freude bereiten und ihr Diener sein soll – einfach alles, was erlesen, schwer zu haben und teuer ist. Sie schickt ihm fast alles zurück, behält nur das, was weniger kostbar ist, und verteilt es an ihre Dienstboten. Der Page darf bei ihr bleiben, denn sie hat Angst um ihn. Was wird mit ihm geschehen, wenn sie ihn zurückschickt? Bei ihr hat er wenigstens ein gutes Leben, darf sich benehmen wie ein Kind und muss keine Angst haben. Außerdem mag sie den Knaben, will ihm das Reiten und Jagen beibringen, stellt für ihn einen Hauslehrer ein, der ihn lesen und schreiben lehrt, damit er später einmal ein besseres Leben hat.

Nach wie vor will sie nichts von ihm haben, ihr Widerwille verstärkt sich. Wo es nur möglich ist, geht sie ihm aus dem Weg, ein schwieriges Unterfangen in der „feinen" Pariser Gesellschaft.

Obwohl sie ihm nach wie vor die kalte Schulter zeigt, gibt er nicht auf. Ganz im Gegenteil – je intensiver sie ihn abweist, desto größer wird seine Besessenheit. Und seine Perversion. Er kann nur noch mit Frauen schlafen, die ihr ähnlich sind. Er lässt Huren holen, die von seinen Dienern so hergerichtet werden, dass sie ihr möglichst gleichen. Und dann misshandelt er diese Frauen aufs Brutalste, deren einziges „Vergehen" darin besteht, dass sie nicht sie sind. Seine Besessenheit steigert sich zum Wahnsinn.

Eines Abends sucht er sie in ihrem Schloss auf. Ihr Zofe meldet ihr sein Erscheinen. Sie seufzt. Also gut, soll er im Blauen Salon warten, sie wird ihn gleich empfangen. Lustlos betritt sie den Raum. Sofort bemerkt sie seinen schlechten Geruch, der ihr Übelkeit verursacht. Im Blauen Salon stehen viele Veilchensträuße, denn die Farbe der Veilchen erinnert sie an die Augen des Geliebten, sind für sie ein Symbol, dass er zurückkommen wird, dass sie wieder zusammen sein werden. Allerdings hat des Herzogs Gestank den zarten Duft der Blumen längst übertönt, seine widerwärtige Erscheinung erfüllt den ganzen Raum. Sie hat keine Lust, ihm Erfrischungen zu reichen, denn sie will ihn so schnell wie möglich wieder loswerden. Deshalb bittet sie ihn auch nicht, Platz zu nehmen. Sie lässt ihn einfach mitten im Raum stehen. Sie weiß, dass ihr Benehmen nicht nur gegen die gesellschaftlichen Regeln verstößt, sondern auch sehr unhöflich ist. Aber das ist ihr egal. Sie hat ihn nicht eingeladen.

Er steht da, ignoriert ihr schlechtes Benehmen, verschlingt sie mit den Augen und macht ihr zu ihrem Entsetzen einen Heiratsantrag. Das ist das Allerletzte, was sie will. Sie lehnt kühl, aber einigermaßen höflich, ab – mehrmals. Er will ihre Entscheidung nicht akzeptieren, gerät in Wut, die sich zur Raserei steigert, seine Besessenheit offenbart sich ...

... und dann geht alles so schnell ...

... er stürzt sich auf sie, drückt sie mit seinem ganzen Gewicht gegen die Wand, packt sie, drängt seine Zunge in ihren Mund, während er mit der anderen Hand in den Ausschnitt ihres Kleides greift und mit aller Kraft daran zerrt. Der zarte Stoff gibt nach, entblößt ihre Brüste, die er grob mit seinen schmutzigen, großen Händen quetscht. Als sie um Hilfe schreit, versetzt er ihr einen Faustschlag ins Gesicht und hält ihr den Mund zu. Er hebt sie hoch, wirft sie aufs Sofa, zerfetzt ihr Kleid und ihre Unterwäsche, spreizt ihre Beine und entlädt sich nach zwei brutalen Stößen in sie. Sie riecht den fauligen Atem, erfasst das Unfassbare und fällt in Ohnmacht.

Ein stechender, ätzender Geruch dringt in ihr Bewusstsein, lichtet die Dunkelheit, die ihren Geist einhüllt. Sie schlägt die Augen auf und erblickt das entsetzte Gesicht ihrer Zofe, die sie tätschelt und sanft auf sie einredet.

Was soll passiert sein?

Sie ist verwirrt.

Warum liegt sie hier – zugedeckt mit einer Decke?

Was ist mit ihrer Kleidung geschehen?

Warum fühlt sie sich so elend?

Etwas in ihr verweigert die Antworten auf diese Fragen.

Die nächsten Tage verbringt sie im Bett in einem Dämmerzustand. Sie hat stundenlang in der Badewanne gesessen, sich viele Male gewaschen, sich von ihrer Zofe mit einer Bürste die Haut schrubben lassen bis sie krebsrot war. Es graut ihr vor ihr selbst, sie ist voller Ekel, sie fühlt sich besudelt. Was auch immer sie tut, sie kann das Gefühl der Sauberkeit, der Reinheit nicht wieder herbeizaubern. Sie versucht, das Erlebte zu verarbeiten, zu verkraften, damit fertig zu werden. Sie verfällt in eine Art Lethargie, nichts interessiert sie, sie will niemanden sehen, mit niemandem reden, will, dass niemand von ihrer Schmach und Schande erfährt. Stundenlang sitzt sie am Fenster und starrt auf den Wald und die Wiese, wo sie so glückliche Stunden mit ihrem Geliebten verbracht hat.

Wo ist er?

Lebt er noch?

Denkt er an sie?

Liebt er sie noch?

Was soll sie tun?

Noch einmal ist das Unfassbare eingetreten: Sie ist schwanger.

Entsetzen packt sie.

Schwanger von diesem Monster, diesem widerwärtigen Mann, der sie vergewaltigt hat. Soll sie wirklich ihr Leben mit einem Kind verbringen, das sie immer an diesen Abend erinnern wird?

Sie hätte gerne ein Kind gehabt, ein Kind von ihm, ein Kind der Liebe.

Aber nicht eins von dieser Bestie. Auch will sie nicht, dass jemand von ihrer Schwangerschaft erfährt –schon gar nicht dieser Mann, dessen Kind sie trägt.

Sie geht nicht mehr aus, verlässt nicht einmal mehr ihr Zimmer. Ihre Zofe und der kleine Page sind ihre einzigen Vertrauten, die einzigen Mensch, zu denen sie Kontakt hat, die ihr helfen, mit dem Schicksal fertig zu werden, das Leid zu ertragen.

Die Wehen setzen ein – es ist ihr völlig egal. Sie hofft, dass Gott ein Einsehen haben und sie sterben lassen wird. Oder das Kind. Die Geburt ist entsetzlich, ein Martyrium, eine Qual. Sie lässt es willenlos über sich ergehen. Von weit weg registriert sie, dass ein Arzt gekommen ist. Ihre Zofe hat ihn wohl geholt. Anscheinend ist irgendetwas nicht in Ordnung. Der schwarz gekleidete Arzt erscheint ihr wie der Tod, den sie so sehr ersehnt. Endlich verlässt das Kind ihren geschundenen, gemarterten, gequälten Körper.

Wieso hört sie nichts?

Normalerweise schreien Kinder doch, wenn sie auf die Welt kommen.

Egal. Sie will nichts hören. Nur schlafen, Ruhe haben. Außerdem interessiert sie das Kind nicht. Irgendjemand im Schloss wird sich schon darum kümmern.

Das Kind ist tot geboren worden.

Auch gut.

Sie ist zufrieden.

Jetzt kann sie vergessen.

Endlich.

Sie spürt, dass jemand ihr Gesicht streichelt, ihre Hand hält, zärtliche, liebevolle Worte spricht. Sie schlägt die Augen auf – und sieht in dunkelblaue, strahlende Augen. Sieht den schön geschwungenen Mund, das Muttermal, die klassische Nase, spürt Liebe, tiefe Liebe, Fürsorge und Zärtlichkeit.

Sie fährt auf, umarmt ihn und weint bitterlich. Der Kummer der letzten Monate bricht aus ihr heraus. Er hält sie wie in kleines Kind in seinen Armen, wiegt sie, streichelt sie, redet sanft auf sie ein. Und sie klammert sich an ihn – niemals mehr werden sie sich trennen.

Viel später erst bemerkt sie seine Kleidung: Er sieht aus wie der ärmste Bauer. Er hatte diese Tarnung gewählt, um zu ihr kommen zu können. Er wartete im Schlosspark versteckt, bis er Kontakt zu ihrer Zofe aufnehmen konnte. Sie erkannte ihn trotz des Drecks, den er sich ins Gesicht geschmiert hatte, und brachte ihn über den Geheimgang im Rosa Salon in ihr Schlafzimmer.

Einige Tage verbringen sie in ihrem Zimmer. Sie erholt sich, wird wieder lebendig, kommt ins Leben zurück. Seine Liebe heilt ihre Wunden, seine Wärme hüllt sie ein.

Sie will, dass er bei ihr bleibt, aber sie sieht auch ein, dass er wieder gehen muss. Er wird wegen Hochverrats gesucht. Daran hat sich nichts geändert. Und es wird keine Gnade für ihn geben, niemals, nicht in dieser Stadt, nicht in diesem Land. Wenn sie zusammenbleiben wollen, ist die gemeinsame Flucht nach England die einzige Möglichkeit. Sie ist bereit, Frankreich für immer zu verlassen, mit ihm zu gehen. Nie mehr will sie sich von ihm trennen. Sie verabreden, auf verschiedenen Wegen nach England zu gelangen. Er wird zu Fuß zur Küste gehen und von dort aus übersetzen. Sie wird offiziell zu einem Verwandtenbesuch nach Italien aufbrechen. Treffen wollen sie einander erst wieder in London. Sie vereinbaren auch einen ungefähren Zeitpunkt. Nachdem nun alles geklärt ist, schleicht er sich in der Nacht davon. Ein paar Tage will er sich noch in Paris verstecken und sich mit seinen Freunden, die noch immer in Frankreich sind und im Geheimen die Verschwörung planen, treffen.

Der Abschied ist schmerzhaft – sie hat das Gefühl, dass ihr wieder einmal das Herz bricht. Aber sie ist auch froh, denn nun erwartet sie eine gemeinsame Zukunft, in ihrem Leben gibt es wieder Liebe, Wärme und Farbe und Hoffnung auf ein Leben mit ihm. Das gibt ihr Kraft, Mut und Stärke.

Kurz vor ihrer Abreise erhält sie eine verschlüsselte Nachricht vom ihm. Sie erschrickt – warum ist er noch immer in Paris? Er sollte längst weg, eigentlich schon in London in Sicherheit sein!

Am Abend lässt sie anspannen und wählt vorsichtshalber eine unauffällige Kutsche ohne Familienwappen. Sie kleidet sich so ärmlich wie möglich, unauffällig, ohne Schmuck, und hüllt sich in einen abgetragenen schwarzen Umhang mit Kapuze, die sie tief ins Gesicht zieht.

Ihr Treffpunkt liegt in einem der ärmsten Stadtteile von Paris, in einem verkommenen Viertel, in dem es viele billige Kneipen gibt, Huren, Tagediebe, lichtscheues Gesindel. Sie muss also sehr vorsichtig sein, ansonsten wird sie als Leiche in der Seine treiben.

Am Stadtrand von Paris lässt sie ihren Kutscher anhalten und sagt ihm, dass er hier auf sie warten soll. Er tut, wie ihm geheißen, ist allerdings in Sorge um sie. Sie ist eine gute, gnädige, großzügige Herrin, die sie alle anständig behandelt, und er will sie nicht verlieren.

Sie legt einen längeren Fußmarsch zurück, nimmt dann eine Mietkutsche und lässt sich in den angegebenen Stadtteil führen. Der Kutscher wundert sich – was will eine so feine Dame in dieser Gegend? Feine Herren ja, denn die gehen zu den Huren, um ihren Spaß zu haben. Aber sie? Er fragt sie, ob er warten soll, sie verneint und entlohnt ihn großzügig.

Sie zieht die Kapuze tiefer ins Gesicht und wappnet sich gegen den Gestank. Die Straßen sind übersät mit Unrat; außerdem schütten die Menschen ihre Nachtöpfe ohne Vorwarnung aus den Fenstern. Daher ist es ratsam, immer in der Mitte der Straße zu gehen. Der Saum ihres Umhangs schleift durch den Dreck und sie ist froh, dass sie Stiefel anstatt normaler Schuhe trägt, denn sie versinkt bis zu den Knöcheln im Müll. Auf der Straße herrscht reges Leben. Betrunkene liegen in der Gosse, Frauen und Kinder betteln oder bieten ihre Körper für wenig Geld an. Krüppel greifen nach ihr, Kinder zerren jammernd an ihren Umhang. Es ist grauenvoll. Grell geschminkte Huren machen sich lustig über sie, die feine Dame, die sich hierher verirrt, und bieten ihr billigen Fusel an. Eine hält sie am Arm fest und will sie küssen; sie sieht die Zunge, den zahnlosen, geöffneten Mund und läuft davon. Ekel erfüllt sie. Was für ein Elend, die schmutzigen, halbnackten Kinder mit dicken Bäuchen und dünnen Gliedern, manche übersät mit Hungerödemen. In diesem Viertel leben die Ärmsten der Armen – sie nimmt sich fest vor, diesen Menschen Hilfe zu bringen.

Endlich, nach einer Zeit, die ihr wie eine Ewigkeit erscheint, erreicht sie das in der Botschaft bezeichnete Haus und steigt die modrige Holztreppe zum Dachboden hinauf. Die Wände des Hauses sind schimmlig und feucht, es stinkt nach Exkrementen und Erbrochenem. Ihr Magen rebelliert und sie übergibt sich. Leicht schwindlig erreicht sie die Dachkammer, öffnet die Türe und endlich, endlich liegen sie einander wieder in den Armen, küssen sich, streicheln sich, lieben sich auf dem Tisch. Ein Bett gibt es hier keins, nur einen Haufen Fetzen in der Ecke, der von so vielen Flöhen und Läusen bewohnt wird, dass er fast lebendig wirkt.

Er wird diese Nacht nach England aufbrechen, wollte sie vorher noch einmal sehen, sie noch einmal in die Arme nehmen.

Ein Kuss noch, eine Umarmung noch und fort ist er.

Sie schließt gerade ihr Mieder als sie ein Poltern auf der Treppe hört, Geschrei und Geräusche eines Kampfes. Sie denkt sich nichts dabei, denn sie ist in ihren Gedanken noch bei ihrem Geliebten und ihrer wunderbaren Zukunft und träumt vor sich hin.

Plötzlich wird die Tür aufgerissen und der Polizeipräsident stürmt mit drei Männern in den Raum. Sie weicht zurück an die Wand und versucht, ihr Kleid zu schließen, was ihr aber nicht gelingt, da sie am ganzen Leib zittert. Der Polizeipräsident kommt auf sie zu, stiert auf ihre fast entblößten Brüste und schiebt mit der Spitze seiner Peitsche den Stoff so zur Seite, dass er ihre Brustwarzen sehen kann. Die drei Männer grinsten breit, sie warten ... Was wird als nächstes passieren?

Sie hat panische Angst. Angst um ihn – haben sie ihn erwischt?

War das der Lärm im Stiegenhaus gewesen?

Sie hat auch Angst um sich selbst – schauerliche Gerüchte über die Bestialität und die Perversion, die der Polizeipräsident bei der Folter von Frauen an den Tag legt, sind ihr aus den Gefängnissen zu Ohren gekommen.

In der Dachkammer herrscht Stille.

Die Minuten verrinnen.

Keiner bewegt sich.

Dann befiehlt er ihr, sich in die Mitte des Raumes zu stellen. Sie will ihre Blöße bedecken, aber er reißt den Stoff entzwei, befiehlt ihr, die Hände auf dem Rücken zu verschränken. Dann beginnt er die Befragung, während er sie lauernd umkreist – immer wieder stellt er dieselben Fragen nach ihm, wann sie ihn zum letzten Mal gesehen hat, wo sie ihn zum letzten Mal gesehen hat, warum er wiedergekommen ist, wohin er gegangen ist. Sie steht da, beteuert, nichts zu wissen, leugnet alles. Er drückt ihr den Griff der Peitsche auf das Brustbein, nähert sich mit seinem Gesicht dem ihren so sehr, dass sich ihre Nasen fast berühren und sie seinen schlechten Atmen riechen kann. Er sieht ihr in die Augen und stellt die ganzen Fragen noch einmal. Sie leugnet abermals, behauptet wieder, nichts zu wissen. Neuerlich umkreist er sie – dieses Mal schweigend. Die drei Männer sehen zu, zwei von ihnen blockieren die Tür. An Flucht ist also nicht zu denken. Plötzlich stürzt der Polizeipräsident auf sie zu, wirft sie auf den Tisch, spreizt ihre Beine und stellt sich zwischen sie. Panik überfällt sie. „Nicht noch einmal, bitte, lieber Gott, nicht noch einmal!“, fleht sie still. Sie ist aber auch Willens, alles zu ertragen, wenn er nur entkommen kann. Der Polizeipräsident schiebt ihr den Peitschengriff in den Leib. Sie schließt die Augen und betet. Nach allem, was ihr in diesem Leben passiert ist, glaubt sie nicht mehr an Gott, aber jetzt hofft sie, dass es ihn gibt, dass er ihr helfen wird, sie nicht verlassen hat, obwohl sie nicht mehr an ihn glaubt.

Plötzlich lässt der Mann sie los, befiehlt ihr, sich anzuziehen und mitzukommen. So gut es geht schließt sie ihr zerfetztes Kleid und hüllt sich in ihren Umhang. Sie steigen in seine vor dem Haus wartende Kutsche und fahren los. Er sitzt ihr gegenüber, spricht nichts, berührt sie nicht. Ihre Gedanken rasen und sie kämpft gegen die Panik.

Sie fahren zur Bastille!

Ihre Panik verstärkt sich. Wird er sie einsperren lassen?

Dort angekommen öffnet er ihr galant den Schlag der Kutsche, ist die Höflichkeit in Person, behandelt sie, wie es ihrer gesellschaftlichen Position entspricht. Er führt sie Treppe um Treppe in die Tiefe des Gefängnisses. Sie hört Menschen stöhnen, schreien – grässlich, schaurig. Die Wände sind feucht und zum Teil mit Moos überwachsen, die Stiegen glitschig. Ein Mann mit einer Fackel geht vor ihnen, ein zweiter folgt ihnen.

Vor einer massiven Holztür bleibt er stehen und befiehlt dem Wärter, sie aufzuschließen und zu öffnen.

Sie kann nicht fassen, was sie sieht!

Er liegt auf dem dreckigen Stroh, die Hände mit Eisenketten an die Wand oberhalb seines Kopfes gefesselt. Seine Kleidung ist zerfetzt, der Oberkörper ist voller blutender Wunden. Überall sind Ratten, die auf ihre Beute warten. Sein schönes Gesicht ist zerschlagen, geschwollen. Blaue, rote, violette Flecken haben sich bereits gebildet. Seine Lippen sind geplatzt und die Haut am Hals zeigt dicke rote Striemen.

Sie will zu ihm, ihn in die Arme nehmen, seine Wunden reinigen, ihm Linderung verschaffen. Der Polizeipräsident hält sie zurück, aber sie kämpft sich frei, stürzt in das Verlies, kniet sich neben ihn auf das dreckige Stroh.

Sie fühlt, dass er bereits tot ist.

Einmal noch streichelt sie das geliebte, jetzt zerschlagene Gesicht.

Ein gewaltiger Schmerz rast durch ihren Körper.

Er ist tot, zu Tode gefoltert.

Sie schließt seine Augen, die einst so strahlend blau geleuchtet, sie verzaubert und bezaubert haben.

Die Gefühle, die sie überrollen, sind unerträglich, unbeschreiblich, unsagbar.

Sie küsst ihn auf die Stirn und steht mit großer Mühe auf; alle Kraft ist aus ihr gewichen. Der Polizeipräsident ist neben sie getreten, reicht ihr den Arm, will ihr helfen. Sie schüttelt ihn ab. Es ist ihr egal, was nun mit ihr geschehen wird. Ihr Leben ist vorbei, beendet, hat keinen Sinn mehr.

Der Polizeipräsident lässt sie gehen. Am Tor der Bastille küsst er ihr die Hand – voller Hohn und Spott – er hat sie klein gekriegt, ihren Stolz gebrochen, sie vernichtet. Er verabschiedet er sich von ihr und sagt ihr, dass er es bedauere, den weiteren Abend nicht mit ihr verbringen zu können, denn er habe auch noch andere Gäste, um die er sich kümmern müsse: „Der Herr hatte ja auch noch Freunde."

Er hat also alle erwischt ...

Sie dreht sich um und rennt so schnell sie kann weg. Weg, nur weg von hier. Weg. Möglichst weit weg. Sie läuft und läuft und läuft – ziellos, planlos, kopflos durch Paris. Sie läuft bis zur totalen Erschöpfung.

Nur nichts denken, nur nichts fühlen.

Laufen, laufen, laufen.

Nur nichts denken, nur nichts fühlen.

Sie läuft auf einer Brücke über die Seine.

In der Mitte bleibt sie stehen.

Das Wasser fließt schwarz und dunkel dahin, lockt sie, scheint eine Verheißung zu sein.

Sie springt.

Und weiß nicht, dass sie seinen Sohn unter ihrem Herzen trägt.

Japan, 1830

Die Sonne versinkt am Horizont, schickt ihre letzten Strahlen über das Meer und taucht die Bucht in rotes Licht. Sanft rollen die Wellen am Sandstrand aus, der von wild zerklüfteten Landzungen, die weit hinaus ins Meer ragen, begrenzt wird. Zwischen ihnen erheben sich gewaltige Felsblöcke aus dem Wasser, so groß, dass sogar Bäume auf ihnen wachsen. Sie liebt diese Landschaft, diese Bucht, deren Schönheit sie immer wieder fesselt.

Wann wird sie wieder hierher kommen?

Was wird die Zukunft bringen?

Karma, denkt sie und vergräbt ein letztes Mal die Zehen im warmen Sand.

Am nächsten Morgen verlässt sie in einer von Samurais begleiteten Sänfte das Anwesen ihres Vaters. Die Reise ins Ungewisse beginnt und bringt sie zu einem hohen Herrn, dessen ai-jin (was so viel wie geliebte Person bedeutet) sie wird. Sie ist eine Geisha, von berühmten und geachteten Meistern auf vielen Gebieten ausgebildet und zur Perfektion angehalten. Über Jahre hindurch hat sie singen und tanzen gelernt, das Verfassen von Gedichten, die Kunst der Kalligraphie und der Teezeremonie. Da eine Geisha die Aufgabe hat, ihren Herrn zu unterhalten – allerdings außerhalb des Bettes, denn dafür gibt es andere Damen –, muss sie auch viel von Politik und Kunst verstehen, um eine angenehme Unterhalterin zu sein, und auch, wenn der Gebieter es wünscht, eine weise Ratgeberin abgeben. Sie muss verschwiegen sein, Geheimnisse bewahren können und außerdem intelligent, treu, gebildet und zuverlässig sein. Im übrigen ist sie noch eine Meisterin des Origami, der Kunst des Papierfaltens, und des Ikebana, der Kunst des Blumensteckens. Eine Geisha ist in Wahrheit eine Künstlerin und wird, wenn sie eine Ausbildung von hoher Qualität genossen hat, hervorragend bezahlt. Sie ist froh über all die Talente, die ihr die Götter haben zuteil werden lassen und es ihr in Zukunft ermöglichen, sehr viel Reis zu verdienen und Geld für ihr Alter anzusparen.

Das Land der Götter, Nippon, zieht an ihrer Sänfte vorbei. Die ausgedehnten Reisfelder, die Hügel in der Ferne, der blaue Himmel, von dem die Sonne herab scheint. Bald wird sie den Fujijama sehen, in dessen unmittelbarer Nähe sie leben wird, bei ihrem Herrn, dem sie in Zukunft dienen wird. Sie ist sich ihrer Qualitäten und Fähigkeiten bewusst, aber dennoch hat sie Angst. Sie kennt ihn nicht, weiß nur, dass er eine hohe Persönlichkeit mit viel Macht und Einfluss in Nippon ist, von vielen Menschen geachtet und geehrt und von eben so vielen Menschen gehasst und beneidet.

Sie hat mit seiner Ehefrau den Vertrag ausgehandelt und wird auch von ihr entlohnt. Seine Frau lebt mit den Kindern ausschließlich auf der Erbburg und verwaltet von dort aus das Vermögen und die Ländereien. Zwei Mal im Jahr stattet er seiner Frau einen Besuch ab und kontrolliert ihre Arbeit. Den Rest der Zeit weilt er in der Nähe des Regierungssitzes, wohin sie nun unterwegs ist. Sie wird seine Gefährtin, Begleiterin, Unterhalterin und Ratgeberin sein.

Sie mag seine Frau, bewundert ihre Zartheit und Schönheit sowie auch ihre Klugheit und Intelligenz.

Auch die Ehefrau hat Gefallen an der Geisha gefunden, die sie für ihren Mann ausgewählt hat. Sie ist zwar sehr teuer, aber für ihren Mann ist das Beste gerade gut genug. Sie will, dass es ihm wohl ergeht und dass er sein Leben so gut wie möglich genießt. Es ist ihre Pflicht als Ehefrau, für ihn zu sorgen – und das tut sie nach besten Kräften, Wissen und Gewissen. Schließlich liebt sie ihn! Sie vermisst ihn, sehnt sich nach ihm, wäre so gerne mit ihm zusammen, aber er hat ihr befohlen, in der Erbburg zu bleiben und das Vermögen zu verwalten. Sein Wort ist Befehl, Gesetz, und was er anordnet, muss bedingungslos getan werden. Und so muss sie bleiben, darf ihm nicht folgen und hat ihm – seiner Weisung entsprechend – eine Gefährtin besorgt.

Viele Geishas haben bei ihr vorgesprochen, aber sie hat sich für sie entschieden. Sie ist ihr ähnlich und sie will, dass sich ihr Mann auch an sein Zuhause erinnert. Außerdem hat sie hervorragende Reverenzen und eine Ausbildung von höchster Qualität – sie ist also genau die Richtige. Und so ist sie auch bereit, den vielen Reis, den sie als Entlohnung fordert, zu bezahlen. Dementsprechend haben die beiden Frauen sich schnell geeinigt und den Vertrag unterzeichnet.

Die letzten Tage in Freiheit hat sie bei ihrem Vater verbracht, an dem Ort ihrer Kindheit, wo sie auf die Samurai ihres neuen Herrn wartete, die sie zu ihm eskortieren sollten, denn seit der Unterfertigung des Vertrages steht sie unter seinem Schutz.

Jetzt ist sie bald am Ziel ihrer Reise angelangt.

Der Abschied von ihrem Vater ist ihr sehr schwer gefallen und auch der von der Bucht, dem Garten und dem Haus, in dem sie ihre Kindheit verbracht hat.

Sie steht an der zinnenbewehrten Brüstung der Burg und betrachtet den Fujijama, den Berg der Götter. Die Eisfelder des Gipfels leuchten in der Sonne, die gerade den Himmel hinaufzusteigen beginnt.

Sie dreht sich um – er steht hinter ihr und lächelt.

Alles ist anders gekommen als erwartet und geplant ...

Nach der für ihren Geschmack viel zu langen Reise in der Sänfte - sie ist in ihrem tiefsten Inneren ein ungeduldiger Mensch - sind sie endlich in seiner Burg angekommen, einem mächtigen Gebäude mit vielen mit Zinnen bewährten Türmen, das leicht zu verteidigen ist. Mehrere ringförmig angelegte Innenhöfe, konzentrischen Kreisen gleichend, umgeben das Hauptgebäude, in dem auch sein privater Wohnbereich liegt. Jeder dieser Innenhöfe hat zwei Zugänge, die mit Fallgittern versperrt werden können. Von außen erreicht man die Burg nur über eine Zugbrücke, die über einen tiefen Graben führt. Die Burg ist eine uneinnehmbare Festung, bewacht von hunderten Samurais, die alle auf ihn eingeschworen sind.

Ein ungutes Gefühl beschleicht sie, als sie ihr neues Zuhause in Augenschein nimmt – von draußen kann niemand, der nicht erwünscht ist, hinein, und auch keiner ohne Erlaubnis hinaus.

Sie geht freiwillig ins Gefängnis.

Karma.

Zehn Samurais hat er zu ihrer persönlichen Leibwache abgestellt, das heißt, sie wird niemals wirklich alleine sein, immer wird jemand sie begleiten oder vor ihren Räumen Wache halten. Die Freiheit, die sie bis jetzt genossen hat, ist also endgültig vorbei. Sie wollte nicht in der Sänfte reisen, sondern reiten, weil sie das Gefühl der Freiheit im wilden Galopp so liebt. Das hat er aber verboten, denn es schickt sich seiner Meinung nach nicht für sie, selbst auf dem Pferd zu sitzen. Eine Dame ihres Standes muss in einer Sänfte getragen werden. So erfordert es die Sitte und der Anstand.

Ihre Samurai geleiten sie durch ein Labyrinth von Gängen und Plätzen zu den Räumen, die sie zukünftig bewohnen wird. Ihre Zofe erwartet sie bereits. Sie ist entzückt von dem, was sie sieht. Die großen Räume sind mit Wänden und Schiebetüren aus Ölpapier in kleine gemütliche Einheiten unterteilt. Überall stehen mit duftendem Öl gefüllte Lampen, deren sanfter Schein das Ölpapier schimmern lässt. In einem Raum steht ein niedriger, schwarzer Lacktisch, umgeben von Tatamis. Darauf steht eine weiße Porzellanvase, die so zart ist, dass sie durchscheinend wirkt, mit einem Zweig voller Kirschblüten. Sie klatscht in die Hände! Was für ein wunderbares Willkommensgeschenk!

Ihre Dienerin freut sich über ihr Entzücken und öffnet die Shoji-Türe zum nächsten Raum, dem Schlafzimmer. Seidensteppdecken und -polster bedecken die am Boden liegenden Futons. Am Bett steht eine Vase mit einem blühenden Fliederzweig und daneben liegt ein roter Seidenkimono, bestickt mit goldenen Karpfen, den Tieren, die Glück bringen. Sie strahlt vor lauter Freude und hält sich den Kimono an – ja, er wird passen, perfekt. Offenbar hat sie einen großzügigen Herren.

Die Dienerin teilt ihr mit, dass das Bad vorbereitet ist, und hilft ihr beim Auskleiden. Wohlig seufzend gleitet sie in die große Holzwanne, die mit duftendem heißem Wasser gefüllt ist. Nach dem Bad lässt sie sich abtrocknen und ihr langes, schwarzes Haar vorsichtig kämmen. Sie ist froh, den Staub der langen Reise los zu sein, und fühlt sich so richtig wohl. Ihre Dienerin führt eine blinde Frau in den Raum – ihre Masseurin. Sie hat eine eigene Masseurin! Ihr Herr ist ja an Großzügigkeit nicht mehr zu überbieten.

Mit harten, aber doch sanften Fingern lockert die Masseurin ihre Verspannungen, bringt die Energie in ihrem Körper zum Fließen und sie in Harmonie. Sie schwebt auf Wolken, fühlt sich so wohl wie schon lange nicht mehr. Mittlerweile denkt sie, dass sie ein gutes Los gezogen hat, denn nicht alle Geishas werden so verwöhnt.

Zurück in ihrem Schlafzimmer verneigt sie sich vor dem Schrein der Götter und stellt die Vase mit dem Kirschzweig als Dankeschön für ihr Wohlwollen davor.

Sie fragt ihre Zofe, wann sie ihn zum ersten Mal sehen wird – heute Abend. Obwohl sie mittlerweile einen guten Eindruck von ihm hat, kommt die Angst wieder und sie durchzuckt ein eisiger Schreck. Sie entschließt sich, heute Abend sein Geschenk zu tragen – den roten Kimono mit den goldenen Karpfen und im Haar einige Kirschblüten. Die Zofe hilft ihr beim Ankleiden, steckt das lange, schwarze Haar mit Kämmen hoch, befestigt die Blüten, pudert ihr Gesicht weiß und färbt ihre Lippen rot.

Perfekt! Alles fertig!

Sie ist entschlossen, ihr Bestes zu geben.

Karma!

Sie betritt den Raum, der so beleuchtet ist, dass er sie sehen kann, weil sie im Licht steht, aber sie ihn nicht, weil er von einem Schatten verborgen wird. Sie verbeugt sich, wie man es sie gelehrt hat und wie es einer Person von seinem Rang gegenüber angemessen ist.

Freundlich sagt er, sie möge sich zu ihm setzen und mit ihm essen. Gleichzeitig verschiebt er eine Öllampe so, dass sie ihn auch sehen kann.

Er sitzt an einem niedrigen Lacktisch, der zum Essen gedeckt ist. Auf einem Tischchen neben ihm liegen griffbereit seine Schwerter. Er trägt einen kurzen Hauskimono, den man auch zum Schlafen verwenden kann.

Er ist der schönste Mann, den sie jemals gesehen hat, groß, schlank, muskulös, sicherlich ein hervorragender Schwertkämpfer und jung, nur ein paar Jahre älter als sie.

Sein Gesicht ist ebenmäßig, die Nase gerade. Oberhalb des linken Mundwinkels entdeckt sie ein Muttermal, das ihren Blick immer wieder auf seinen wunderschönen Mund lenkt.

Sie ist fasziniert von seiner Erscheinung. Tief in ihr beginnt eine Saite zu schwingen, erklingt ein zarter Ton, taucht eine Erinnerung auf, die sie nicht so recht fassen kann.

Und er? Er ist so fasziniert und hingerissen von ihr wie sie von ihm.

Niemals hat er eine schönere, zartere, hübschere Frau gesehen als sie.

Er dankt den Göttern, dass sie sie zu ihm geschickt haben.

Und er dankt seiner Ehefrau, die dieses wunderbare Wesen für ihn ausgesucht hat.

Sie wird ihm eine sehr gute Gefährtin sein. Er wird sie natürlich noch auf die Probe stellen müssen, ob sie auch treu, redlich und ehrlich ist, bevor er ihr vertrauen kann.

Wenn nicht – Karma.

Wie die Götter wollen.

Mittlerweile hat sie am Tisch Platz genommen. Sie holt einen kleinen Karpfen aus Papier, den sie für ihn gefaltet hat, aus dem linken Ärmel ihres Kimonos und überreicht ihn mit einer Verbeugung und dem Wunsch, der Fisch möge ihm Glück bringen. Er freut sich und zeigt ihr das auch – ein Umstand, der ihn sehr verwundert, denn er ist dazu erzogen worden, niemals Emotionen zu zeigen, weder Freude noch Leid noch Glück oder Wut. Sein Vater hat ihm mit aller Strenge gelehrt, dass ein Mann, der seine Gefühle zeigt, angreifbar und leicht durchschaubar ist – und das kann tödlich sein, denn damit spielt man seinen Feinden in die Hand. Feinde hat er. Viele. Ein Mann, der Macht und Einfluss besitzt, hat automatisch Feinde und Gegner, die seine Macht für sich haben wollen. Also ist er immer auf der Hut, trennt sich nie von seinen Schwertern, trainiert täglich mehrere Stunden und hat im Kimono verborgen zusätzlich immer einen Dolch und einen Wurfstern mit vergifteten Enden, der einen Angreifer, sofern er ihn in den Hals trifft, augenblicklich tötet.

Sollte sie ein Feind oder von einem Feind als Spionin bei ihm eingeschleust worden sein, wird er nicht zögern, auch sie zu töten.

Die Speisen werden aufgetragen: Es gibt Misosuppe mit frischem Gemüse, Shushi, in Teig gebackene Krabben und als Nachtisch frisches Obst. Er erklärt ihr, dass sie immer ohne Bedenken alle Speisen, die ihr gereicht werden, essen kann, denn sie werden zuerst Vorkostern zum Essen gegeben – und erst wenn sie ohne Schaden bleiben, wird das Essen ihnen gereicht. Wenn man mächtig ist und viele Feinde hat, muss man Vorkehrungen für die Sicherheit treffen. Und schon so mancher ist vergiftet worden. Die Vorsicht ist auch der Grund, warum sie bewacht wird, ihre eigene Leibgarde hat. Alles, was ihm gehört, muss besonders geschützt werden.

Die nächsten Tage verbringen sie miteinander, denn er will sie kennen lernen und ihre Ergebenheit prüfen. So stellt er ihr mehrere Fallen, aber keine schnappt zu; sie ist offenbar ehrlich und treu. Andererseits ist sie sehr intelligent und klug, also beschließt er, weiterhin vorsichtig zu sein.

Sie bemerkt von all dem nichts. Sie ist verliebt, grenzenlos verliebt in ihren Gebieter. Sie fühlt eine tiefe, innigliche Liebe, genießt jeden Moment seiner Nähe und verspürt eine tiefe Sehnsucht nach Zärtlichkeit, danach, ihn zu berühren, zu streicheln. Seine Schönheit fasziniert sie immer mehr. Er macht allerdings keinerlei Anstalten, sich ihr in der ersehnten Weise zu nähern. Sie ist eine Geisha, deren Aufgabe die Unterhaltung und die Gesellschaft ist; sie ist nicht für das Bett bestimmt.

Allerdings sehnt er sich so nach ihr wie sie sich nach ihm, will sie berühren, liebkosen. Aber er weiß nicht, ob er es wagen soll, denn wenn sie seine Gefühle nicht erwidert, ist sein Verhalten eine Beleidigung. Er würde ihr dann nur den Rang einer Kurtisane zugestehen und das wäre sehr schlimm für sie, weil sie dann den Eindruck haben müsste, als Geisha versagt zu haben. Dann könnte sie auch den Vertrag auflösen und fortgehen – und das will er um nichts in der Welt. Sie ist teuer, aber jedes Reiskorn wert, das seine Ehefrau ihr bezahlt; ja, eigentlich ist ihr Wert noch viel, viel höher; er würde jeden Preis, den sie fordert, bezahlen, nur damit sie bleibt!

Er bemerkt, dass sie immer wieder sehnsüchtig zum Fujijama schaut. Also schlägt er ihr vor, gemeinsam den Gipfel zu ersteigen. Sie ist begeistert – und los geht die Reise. Zu Pferd diesmal, was sie besonders freut. Mit großem Gefolge verlassen sie die Burg und stehen zwei Tage später am Rand des Eisfeldes. Von hier aus geht es zu Fuß weiter, denn es ist zu gefährlich, auf dem Eis zu reiten. Fröhlich, mit roten Wangen, stehen sie am Gipfel und betrachten die herrliche Landschaft, die nun zu ihren Füßen liegt. Ihren Gefühlen folgend halten sie einander an den Händen – er hat es zart und schüchtern versucht und sie hat ihm ihre Hand nicht entzogen. Ganz im Gegenteil – sie strahlt ihn an, ihre Augen leuchten, ihre Blicke verschmelzen miteinander. Ganz zart küsst er sie, ihr die Gelegenheit gebend, ihm auszuweichen, die Beleidigung, falls sie es so empfindet, abzuwehren. Aber sie erwidert seinen Kuss. Er jubelt und dankt den Göttern, ist außer sich vor Freude, und zieht sie ganz nah zu sich heran. Und so stehen sie am Gipfel des Berges der Götter, einander umarmend, in Liebe vereint.

Ab diesem Moment ist alles anders zwischen ihnen – sie sind nicht mehr Herr und Gesellschafterin, sondern Liebende, Menschen, die einander in Liebe verbunden und zugetan sind.

Und so folgen unsere Zwillingsseelen wieder ihrer Bestimmung, ihrer Abmachung, die sie bei der Großen Sonne getroffen haben.

Die Tage vergehen und sie leben in Ruhe und Frieden miteinander in der Burg. Sie teilen die Tage und die Nächte miteinander, trennen sich keine Minute voneinander – immer, immer wollen sie zusammen sein.

Er ist sich mittlerweile sicher, dass sie weder eine Spionin noch eine Verräterin ist – er vertraut ihr, schätzt auch ihren Rat. Schwierige Entscheidungen stehen bevor und sie trägt die Last mit ihm.

Ihre Beziehung intensiviert sich, wird immer tiefer und inniger. Eines Tages sagt er ihr, dass er eine Überraschung für sie hat und sie miteinander verreisen werden. Kurz darauf setzt sich der Zug in Bewegung, wie immer schwer bewacht und, ihrem Wunsch entsprechend, zu Pferd. Das Ziel verrät er ihr nicht, aber sie freut sich, denn es geht in Richtung Meer. Nach zwei Tagen machen sie vor einer hohen mit Zinnen bewehrten Mauer Halt, das große Holztor wird von bewaffneten Samurai geöffnet und gibt den Blick in einen herrlichen großen Garten frei. Es dämmert bereits und im Garten leuchtet eine Unzahl von Öllampen. Es gibt Wasserfälle, sorgfältig gestutzte Büsche, Kieswege, blühende Pflanzen, Kirschbäume in voller Blüte, zusätzlich geschmückt mit weißen Lampions. Ein Netz von Bächen verbindet die Wasserfälle miteinander, die alle in einem großen, mit Seerosen bewachsenen Teich münden, in dem muntere, dicke Karpfen schwimmen. Sie ist ob dieser Pracht und Schönheit regelrecht verzaubert.

Zärtlich nimmt er sie in die Arme, genießt ihre Freude, die das schönste Geschenk für ihn ist.

Sie küsst ihn, umarmt ihn, flüstert ihm zärtliche Liebesworte ins Ohr. Sie reiten auf dem Hauptweg durch den Garten, bis sie zu einem großen Gebäude gelangen – ihr gemeinsames Haus. Perfekt proportioniert, Harmonie ausstrahlend, fügt es sich in die Landschaft. Und es besitzt eine Terrasse, von der aus man auf das Meer sehen, die Wellen beobachten und das Salzwasser riechen kann. Gleich hinter ihr beginnt der halbmondförmige Strand, der von weit ins Meer reichenden Landzungen begrenzt wird. Hier sieht es aus wie Zuhause! Nur die mit großen Bäumen bewachsenen Felsblöcke fehlen.

Sie hat ihm so oft von der Bucht ihrer Kindheit erzählt und wie sehr sie sich nach ihr sehnt. Und jetzt schenkt er ihr nur zwei Tagesritte von der Burg entfernt dieses wunderbare Stück Erde! Sie dankt den Göttern für ihre Fürsorge und das Glück, das sie ihr im Leben geben.

Mehrere Wochen genießen sie die Liebe, das gemeinsame Leben und die Freiheit.

Sie dreht sich um und schaut in sein lächelndes Gesicht, bezaubert, fasziniert. Die Liebe, die sie verbindet, wird immer mächtiger. Einander umarmend blicken sie über die Stadt, bewundern das Glitzern des Eises des Fujijamas, dem Sitz der Götter. Jeder von ihnen dankt ihnen still für die Geschenke, die sie von ihnen erhalten haben.

Plötzlich bebt die Erde. Gewaltige Stöße lassen die Burg erzittern. Mauerwerk bröckelt, Sprünge zeigen sich an den Wänden, eine Zinne fällt in die Tiefe und zerschellt in tausend Stücke. Eben noch ist alles friedlich gewesen und jetzt bricht das Inferno los. Die Menschen schreien und sie sehen Flammen, die aus den Hausdächern schießen. Umgefallene Öllampen entzünden die Wände aus Ölpapier, bringen Ölfässer zum Explodieren, Stichflammen schießen in den Himmel. Sie sehen Menschen mit Eimern laufen, Ketten zu den Brunnen bilden, von wo aus die gefüllten Eimer von Hand zu Hand zum Brandherd weitergereicht werden. Die Bewohner des Landes der Götter kennen sich aus mit Bränden und deren Bekämpfung.

Karma.

Dunkle Rauchschwaden lassen den Fujijama aus ihrem Blickfeld verschwinden. Die Burg ist aus Stein gebaut und daher relativ sicher; aber auch in ihr zeigen sich lodernde Flammen, bekämpft von Samurais und anderen Burgbewohnern.

Die Götter zeigen ihre Macht.

Karma.

Sie stehen am Wehrgang und beobachten das Szenario. Was auch immer passiert, ist Karma. Wichtig ist, niemals eine Störung der Harmonie zuzulassen. Und so stehen sie in Harmonie vereint, einander umarmend und wartend, welches Schicksal die Götter für sie vorgesehen haben.

Kurz darauf beruhigt sich die Erde, alle Feuer werden gelöscht und die Toten beklagt. Die Menschen sind fleißig, erbauen ihre Häuser neu und danken den Göttern, dass sie überlebt haben.

Ein paar Tage später begehrt ein Mann Einlass in die Burg und wünscht, zu ihr vorgelassen zu werden. Ein Samurai teilt ihr mit, dass ein Bote des Ortsvorstehers ihres Heimatortes eine Botschaft für sie bringe. Natürlich soll er vorgelassen werden. Er hat sicherlich gute Neuigkeiten von zu Hause.

Sie kniet vor dem Schrein und klagt den Göttern ihr Leid. Wie können sie so etwas zulassen? Das Erdbeben hat eine gewaltige Flutwelle ausgelöst – eine davon hat die Bucht ihrer Kindheit überflutet und alles mit sich gerissen: Den Garten, das Haus mit all seinen Bewohnern. Ihr Vater ist tot, hat sie verlassen. Dort, wo er in ihrem Herzen gewesen ist, klafft nun eine große Lücke. Sie liebt ihn sehr, denkt an ihre Kindheit zurück. Sie sind den Großteil ihres Lebens nur zu zweit gewesen, denn die Mutter war schon lange tot. Auch sie war Opfer eines Erdbebens geworden, in einem zusammengestürzten Haus hilflos verbrannt. Ihr Vater ist immer für sie da gewesen, hat sich so sehr bemüht, ihr auch die Mutter zu ersetzen.

Und jetzt ist auch er gegangen.

Karma.

Wie die Götter wollen.

Sie sind unberechenbar und manchmal grausam.

Auch er hat große Sorgen. Immer mehr Ausländer strömen ins Land, um Handel zu betreiben. Er erachtet dies für wichtig und notwendig, doch das Problem ist, dass hier Kulturen aufeinander prallen, keiner den anderen versteht und jeder den anderen für unzivilisiert hält. Immer wieder gibt es Schwierigkeiten, Raufereien, Streitigkeiten mit den Samurai. Es muss also eine für alle Parteien befriedigende Lösung gefunden werden, die auch vertraglich niedergeschrieben wird.

Als er von einer seiner ausgedehnten Reisen durch das Land zurückkehrt, findet er seine Geliebte weinend vor, den Tod des Vaters beklagend. Er nimmt sie in die Arme, versucht, sie zu trösten. Vergeblich.

Die nächsten Wochen verbringen sie in ihrem Haus am Meer, wo sie sich zusehends erholt. Sie sitzt allein am Strand und beobachtet den Aufgang der Sonne, das Spiel ihrer Farben am Horizont.

Die Götter haben sie gesegnet – sie ist schwanger.

Zart streichelt sie unter dem Kimono ihren Bauch. Sein Kind wächst in ihr.

Es wird ein Sohn sein – sie fühlt es genau, tief in sich.

Sie dankt den Göttern für diese Freude, empfindet Harmonie, ist eins mit sich und dem Leben.

Sie fühlt die Kraft der Sonne, die die Erde zum Leben erweckt. Nun ist ihr Körper die Erde, die mit der Kraft der Sonne Leben hervorbringt.

In aller Form bringt sie ihm die Botschaft, vor ihm kniend mit gesenktem Kopf, aber lächelnd, die Augen strahlend vor Glück. Er springt auf, hebt sie hoch, bedeckt ihr Gesicht mit Küssen, legt sie vorsichtig auf die Seidenkissen, streichelt sie, hält sie in den Armen.

Gemeinsam träumen sie von der Zukunft.

Etwas stimmt nicht. Arzt und Hebamme stehen ratlos an ihrem Bett. Die Schmerzen sind fast unerträglich, sie hat das Gefühl, dass ihr Messer in den Leib gestoßen werden. Warum kommt das Kind nicht? Ihr Körper tut alles, was er kann, um es auf die Welt zu bringen. Aber sie blutet stark, bemüht sich, denn sie will so gern seinen Sohn in den Armen halten, ihm seinen Sohn schenken als Zeichen ihrer Liebe. Und er freut sich doch so sehr auf das Kind. Also, warum kommt es dann nicht?

Sie will ihn sehen, unbedingt, sie ruft seinen Namen, will seine Nähe spüren. Alles wird leichter gehen, wenn er nur da ist, ihre Hand hält. Ihre Dienerin erklärt ihr nochmals, dass es nicht schicklich ist, wenn der Mann bei der Geburt dabei ist. Das ist ihr egal – sie will ihn bei sich haben. Sofort.

Die Zofe findet ihn vor dem Schrein, die Götter um Hilfe anflehend. Er, der nie Angst hatte, dieses Gefühl gar nicht kannte, hat nun große Angst. Seine Ehefrau hat auch Kinder geboren und es war nicht leicht gewesen, aber nicht so schlimm wie bei ihr.

Etwas stimmt nicht.

Als die Zofe erscheint, sinkt seine Hoffnung – ihr Gesichtsausdruck sagt alles. Sie ist in großer Sorge und weint um die Herrin. Etwas stimmt nicht.

Er ist entsetzt, als er sie sieht. Blass und erschöpft liegt sie in ihrem Bett, die Seidenkissen rot gefärbt von ihrem Blut. Sie ist immer so zart gewesen und jetzt wirkt sie noch zerbrechlicher. Er setzt sich zu ihr, hält sie in den Armen, wischt ihr den Schweiß von der Stirn. Sie ist so ruhig, so still. Die Wehen haben aufgehört, aber das Kind ist nicht geboren.

Sie schaut ihm in die Augen, sieht das geliebte Gesicht, gezeichnet von Sorge und Angst um sie. Sie hebt die Hand, will ihm noch einmal das Gesicht streicheln, ihn noch einmal berühren. Sie weiß, dass ihr Leben dem Ende zugeht, die Götter sie nach Hause rufen. Das Kind wird nicht geboren werden, denn sie fühlt, dass es tot ist. Die Geburt hat zu lange gedauert. Es ist ihr voraus gegangen zu den Göttern. Sie wird ihm folgen.

Er fühlt, dass ihr Leben zu Ende geht und weiß, dass ihre Berührungen die letzten in diesem Leben sein werden.

Wie die Götter wollen.

Karma.

Das bedeutet aber nicht, dass er nicht an den Göttern zweifelt.

Wie können sie sie gehen lassen?

Wie können sie ihm das Wichtigste und Liebste nehmen?

Ein Mal noch schlägt sie die Augen auf.

Er sieht, dass sich ihr Blick verschleiert.

Ein letztes Mal sagt er ihr, dass er sie liebt und dass er sie immer lieben wird.

Ein letztes Lächeln.

Ein letzter Händedruck.

Und dann geht sie.

Kehrt heim zu den Göttern.

Das Licht seines Lebens erlischt.

Der Fujijama versinkt in der Dunkelheit.

Es wird finster um ihn, in seinem Herzen, in seinem Leben.

Sanft rollen die Wellen an den Strand. Der Vollmond taucht die Landschaft in ein überirdisches Licht. Er sitzt da, lauscht den Wellen, verliert sich im Meer, den Felsen, dem Mond und dem Sand des Strandes. Er spürt die Einheit mit Allem, was ist. Und er fühlt, dass es Zeit wird, mit der Einheit zu verschmelzen, heimzugehen.

Zwei Kleine Sonnen schweben dicht neben ihm – sie und das Kind sind bei ihm, wachen über ihn. Er sieht sie, fühlt, dass sie bei ihm sind, spürt die tiefe, unendliche Liebe.

Sie warten auf ihn.

Über das Meer kommt ein Großes Helles Licht auf ihn zu.

Es ruft ihn, lockt ihn.

Er weiß jetzt, dass der Tod nur das Tor in ein neues Leben ist, ein Übergang zu einer neuen Seinsform, in eine neue Dimension des Seins. Nach dem Tod beginnt ein neues Leben. Der Tod ist die Transformation, ein Ende, das einen Neubeginn ermöglicht. Das Ende ist der Beginn, der bereits wiederum den Samen des Endes in sich trägt. Das ist der Ewige Kreislauf. Das ist Gottes Gesetz.

Das Licht wird heller, intensiver, verheißungsvoller, die Landschaft beginnt, im Licht zu versinken. Das Strahlen des Lichts ist so stark, dass es die Konturen der Landschaft verwischt. Es sieht aus, als würde alles im Licht aufgehen, mit dem Licht verschmelzen, zur Einheit werden. Er fühlt, dass sein Körper immer leichter wird; so wie die Landschaft verschmilzt auch sein Körper mit dem Licht.

Wieder sieht er, dass ihre Seele und die des Kindes auf ihn warten. Auch sie leuchten intensiver und beginnen mit dem Großen Licht zu verschmelzen. Klar und deutlich sieht er seinen Weg vor sich. Goldene Lichtlinien zeigen sich, verbinden ihn mit ihrer Seele, der Seele des Kindes und dem Großen Licht. All diese Verbindungen enden in einem Punkt – der Großen Sonne.

Gott, die Große Sonne, zeigt sich und er erkennt, dass alle Götter eins sind, so wie Alles eins, eine Einheit ist. Er fühlt, dass auch er ein Teil dieser Einheit ist – unwiderruflich, untrennbar, für immer.

Das Geheimnis des Lebens offenbart sich ihm.

Er ist bereit, dem Leben, dem Großen Plan Gottes, zu folgen.

Er steht auf und geht.

Dem Licht entgegen.

Die Zwischenzeit

Sie sind wieder zusammen, vereint bei der Großen Sonne.

Er ist ins Meer gegangen, dem Großen Licht entgegen, ist mit der Großen Sonne und den Kleinen Sonnen von ihr und dem Kind zur Einheit verschmolzen.

Das Meer hat seinen toten Körper aufgenommen und davon getragen.

Nichts bleibt von einem Menschen auf der Erde zurück. Alles ist vergänglich, nur die Seele lebt ewig, ist unsterblich.

Alle irdischen Güter sind unbedeutend, weil sie zurückbleiben. Mitgenommen werden nur die Erfahrungen und die Erkenntnisse, die mit dem Herzen gewonnen werden. Das Herz des Menschen und seine Seele sind während des Lebens auf der Erde ein und dasselbe. Was der Mensch mit seinem Herzen erfährt, hat Bedeutung und Wert für sein ewiges Sein, seine Seele. So beeinflussen die Ereignisse der vergangenen Leben die Gestaltung der künftigen Leben. Das entspricht dem Kosmischen Gesetz von Ursache und Wirkung, von Aktion und Reaktion und dem Kosmischen Gesetz der Evolution, des Fortschritts und der Entwicklung.

Unsere Zwillingsseelen haben die Liebe auf der menschlichen Ebene erfahren, aber auch das Leid, den Kummer und die Angst, denn das Eine kann ohne das Andere nicht sein. Die Dualität beherrscht das Leben des Menschen. Liebe kann nur erfahren und geschätzt werden, wenn die Erfahrung des Nichtvorhandenseins von Liebe gemacht wird. Ein Mensch, der nur in Liebe lebt, wird sie nicht schätzen können. Das ist kein Kosmisches Gesetz, sondern eine Eigenart der Menschen, die ihnen das Leben so schwer macht.

Die Menschen glauben nicht an die Liebe und ihre Macht. Das ist der Grund, warum sie in Leid und Kummer leben. Jeder Mensch lebt nach seinem freien Willen, auf Grund dessen er sich sein Leben erschafft, manifestiert, sich als Schöpfer betätigt. Das ist die Fähigkeit, die den Menschen vom Tier unterscheidet.

So wie Toth einst mit seinem Lichtstab das Bewusstsein der Bewohner von Khem erweckte, kann jeder Mensch auch sein Bewusstsein erwecken.

Es ist nur ein Gedanke. Dieser Gedanke führt zur Auferstehung, zum Beginn eines neuen Lebens.

Auch unseren Zwillingsseelen steht ein Neubeginn bevor. Sie entscheiden sich für ein Leben, das sich wieder um die Liebe drehen und von der Liebe getragen sein wird, von der Liebe zu Allem, was ist.

1850

Hoch im Himmel, vor der Sonne zieht ein Falke seine Kreise. Er ist auf der Jagd, beobachtet die Sanddünen, registriert jede noch so kleine Bewegung. Nichts entgeht ihm. Er lässt sich von der Luft tragen, die Flügel weit gespannt. Da. Eine Bewegung am Boden. Kopfüber lässt er sich fallen. Elegant und zielsicher schlägt er seine Beute.

Der Falke wird von einem Mann beobachtet, der erhobenen Hauptes auf seinem schwarzen Araberhengst sitzt. Er ist stolz auf seinen Falken, sein Pferd und auf sich selbst. Das Leben ist großartig, denkt er, pfeift seinem Falken und streckt ihm den lederbedeckten Arm entgegen. Der Vogel folgt dem Befehl, lässt sich auf dem Arm seines Herrn nieder, breitet noch einmal seine Schwingen aus und kommt zur Ruhe. Der Mann ist begeistert. Das ist der beste Jagdfalke, den er bisher besessen hat. Was für ein wunderbares Geschenk von seinem Vater!

Die Sonne brennt vom Himmel, es wird Zeit, den Heimweg anzutreten. Er sieht in der Ferne die Umrisse der Hügel, die die Oase wie einen Schutzwall umgeben. Diese Oase ist sein Zuhause. Die Hügel heben sich unscharf gegen den blauen Himmel ab. Die Luft flirrt von der Hitze. Sein Pferd wiehert leise, erinnert ihn an die Notwendigkeit, den Heimweg anzutreten. Auch sein Instinkt rät ihm dazu. Er ist ein Kind der Wüste und erkennt ihre Zeichen. Viele Menschen denken, die Wüste sei grausam und hart, aber das stimmt nicht. Die Wüste ist sanft und geduldig und schickt immer ihre Vorwarnungen. Niemals lässt sie ihre Bewohner ins Unglück gehen. Das geschieht nur, wenn jemand die Botschaften des Sandes, des Himmels und der Sonne nicht versteht. Wer die Sprache der Wüste und der Elemente spricht, wird niemals von ihr überrascht werden. Die Wüste liebt ihre Kinder und beschützt sie. Wenn man mit ihr lebt, wird man niemals Schaden erleiden. Es ist wie mit dem Fluss des Lebens. Wenn man ihm folgt, sich von ihm tragen lässt, wird das Leben voller Geschenke, Freuden und schöner Überraschungen sein. Wendet man sich aber gegen das Leben, schwimmt man gegen seinen Fluss, dann wird es hart und schwierig sein, ein Kampf ohne Ende mit wenig Aussicht auf Erfolg, ein Kampf auf Leben und Tod. Also ist es bei weitem einfacher, sich vom Leben tragen zu lassen und seine Geschenke anzunehmen.

Das Pferd wirft den Kopf hoch und wiehert noch einmal leise. Es ist auch ein Kind der Wüste, das deren Botschaften versteht. Er betrachtet es mit äußerstem Wohlwollen, ja sogar mit Liebe. Der schwarze Hengst edelsten Blutes, extra zugeritten für ihn und ausgebildet für die Falkenjagd, ist auch ein Geschenk seines Vater. Das Pferd stampft und scharrt mit dem rechten Vorderlauf – ein sicheres Zeichen, dass der Sandsturm schon sehr nahe ist. Er ordnet seinen Turban um, sodass nur noch ein kleiner Schlitz für die Augen frei bleibt. Ein Blick zur Sonne bestätigt den Instinkt des Pferdes und seinen eigenen: Graue Schleier verdecken sie und die Umrisse der Hügel, die die Oase umgeben, verschwimmen in einer Art Nebel, der aus feinem Sandstaub besteht. Er nimmt den Falken von seinem Arm und setzt ihn in einen mit einer Schutzhülle aus Leder umgebenen Käfig, den er vor sich am Sattel befestigt. Normalerweise ist diese Maßnahme nicht notwendig, denn der Falke würde den ganzen Heimweg ruhig auf seiner Schulter sitzen. Doch er will in dem aufkommenden Sturm kein Risiko eingehen. Es wäre schade um den kostbaren Vogel.

Mittlerweile ist es schon fast ganz finster, denn der Sandsturm ist so stark, dass er das Licht der Sonne verdunkelt. Er vertraut seinem Pferd, es findet den Weg nach Hause sicher. Sie kämpfen gegen den Wind. Er zieht auch noch die Sehschlitze des Turbans zu, ist von Kopf bis Fuß verhüllt, zieht sich in sich zurück. Es gibt viele Arten, nach Hause zu kommen, denkt er. Schon als kleines Kind hat ihm sein Vater Lehrer zur Verfügung gestellt, die ihm alles beibrachten, was sie über Astrologie, Astronomie, Mathematik und andere Wissenschaften wussten. Sein Lieblingslehrer, ein alter Inder, hatte ihm – so wie er es selbst nannte – die Lehre vom Leben und eine spezielle Meditationsform beigebracht, die er als „Flug zu den Sternen“ bezeichnete. Außerdem sprach er viel von der Liebe zum Leben und zu allem, was lebt. Sie unternahmen ausgedehnte Wanderungen durch die Wüste, alleine zu zweit, begleitet nur von Sand, Sonne, Wind, Mond und Sternen. Sie ernährten sich von dem, was die Wüste ihnen bot, sammelten den Tau und die Feuchtigkeit der Nacht zum Trinken. So wanderten sie als Dualität und doch als Einheit, Zwillingsseelen in Menschengestalt. Der Weise erzählte ihm auch viel über das Wesen des Lebens, den Rhythmus des Lebens von Geburt, Tod, Wiedergeburt, Tod und so fort seit der Ewigkeit bis in die Ewigkeit. Und über die Verbundenheit, die zwischen Zwillingsseelen besteht. Er erklärte ihm auch, dass Zwillingsseelen in vielerlei Gestalt inkarnieren können, also auch in Tiergestalt, und dass alles davon abhängt, was in der Zeit vor der Wiedergeburt zwischen den beteiligten Seelen vereinbart wird. Er sagte, dass es ein großes Glück ist, seiner Zwillingsseele zu begegnen – egal, in welcher Form oder Gestalt sie inkarniert ist. Es ist ein Geschenk der Großen Sonne, das unbedingt genutzt und geschätzt werden muss. Denn Zwillingsseelen, die einander erkennen, entfalten ihr gesamtes

Potenzial und können alles, was sie auch immer erreichen wollen, erreichen. Der Weise erzählte ihm viele Geschichten über Zwillingsseelen und schlussendlich hatte er erkannt, dass der alte Inder, sein Lehrer und Meister, seine Zwillingsseele war.

Mittlerweile ist er in seinem schützenden Zelt angekommen. Der Sandsturm dauert in unverminderter Heftigkeit an. Sein treues Pferd hat ihn nach Hause gebracht, ihn sicher auf seinem Rücken durch das Sandinferno getragen. Er hat den Falken und das Pferd seinen Dienern übergeben und sich in sein Zelt zurückgezogen. Dicke Teppiche liegen einander überlappend am Boden, überall stehen niedrige, geschnitzte Tischchen, überladen mit Kunstgegenständen, die er seit Jahren sammelt. Bunte Seidenkissen locken ihn auf seinen Diwan. Der Diener bringt Tee und die Wasserpfeife. In der Sicherheit seines Zeltes lauscht er auf den Sturm, der es rüttelt und erbeben lässt. Er fühlt sich wohl, geschützt und geborgen. Seine Gedanken wandern zurück zu seinem Meister. Traurig denkt er an dessen Tod und die darauf folgende Einsamkeit. Seit dem sucht er ihn in jedem Lebewesen, denn sie haben vereinbart, dass die Seele des Meisters so schnell wie möglich zu ihm zurückkommen wird. Das Problem dabei ist, die geliebte Zwillingsseele in einer anderen Gestalt zu erkennen.

So sind die Jahre ins Land gezogen. Oft hat er gedacht, seine Zwillingsseele entdeckt zu haben – aber dann war sie es doch nicht.

Sein Vater drängt ihn seit Jahren, zu heiraten und einen Nachfolger für das kleine Oasenreich in die Welt zu setzen. Also hat er sich auf die Suche nach einer Frau gemacht, aber er begehrte keine so sehr, liebte keine so sehr, dass er ernsthaft erwogen hätte, zu heiraten. Außerdem ist er sich sicher, dass seine Zwillingsseele in keiner dieser Frauen inkarniert ist. Er will nur mit seiner Zwillingsseele leben, alles andere interessiert ihn nicht. Also muss die Suche weitergehen – unermüdlich bis ans Ziel.

Die Tage verstreichen ruhig im Oasenleben, unter den Palmen, am Hauptplatz beim größten Brunnen. Der Mond zieht seine Bahnen wie die Sonne, das Leben fließt.

Plötzlich zerreißt die Stille, plötzlich zeigen sich Stromschnellen und Untiefen im Fluss des Lebens.

Eine Handvoll Menschen, halb verhungert und verdurstet, mit zerfetzten Kleidern und mit von der unbarmherzigen Sonne verbrannter Haut, rettet sich mit letzter Kraft in die Sicherheit der Oase. Sie sind die Überlebenden eines Angriffs auf die Karawane, mit der sie durch die Wüste gereist sind. Sie wurden bei Nacht überfallen und ausgeraubt. Die Räuber haben alles mitgenommen – die Handelsgüter genauso wie die Kamele, die Wasser- und Nahrungsmittelvorräte, die Frauen und Kinder, die als Sklaven verkauft werden. Überlebt haben sie nur, weil die

Räuber sie für tot hielten. Mühsam und eher zufällig als einem bestimmten Weg folgend erreichten sie die Oase. Sie erzählen, dass die Räuber Angehörige des Stammes sind, dem die benachbarte Oase gehört. Die Räuber haben sich beim Beladen der Kamele mit der Beute über den Wasser- und Nahrungsmittelmangel in ihrer Oase beklagt und besprochen, dass weitere Überfälle zum Überleben notwendig sind. In dem Zusammenhang war auch der Name der Oase, in die sie sich gerettet haben, gefallen.

Nun herrscht emsige Betriebsamkeit. Die Wachen werden verstärkt, die Männer bewaffnet, Wertgegenstände und Gold in der Wüste versteckt und vergraben.

Alles wartet auf den Angriff.

In der Nacht umkreisen bewaffnete Reitergruppen die Oase, um, wenn möglich, den Angriff schon vorher zu stoppen. Unsere Zwillingsseele meldet sich zu den Nachtpatrouillen. Nächtelang ziehen sie ihre Kreise um die Oase – und nichts passiert. Das haben sie erwartet, denn sie sind sicher, dass der Angriff erfolgen wird, wenn es am dunkelsten ist – also bei Neumond.

Die Sonne schickt die ersten Strahlen über die Oase, durchdringt die dichten Rauchschwaden aber nicht.

Was ist geschehen?

Der Überfall hat wie erwartet bei Neumond stattgefunden, aber die Zahl der Angreifer war größer als erwartet. Sie haben die Oase einfach überrollt, geplündert und alles, was sie nicht brauchen oder mitnehmen konnten, in Brand gesteckt.

Langsam und vorsichtig kehren die Menschen in die Oase zurück und betrachten mit Entsetzen die schwelenden und rauchenden Trümmer. Viele konnten sich im Schutz der Dunkelheit in die Wüste retten und sich verstecken. Wem das nicht gelang, ist entweder tot oder wurde verschleppt, um als Sklave an den Handelsstraßen und in den großen Orten verkauft zu werden.

Die Menschen beklagen ihre Toten und beginnen mit dem Wiederaufbau.

Maktub.[6]

Das Leben fließt.

Unsere Zwillingsseele war bei der Gruppe der Nachtpatrouille, die die Räuber entdeckt und das große Feuer, das als Warnsignal mit den Wächtern in der Oase vereinbart war, entzündet hat. Die Angreifer wollten das Feuer löschen, damit ihnen der Überraschungseffekt des Angriffs aus vollkommener Dunkelheit erhalten bleibt. Sie wussten jetzt auch, dass sie verraten worden waren.

Unsere Zwillingsseele hat sich mit den anderen dem Feind entgegengestellt. Dadurch, dass das Feuer hell loderte, boten sie für die Speere der Angreifer ein her-

---

6 ‚Maktub' ist ein arabisches Wort und bedeutet so viel wie „es steht geschrieben."

vorragendes Ziel. Einer der Speere kam direkt auf unsere Zwillingsseele zugeflogen. Sein Pferd bemerkte dies, stieg auf der Hinterhand und warf so den Reiter ab. Der Speer durchbrach die Rippen des Pferdes und spaltete sein Herz. Das war sein letzter Liebesdienst für seinen Herren gewesen.

Unsere Zwillingsseele ist fassungslos darüber, dass sein Pferd für ihn sein Leben gegeben hat. Er streichelt es am Hals, bedankt sich bei ihm, sieht ihm ein letztes Mal in die Augen ...

... und erkennt in ihm seine Zwillingsseele! Sie war die letzten Jahre bei ihm gewesen, inkarniert im Körper seines treuen, braven und intelligenten Pferdes. Obwohl er sich so sehr bemüht hat, sie zu erkennen, überall und in jedem Wesen nach ihr gesucht hat, hat er sie nicht erkannt. Jetzt ist ihm auch klar, warum das Pferd sein Leben für ihn gegeben hat.

Zwillingsseelen tun so etwas.

Die beiden Seelen verschmelzen miteinander – so wie Zwillingsseelen es immer im Augenblick des Erkennens tun.

Er freut sich, dass er seine Zwillingsseele gefunden hat, ist aber gleichzeitig traurig, dass er sie im Moment der Entdeckung gleich wieder verliert. Hin und her gerissen zwischen seinen Gefühlen bemerkt er nicht, dass sich einer der Angreifer von hinten nähert und einen Speer schleudert.

Der Speer durchbricht seine Rippen und die Speerspitze durchbohrt sein Herz.

Tot fällt er vornüber, bricht über seinem Pferd zusammen.

So lehnen sie aneinander, Mann und Pferd im Tode vereint, die Seelen verschmolzen auf dem Weg nach Hause.

Die Zwischenzeit

Unsere Zwillingsseelen sind wieder zu Hause bei der Großen Sonne.

Und sie freuen sich. Der Plan, dass einer von ihnen in der Gestalt eines Tieres inkarniert, war genial gewesen. Sie sind nur ein bisschen enttäuscht darüber, dass einer so lange gebraucht hat, seine Zwillingsseele zu erkennen. Es hätte schneller gehen können und sie hätten in dem Leben viel mehr lernen und erleben können.

Aber jedes Leben ist ein Lernprozess, einer von den vielen, die sich aneinander reihen wie Perlen auf einer Schnur. Und aus jedem Leben geht die jeweilige Seele um viele Erfahrungen und Erkenntnisse bereichert hervor. Aus diesen Erfahrungen und Erkenntnissen kommt die Weisheit. Weisheit entsteht, wenn aus Erfahrungen und Erkenntnissen die richtigen Schlüsse gezogen werden. Alles andere ist Wissen.

Wissen und Weisheit ergänzen einander und bieten so die optimalen Voraussetzungen für Wachstum.

Unsere Zwillingsseelen haben viel gelernt im vergangenen Leben und planen eifrig das nächste. So viele Möglichkeiten stehen ihnen offen! Es gibt so viele

Chancen, so viele Orte auf der Erde, auf denen zu leben es sich lohnt. Es geht jetzt darum, das optimale nächste Leben zu finden, die Chancen zu maximieren. Jedes Leben muss so gestaltet sein, dass – egal, welche Eventualitäten eintreten – das größtmögliche Lernen möglich ist. Daher gibt es für jedes Leben viele Pläne, die alle zum selben Ziel führen: Zum Erlangen von Weisheit, Reife, Stärke und der Inbesitznahme der eigenen Göttlichkeit auf der menschlichen Ebene.

Und so beschließen unsere Zwillingsseelen in Abstimmung mit der Großen Sonne und ihren Seelengefährten einen Plan für das nächste Leben.

Voller Freude und Erwartung schweben sie im Universum und warten auf den richtigen Zeitpunkt, denn alles muss im rechten Augenblick geschehen.

Um 1916

Die Lawine donnert ins Tal, den Gletscher hinab, sodass der ganze Berg erbebt und das Krachen als Echo die Luft erfüllt. Die Soldaten kauern in den Eishöhlen, die sie sich in den Gletscher geschlagen haben, um dort zu wohnen und zu leben, oder eher zu vegetieren, gefangen in Schnee und Eis, der Kälte und der Willkür der Kriegstreiber ausgeliefert. Noch eine Lawine rast über sie hinweg, Tonnen von Schnee rutschen die Luft mit Schneestaub erfüllend abwärts. Die Soldaten haben Angst, dass die Eisdecke bricht – das wäre der sichere Tod, dann wären sie im Eis begraben.

Es ist wieder einmal Krieg auf der Erde, eine Handvoll Menschen hat beschlossen, gegeneinander Krieg zu führen. Und während sie selbst gemütlich im Warmen sitzen, keine Not und keinen Hunger leiden, verschieben sie ihre Truppen wie Figuren auf einem Schachbrett, geben ihre Soldaten Not, Hunger, Elend und Krankheit preis und, schicken sie in den Tod.

Das ist das, was die Menschen Politik nennen, Diplomatie. Nur dazu da, die eigenen Zwecke zu verfolgen, die eigene Macht zu demonstrieren – auf Kosten anderer, die dafür ihr Leben geben müssen. Das ist die Politik der dunklen Seite, ohne Liebe, ohne Licht.

Eine unserer Zwillingsseelen lebt zu dieser Zeit auf der Marmolada, einem Gletscher in den Dolomiten. Allerdings nicht im Gletscher, sondern in einer Höhle in der Nähe des Gipfels. Er hasst diesen Krieg und er hasst es, mitmachen zu müssen. Er denkt mit Trauer zurück an seine Kindheit, die er wohl und geborgen im Schloss seiner Eltern verbracht hat, und an die Zeit als Mitglied eines Regiments der Husaren in Ungarn. Es war ein schönes Leben gewesen. Er hat genug Geld gehabt, um sich die Freuden des Lebens leisten zu können: Spiel, Frauen, Essen, Trinken, Pferde – ein leichtes, flottes Leben eben, ohne Sorgen und ohne Krieg. Geheiratet hat er nicht, denn er hat niemals das Bedürfnis verspürt und auch keine Frau so sehr geliebt oder begehrt. So ist er ledig geblieben und hat die Freuden des Lebens genossen, alles ausprobiert, was das Leben zu bieten hat. Nichts, wirklich gar nichts, hat er ausgelassen.

Dann kam die Mobilmachung und die gefürchtete Kriegserklärung. Das von den Menschen selbst erwählte Schicksal nahm wieder einmal seinen Lauf.

Zu seinem Entsetzen erhielt er seine Einberufung an die Front, auf einen Berg namens Marmolada, der ihm nichts sagte, nichts bedeutete, von dem er nicht einmal wusste, dass es ihn gibt und der nun sein Schicksal werden sollte.

Schon die Anreise war eine Katastrophe, die fast in den Tod geführt hätte. Ein kleines Flugzeug brachte ihn zum Flughafen Doblach; es war Winter, der Nebel dicht und sie hatten sich verirrt. Der Nebel war so dick, dass die Sicht im besten Fall hundert Meter betrug. Einerseits war das ein Glück, denn der Feind konnte sie nicht sehen, andererseits wussten sie aber auch nicht genau, wo sie sich befanden, und daher war es durchaus möglich, dass sie die Frontlinie überflogen hatten und gezwungen sein würden, beim Feind zu landen. Außerdem waren die Berge sehr hoch, und wenn sie plötzlich aus dem Nebel auftauchen, bestand keine Möglichkeit mehr, ihnen auszuweichen. Das Flugzeug wäre am Berg zerschellt, explodiert und das wäre es gewesen. Mit Schaudern erinnert er sich an diese bangen Stunden zurück.

Sie waren zu dritt in dem Flugzeug – der Pilot, unsere Zwillingsseele und ein dritter Mann. Der dritte Mann berührte unsere Zwillingsseele tief, rührte etwas in seinem Inneren auf, brachte eine Saite in ihm zum Klingen. Er hatte das Gefühl, diesen Mann zu kennen, kramte in seinem Gedächtnis, erinnerte sich aber an nichts. Fragen wollte er ihn auch nicht, denn der Mann war sehr reserviert und extrem höflich. Das kam daher, dass der dritte Mann nach der militärischen Rangordnung unter ihm stand. Der Mann faszinierte unsere Zwillingsseele, er fühlte sich zu ihm hingezogen. Er beobachtete ihn, konnte aber nicht viel von ihm sehen. Es war sehr kalt in dem Flugzeug und so waren sie alle in Schals, die sie über den Mund bis zur Nase hochgezogen hatten, gewickelt. Sie trugen Fliegerhauben, dicke Handschuhe und lange Mäntel.

Der dritte Mann half dem Piloten bei der Navigation. Er hatte eine große Landkarte auf seinem Schoß ausgebreitet und versuchte, festzustellen, wo sie sich befanden. Ein aussichtsloses Unternehmen bei diesem Nebel.

Unsere Zwillingsseele überließ die beiden Männer ihrer Aufgabe und zog sich in sich selbst zurück. Es war ihm eigentlich egal, wo sie landen würden. Er hatte für diesen Krieg nichts übrig, wollte mit ihm nichts zu tun haben. Das Schlimmste war, dass es nicht so aussah, als würde er bald ein Ende nehmen. Die Menschen waren euphorisch gewesen, begeistert und nur wenige hatten ihre warnende Stimme erhoben. Niemand hatte ihnen zugehört, ihre Warnungen hören wollen. Und so nahm der sinnlose Krieg seinen Verlauf.

Und er musste mitmachen, ob er wollte oder nicht. Er hatte einen Eid geschworen. Jetzt fragte er sich, warum er das getan hatte. Er musste verrückt gewesen sein, einen Eid auf jemanden zu schwören, den er nicht einmal kennt und der ihm völlig egal ist, einen Eid auf jemanden zu schwören, der auch ihn nicht kennt und dem auch er sicherlich völlig gleichgültig ist.

Er verstand sich und die Welt nicht mehr. Was war in die Menschen gefahren, dass sie solche sinnlosen Aktivitäten wie zum Beispiel Krieg führten und alles daran setzten, andere Menschen zu vernichten und zu töten?

Unsere Zwillingsseele bemerkte, dass es mittlerweile dämmerte. Dämmerung und Nebel – wie sollten sie da noch jemals den richtigen Flughafen finden?

Er hasste diesen Krieg.

Plötzlich riss der Nebel auf und gewährte ihnen einen kurzen Blick auf die Landschaft. Das genügte dem dritten Mann, sich zu orientieren, ihre Position festzustellen und die Route zum Flughafen festzulegen. Auf die Frage unserer Zwillingsseele, wieso er sich hier so gut auskenne, antwortete er, dass er in einem Ort in den Dolomiten geboren wurde und hier seine Kindheit und seine Jugend verbracht hat.

Diese Stimme berührte unsere Zwillingsseele zutiefst! Und wieder begann eine Saite in ihm zu schwingen, gab einen leisen, wunderbaren Ton von sich. Seine innere Stimme drängte ihn, etwas wahrzunehmen, zu sehen, zu erkennen, aber er brachte sie zum Schweigen. Seine innere Stimme hatte ihn dazu gebracht, sich beim Militär zu melden. Und deshalb ist er jetzt in dieser Situation. Er will mit seiner inneren Stimme nichts mehr zu tun haben, denn er ist der Meinung, dass sie ihn ins Unglück gestürzt hat. Wäre er ihr doch bloß nicht gefolgt.

Mit knapper Not landeten sie am richtigen Flughafen, ohne vorher die Frontlinie überflogen zu haben, auf gut Glück abgeschossen zu werden oder an einem Berg zu zerschellen. Die wachhabenden Soldaten liefen herbei und schoben das Flugzeug in einen gut getarnten Hangar am Waldrand. Für diese Nacht war er in Sicherheit.

In den nächsten Tagen marschierten sie, unsere Zwillingsseele und ein für ihn abgestellter Führer, zu Fuß durch die Dolomiten, dem Berg namens Marmolada entgegen. Immer entlang der Front, niemals wissend, wann ein Angriff der Gegenseite erfolgt, niemals wissend, ob sie am nächsten Tag noch am Leben sein werden.

Während sie so marschierten, dachte unsere Zwillingsseele an den dritten Mann im Flugzeug. Gleich nach der Landung hatte er sich verabschiedet – zackig und militärisch – und sich in sein Quartier zurückgezogen. Dann hatte er ihn nicht mehr gesehen. Der Mann folgte offenbar seinen eigenen Befehlen – so wie er auch.

Zähneknirschend und unwillig, aber es blieb ihm nichts anderes übrig. Als Deserteur hingerichtet zu werden, war auch nicht gerade sein Lebensziel.

Trotz der ungemütlichen Umstände im Flugzeug hatte sich unsere Zwillingsseele in der Nähe dieses Mannes sehr wohl gefühlt, seine Nähe genossen und es gefiel ihm, an diesen Mann zu denken, denn er fühlte eine tiefe Freude, ein gewisses Glück. Und diese Gefühle brauchte er auch dringend, denn er war erschüttert über die Not und das Elend, in dem die Soldaten lebten, die hungrig und frierend ihren Dienst für das Vaterland versahen. Die Truppen waren demoralisiert– kein Wunder bei allem, was sie durchleiden mussten.

Wiederum bei Nacht und Nebel erreichte er sein Quartier auf der Marmolada. Der Aufstieg über den Gletscher war nicht nur äußerst mühevoll, sondern auch gefährlich, denn sie waren die perfekte Zielscheibe für den Kriegsgegner. Hin und wieder riss der Nebel auf und der volle Mond tauchte die Landschaft in ein überirdisches Licht. Unter besseren Umständen wäre er wohl stehen geblieben, fasziniert von der Magie des Lichts, überwältigt von der Schönheit der Landschaft. Aber so sah er nur die Eiswüste, die er als Endstation in diesem Leben betrachtete. Ein Teil von ihm fragte sich, wie er hier jemals wieder lebendig wegkommen sollte, ein anderer Teil von ihm war ruhig und gelassen, sagte ihm, dass alles in Ordnung sei, alles den richtigen Weg gehe. Er war hin und her gerissen zwischen diesen beiden Teilen seines Selbst, von denen jeder um die Herrschaft über seinen Geist kämpfte. Während dessen kletterte er das Eisfeld hinauf, drei Schritte vor und manchmal zwei zurück, manchmal aufrecht, dann wieder auf allen Vieren. Sein Herz raste wie seine Gedanken – wohin wird das alles führen?

Nun sitzt er in seinem Quartier – eine in den Berg gehauene kleine Höhle, ausgestattet mit einem wackligen Tisch, einem Sessel, ein paar Kerzen, einem Feldbett und einem Ofen, der kaum Wärme, dafür aber um so mehr Rauch und Ruß spendet. Er ist aber immer noch besser dran als die Soldaten, die im Gletscher ihre Unterkünfte haben. Er ist entsetzt und wütend und fragt sich, wie Menschen sehenden Auges andere in eine so erbärmliche Situation bringen können. Er fragt sich, wie man so gleichgültig und ignorant sein kann, so kalt und herzlos.

Er wartet auf seinen neuen Adjutanten. Dessen Vorgänger hat seinen längst verdienten Fronturlaub angetreten, ist aber auf dem Weg den Gletscher hinunter von einer Lawine erfasst und in die Tiefe gerissen worden. Nach langer Suche fanden sie seine zerschmetterte Leiche in einer Gletscherspalte. Er hat dessen Frau einen Brief geschrieben, was ihm sehr schwer gefallen ist, denn wie soll man einen so sinnlosen Tod erklären, die richtigen Worte für diesen Wahnsinn finden?

Er denkt zurück an die schöne Zeit in Ungarn, als er noch jung und frei war, das Leben genossen hat, als das Leben noch lebenswert gewesen war. Der Tod des Adjutanten hat ihn aber auch in eine tiefe Trauer gestürzt. Sie waren hier oben in dem Elend Freunde geworden, hatten lange Gespräche geführt. Beide waren sie gebildet und belesen, Kunst, Kultur und Literatur haben ihnen das Leben in der Eiswüste leichter gemacht. Unsere Zwillingsseele hat die Anwesenheit des Adjutanten als große Erleichterung empfunden, denn sie teilten auch den Hass auf diesen sinnlosen Krieg, den Hass auf die Menschen, die diesen Krieg wollen und fördern. Miteinander waren sie oft durch den Gletscher auf die andere Seite des Berges gegangen, um das Munitionsdepot und die Lebensmittelvorräte zu inspizieren. Wie immer war alles knapp, der Nachschub ein Problem. Nicht nur, dass die Soldaten im Gletscher froren, nein, sie mussten auch noch hungern. Und was an Lebensmitteln vorhanden ist, ist von schlechter Qualität. Die Soldaten sind ausgemergelt und schwach. Wer krank ist, dem kann kaum geholfen werden. Er muss die Krankheit aus eigener Kraft besiegen, was den wenigsten unter diesen Bedingungen gelingt. Außerdem gibt es kaum Medikamente; abgefrorene Körperteile werden bei vollem Bewusstsein amputiert – ohne Narkose, ohne schmerzstillende Mittel.

Es ist ein Albtraum.

Ein Wahnsinn.

Aber all das kümmert die Kriegstreiber nicht. Sie sitzen bequem zu Hause und haben keine Ahnung, was sich wirklich abspielt. Natürlich schicken sie Berichte an die zuständigen Stellen, haben aber den Eindruck, dass niemand sie liest, dass sich niemand dafür interessiert oder gewillt ist, etwas für die Verbesserung der Situation zu tun.

All das ist durch die Freundschaft mit seinem Adjutanten leichter zu ertragen gewesen. Und jetzt ist er tot. Und er sitzt alleine auf dem Berg in Eis und Schnee, ohne Freundschaft, ohne Unterstützung, ohne Hilfe.

Er hat schon einmal einen Freund verloren damals in Ungarn. Sie waren unzertrennlich gewesen, haben sich das Quartier geteilt. Sein Freund war lebenslustig, fröhlich und unbekümmert gewesen. Und immer hinter den Frauen her, wobei es ihm egal war, ob sie verheiratet waren oder nicht, ob sie sich in ihn verliebten oder nicht. Er benutzte sie einfach, so lange es ihm Freude bereitete. Das war der einzige Charakterzug, der ihn an seinem Freund störte. Immer wieder warnte er ihn, denn er war überzeugt, dass er eines Tages die Rechnung für sein rücksichtsloses Verhalten den Frauen gegenüber würde bezahlen müssen.

Eines Tages ritt er zu einem kleinen Wäldchen, wo sie einander treffen wollten, um einen Ausflug über das Wochenende zu machen. Es war ein heißer Sommertag, der Himmel blau und wolkenlos. Unsere Zwillingsseele wartete in dem Wäldchen, und da sich sein Freund offenbar verspäten würde, saß er ab und setzte sich in den Schatten unter einem Baum.

Die Sonne stand hoch am Himmel. Er beobachtete ihren Verlauf an den wandernden Schatten, die die Blätter der Bäume auf den sandigen Boden warfen. Sonne und Hitze machten ihn müde und er döste vor sich hin. Er wusste, dass sein Freund von einem heimlichen Treffen mit der schönen Frau eines Bauern kommen würde. Diese Treffen waren gefährlich, denn der Mann der Geliebten war sehr eifersüchtig. Aber gerade diese Gefahr reizte seinen Freund so sehr.

Plötzlich schreckte er aus dem Schlaf hoch – er sah auf die Schatten, die die Bäume warfen, und stellte fest, dass mindestens zwei Stunden vergangen sein mussten. Er hörte den Hufschlag eines galoppierenden Pferdes, das auf das Wäldchen zusteuerte. Endlich kam er! Er trat aus dem Schatten des Baumes, um seinem Freund zu winken. Er sah ihn herbei galoppieren und hob die Hand, sein Freund rief ihm einen Gruß zu und lachte fröhlich.

Dann fielen die Schüsse.

Einer, zwei, drei.

Er sah seinen Freund vom Pferd fallen. Das Pferd stieg erschrocken auf die Hinterhand und raste davon. Sein Freund lag mit dem Gesicht im Staub, auf seinem Rücken breitete sich ein großer Blutfleck aus.

Als unsere Zwillingsseele zu ihm gelaufen kam, war er bereits tot. Dreimal in den Rücken getroffen, hinterhältig ermordet, aus dem Hinterhalt erschossen.

Er drehte seinen Freund um, schloss ihm die Augen und verrichtete ein Gebet.

So also ging ein Leben plötzlich zu Ende, unerwartet und endgültig.

Das Pferd seines Freundes hatte sich in der Zwischenzeit beruhigt und war zurückgekommen. Er hob ihn in den Sattel, band ihn fest und ritt mit dem Pferd am Zügel langsam in die Kaserne zurück.

Und jetzt hat er wieder einen Freund verloren. Noch dazu an der Front. An einem Ort, an dem er niemals hätte sein wollen, zumindest nicht aus freien Stücken. An einem Ort, der so grässlich ist, dass es seine schlimmsten Albträume übertrifft.

Der wachhabende Soldat reißt ihn aus seinen Gedanken, lässt die Vergangenheit in der Gegenwart versinken, indem er ihm die Ankunft des neuen Adjutanten meldet.

Er sieht einen jungen Mann, schön, strahlend. Er fühlt sich sofort zu ihm hingezogen, will ihn am liebsten umarmen, will ganz in seiner Nähe sein. Er ist fasziniert von der Schönheit des Mannes, von den feinen Gesichtszügen, dem schlanken, hoch gewachsenen Körper.

Er sieht ihn und fühlt in diesem Moment diese tiefe, innigliche Liebe. Er ist fasziniert von ihm, von seiner Schönheit. Er ist sprachlos, hingerissen, die Welt um ihn herum versinkt.

Er liebt ihn vom ersten Moment an, begehrt ihn und spürt eine tiefe Sehnsucht, ihn zu berühren, zu streicheln, ihn in die Arme zu nehmen.

Und diese Augen ...

er kennt diese Augen, erinnert sich an sie...

etwas berührt ihn ganz tief in seinem Inneren, bringt eine Saite zum Schwingen...

sein Herz schlägt heftig...

Und er sieht das Muttermal links oberhalb des Mundwinkels. Dieses Muttermal erinnert ihn an etwas, das er aber nicht zu fassen bekommt. Eine Erinnerung, die ihm immer wieder entgleitet, aber dennoch unglaublich stark ist. Der Anblick des Muttermals erfüllt ihn mit Zärtlichkeit, aber gleichzeitig auch mit Trauer, dem Gefühl des Verlustes. Er ist den Tränen nahe, hätte am liebsten geweint.

Und er erinnert sich.

Erinnert sich, dass er die Seele, die da in Menschengestalt vor ihm steht schon seit ewigen Zeiten kennt.

Die beiden Auren verschmelzen miteinander zur Einheit, das Feuerwerk der Liebe sprüht Funken in ihr.

Der Adjutant blickt seinem Vorgesetzten in die Augen – und auch er erinnert sich an längst vergangene Zeiten, die sie miteinander verbracht haben.

Es ist Liebe auf den ersten Blick, diese tiefe, innigliche Liebe, die sich laut und deutlich meldet, wenn Zwillingsseelen in Menschengestalt einander wieder treffen, um fortan gemeinsam den Weg des Lebens zu gehen, das Spiel zu spielen.

Die Wache tritt ab und sie sind allein.

Eine Weile stehen sie einander gegenüber, wortlos, sprachlos. Es bedarf auch keiner Worte – es ist auch so alles klar.

Ihre Seelen haben sie wieder zusammengeführt, Gottes Großem Plan folgend.

Und so geschieht das Wunder der Liebe inmitten von Eis und Kälte, Krieg und Tod.

Der Adjutant fasst sich als Erster, bricht das Schweigen und meldet sich – zackig und militärisch – zum Dienst.

Diese Stimme!

Wo hat der diese Stimme schon mal gehört?

Er kennt diesen Mann – aber woher?

Er hört die Stimme sagen, dass sie einander kennen. Sie sind gemeinsam in dem Flugzeug gewesen. Und da erkennt er die Stimme als die des dritten Mannes im Flugzeug wieder, der trotz des Nebels den Flughafen in Doblach gefunden und sie in Sicherheit gebracht hat.

Jetzt ist ihm klar, warum er sich damals schon so zu ihm hingezogen gefühlt hat! Warum er von ihm so fasziniert gewesen war, warum sich seine innere Stimme gemeldet hatte, warum er so tief berührt gewesen war, warum der dritte Mann eine Saite in ihm zum Schwingen gebracht hatte.

Vielleicht hätte sich das Wunder der Liebe schon damals im Flugzeug abgespielt, aber sie konnten einander nicht erkennen, denn die dicken Kleidungsstücke hatten ihre Gesichter verhüllt, die Fliegerbrillen ihre Augen verdeckt.

Auch der Adjutant hatte sich im Flugzeug schon intensiv zu ihm hingezogen gefühlt, aber nichts gesagt, denn er wusste ja nicht, dass der andere Mann auch so empfand – und wie hätte er seine Gefühle zum Ausdruck bringen sollen? Noch dazu, wenn es sich um jemanden handelte, der ein Vorgesetzter war?

Der Adjutant konnte den Mann, der mit ihm in dem Flugzeug gewesen ist, ebenfalls nicht vergessen. Dauernd hatte er an ihn gedacht, wollte ihn wieder sehen, seine Stimme hören, in seiner Nähe sein, mit ihm zusammen sein.

Er hatte sich dies so sehr gewünscht.

Und jetzt ist es endlich so weit.

Als er den Befehl erhalten hatte, auf die Marmolada zu gehen, war er nicht gerade erfreut gewesen, denn es gab viele Gerüchte über die schauderhaften Zustände, die an diesem Teil der Front herrschten.

Aber Befehl ist Befehl.

Und so war er ihm gefolgt und zur Marmolada abmarschiert.

Er hatte nicht gewusst, dass er dort seine Zwillingsseele treffen würde, den Mann aus dem Flugzeug, an den er so oft gedacht, nach dem er sich so sehr gesehnt hatte.

Und so sind unsere Zwillingsseelen wieder vereint, sind Gottes Großem Plan gefolgt, indem sie ihren Seelen gefolgt sind. Obwohl sie es nicht wissen. Sie sind ihren Seelen gefolgt und haben sich so gefunden.

Gottes Wege sind wunderbar.

Und es ist wunderbar, dass unsere Zwillingsseelen in Menschengestalt wieder vereint sind.

Sie sind unzertrennlich und verbringen so viel Zeit wie möglich miteinander. In den Nächten schlafen sie zusammengekuschelt auf dem schmalen Feldbett in seiner Höhle. Ihre Liebe zueinander macht ihnen das Leben leichter, lässt sie – zumindest für kurze Zeit – das Grauen des Krieges vergessen.

Sie lieben einander tief und inniglich, bedingungslos und zärtlich.

Sie hassen diesen Krieg und das Leben, das sie zu führen gezwungen sind. Einer ist des anderen Trost; sie helfen einander über diese schlimme Zeit hinweg.

Das Leid und die Not der Soldaten wird jeden Tag schlimmer, das Leben im Eis immer grausamer. Alle sehnen sich nach Frieden, haben Heimweh, wollen nach Hause. Die Soldaten werden krank, haben Frostbeulen, Zehen und Finger frieren ab, sie bekommen Lungenentzündung, Fieber, haben auf Grund der andauernden Strapazen und der mangelhaften Ernährung keine Abwehrkräfte mehr.

Es wird immer schwieriger, den Nachschub auf den Berg zu bringen. Aber für heute ist wieder einmal eine Lieferung angekündigt. Solche Ankündigungen kommen oft, aber meistens folgen ihnen keine Taten und sie warten umsonst auf Munition, Lebensmittel und Medikamente. Manchmal kommt es auch vor, dass die Konvois, die den Nachschub bringen, schon am Weg zu ihnen ausgeplündert werden. Viele Menschen befinden sich in dieser Situation: Leiden Hunger, frieren und stehen vor einem elenden Tod. Jedem ist jedes Mittel recht, um an die lebenswichtigen Güter zu kommen.

Heute ist es offenbar so weit, denn der Funker meldet, dass die ersehnte Lieferung kurz vor Einbruch der Dunkelheit eintreffen wird. Tagsüber ist es nicht möglich, den Nachschub auf den Berg zu transportieren, denn er muss über den Gletscher hinauf getragen werden und der Feind ist nur einen Steinwurf entfernt. Das Risiko, unter Beschuss zu geraten, ist groß. Aber sie brauchen dringend Proviant, Medikamente und Munition und so muss das Risiko eben eingegangen werden.

Unsere Zwillingsseelen beobachten die Menschenschlange, die sich den Berg hinauf windet. Tiefes Mitleid erfasst sie. Die Lastenträger, die Kisten mit den von ihnen so dringend benötigten Dingen bergauf schleppen, sind Kriegsgefangene. Sie sind nur notdürftig bekleidet, jedenfalls nicht ausreichend, um der Eiseskälte zu trotzen. Die Lasten, die sie schleppen, sind viel zu schwer für ihre ausgemergelten Körper, aber dennoch werden sie den Berg von bewaffneten Soldaten hinauf getrieben, die sie vorwärts stoßen und anbrüllen, schneller zu gehen. Manche fallen, rutschen auf dem eisigen Gelände aus. Einige stehen wieder auf, andere bleiben liegen, weil sie nicht mehr können.

Es ist furchtbar, grausam und brutal.

Der Krieg zeigt sein Alltagsgesicht, das Gesicht des Elends und des Todes.

Unsere Zwillingsseelen erinnern sich, dass jemand einmal gesagt hat, dass der Krieg der Vater aller Dinge sei. Sie haben diese Aussage nie verstanden und verabscheuen den Menschen, der das gesagt hat. Dieser Mensch hat offenbar niemals einen Krieg erlebt und falls ja, dann offenbar nur aus der Ferne, von Zuhause aus, beobachtend, aber nicht handelnd und schon gar nicht eingebunden in die Geschehnisse. So wie alle Menschen, die diesen Krieg nicht beenden, sondern ihn weiterlaufen und die Soldaten im Stich lassen.

Vor kurzem ist ein hoher Herr aus dem Kriegsministerium hier gewesen und hat die Front inspiziert. Er ist natürlich nicht auf den Berg gekommen. Wie auch? Viel zu gefährlich für den hohen Herrn. Sie mussten hinunter zu ihm, um ihm Bericht zu erstatten. Sie haben ihm in aller Deutlichkeit und mit Nachdruck die Zustände, das Elend und die Not geschildert, ihm die Wahrheit berichtet, offen und ohne Beschönigung. Der wohlbeleibte hohe Herr aus dem Kriegsministerium hat, in mehrere Schichten Pelz gehüllt, nur genickt und die Hände über dem Bauch verschränkt. Es gibt auf dem ganzen Berg keinen einzigen Soldaten, der wie er ein

Doppelkinn hat, geschweige denn ein Dreifachkinn. Und wer zu Anfang des Krieges eines gehabt hat, ist es jetzt sicherlich los. Ihre Körper haben längst sämtliche Fettreserven aufgebraucht.

Das Gespräch mit dem hohen Herrn aus dem Kriegsministerium hat nichts gebracht. Er sagte nur, dass er den Bericht weiterleiten werde. Und dann lud er sie zum Essen ein. Und so wurden wenigstens unsere Zwillingsseelen nach langer Zeit wieder einmal richtig satt. Aber sie haben – im Gegensatz zu dem hohen Herrn – ein schlechtes Gewissen, denn ihnen ist bekannt, dass die tägliche Ration für die Soldaten am Berg sehr klein und wenig nahrhaft ist und dass sie auch heute hungern. Aber immerhin hat ihnen der hohe Herr aus dem Kriegsministerium diesen Nachschub verschafft. Im Verhältnis zu den Lieferungen, die bisher am Berg angekommen sind, ist diese richtig üppig. Auch warme Kleidung für die Soldaten ist dabei.

Und so vergehen die Tage, das Leben am Berg wird immer schwieriger. Mittlerweile sind schon viele Soldaten krank und siechen dahin. Wieder gibt es keine Medikamente, nichts, was man für sie hätte tun können.

Eines Nachts bekommt der Adjutant hohes Fieber, liegt mit Schüttelfrost in den Armen seines Vorgesetzten, der für seine Zwillingsseele betet, Gott darum bittet, dass sie gesund wird, bei ihm bleiben kann, dass sie nicht sterben wird. Er hat eine unendliche Angst, seine Zwillingsseele zu verlieren, allein zurückzubleiben – so wie er schon so oft in seinem Leben allein zurückgeblieben ist. Verluste ziehen sich wie ein roter Faden durch sein Leben. Er ist verbittert und denkt, dass das Leben ihm immer nur Verluste beschert. Das scheint das Einzige zu sein, worauf er sich verlassen kann, nämlich dass er das, was ihm wichtig ist, sicher verlieren wird.

Er hält den kranken Freund in den Armen, versucht, ihn zu wärmen, versucht, ihn zum Trinken und Essen zu bewegen. Er gibt ihm seine ganze tiefe, innigliche Liebe, hüllt ihn in seine Liebe ein. Manchmal kommt seine Zwillingsseele zu Bewusstsein. Dann schauen sie einander tief in die Augen, sagen einander, dass sie sich lieben. Einer hört die geliebte Stimme des anderen und sie wissen beide, dass es eines der letzten Male ist, die sie miteinander reden. Sein Körper wird immer schwächer, hinfälliger, das glühende Fieber saugt die letzte Kraft aus ihm heraus. Sein Atem geht schwer und rasselnd.

Das Ende kommt.

Der Tod ist da, streckt seine kalten Hände aus.

Einmal noch schauen sie einander in die Augen – tief und voller Liebe. Jeder von ihnen sieht die Seele des anderen, hell leuchtend und strahlend. Sie hören eine Stimme, die ihnen sagt, dass sie einander wieder sehen werden. Bald. An einem wunderbaren, vollkommenen Ort, an dem die Sonne scheint, an einem Ort des Lichtes und der Liebe, an einem Ort, wo sie zu Hause sind, wo sie herkommen.

Ein Lächeln noch, ein schwacher Händedruck.

Die Zwillingsseele ist tot.

Gestorben in den Armen seiner Zwillingsseele, eingehüllt in ihre Liebe.

Sein Geliebter ist tot.

Er fasst es nicht. Will es nicht wahrhaben. Nicht glauben.

Dahin die Hoffnungen. Umsonst alle Gebete. Gott hat sie nicht gehört.

Dahin, gestorben seine Liebe, sein Glück und seine Freude.

Dahin die Sonne seines Lebens, die ihn in der Eiswüste gewärmt hat.

Dahin. Einfach tot. Aus und vorbei. Für immer. Unbegreiflich.

Unsere überlebende Zwillingsseele verliert das Bewusstsein, flüchtet vor den Gefühlen, die ihn ansonsten in den Wahnsinn treiben würden.

Es wird dunkel in ihm, die Welt um ihn herum versinkt.

Unsere Zwillingsseele ist untröstlich, verzweifelt, einsam.

Und voller Hass.

Er hasst Gott für alles, was er ertragen, erleben, durchleben muss. Er hasst das Leben und den Krieg. Er sitzt noch immer am Boden der Höhle, neben dem Feldbett, in dem der tote Körper des Freundes, des Kameraden, seiner geliebten Zwillingsseele liegt.

Und jetzt weint er, lässt seinen Gefühlen freien Lauf. Er will auch tot sein, er will nicht mehr alleine auf dieser Welt bleiben. Seine Zwillingsseele hat ihm das Leben lebenswert gemacht – ja, er ist der einzige Grund gewesen, am Leben zu bleiben. Er hat ihn am Leben gehalten, ihm Liebe und Zärtlichkeit geschenkt, Freude und Glück in der Eishölle.

Und nun ist das alles vorbei.

Er kann sich nicht vorstellen, wie das Leben jetzt weitergehen soll. Soll er hier bleiben oder doch desertieren? Weg von der Front, weg von diesem elenden Krieg.

Aber wohin? Es gibt keinen Ort, wo Frieden und Ruhe, keinen Ort, wo Liebe ist.

Der Körper der Zwillingsseele ist schon kalt, als er ihn loslässt. Seine Zwillingsseele ist in seinen Armen gestorben, er hat ihn festgehalten, bis seine Seele gegangen ist, gestreichelt, liebkost, ihm noch einmal seine ganze Liebe gegeben. Und so ist er eingeschlafen, nach Hause zur Großen Sonne gegangen.

Die Nacht lässt den Berg in der Finsternis versinken und er weint, um seine Zwillingsseele, um ihre Liebe, um ihr Leben. Wiegt noch immer den toten Körper in seinen Armen. Und weint, weint, weint.

Es ist Zeit, den Körper des Geliebten zu beerdigen. Bloß wo? Es muss ein besonderer Platz sein. Und dann fällt es ihm ein.

An Tagen mit schönem Wetter waren sie gern auf dem Gipfel gewesen und haben die grandiose Berglandschaft bewundert. Trotz des Krieges liebt er dieses Stück Erde. Und seine Zwillingsseele wurde hier in der Gegend geboren. Also will er ihn hier auch beerdigen. Er fühlt, dass dies dem Wunsch seiner Zwillingsseele entspricht.

Er schafft die Leiche auf den Gipfel und errichtet um ihn herum eine Pyramide aus Steinen. Irgendwie hat er das Gefühl, dass er das schon einmal getan hat. Er verscheucht den Gedanken.

Auf der Suche nach geeigneten Steinen findet er zwei Adlerfedern. Er nimmt sie und legt sie seiner Zwillingsseele überkreuz auf die Brust, dorthin, wo das Herz ist. Er empfindet die Federn als Symbol für sie beide: Zwei Seelen, deren Wege sich gekreuzt haben; zwei Menschen, deren Wege sich gekreuzt haben; zwei Adlerfedern, die überkreuzt liegen.

Wieder beschleicht ihn das Gefühl, dass er das schon einmal getan hat.

Und wieder verscheucht er den Gedanken.

Bald wird die Pyramide fertig sein. Seine Zwillingsseele hat immer wieder von den Pyramiden gesprochen. Er wäre so gern nach Ägypten gefahren, um sie zu sehen. Sie wollten nach dem Krieg die Reise gemeinsam antreten. Traurig denkt er an diesen Plan. Allein wird er nicht fahren, denn das täte ihm zu sehr weh.

Als er den letzten Stein auf die Pyramide legt, den Stein, der die Spitze bildet, sieht er zwei Adler am Himmel schweben, von den Winden gemeinsam in die Höhe getragen.

Erneut hat er das Gefühl, dass er so eine Szene schon einmal erlebt hat

Und erneut verscheucht er den Gedanken.

Nun hat er sein Werk vollendet. Die Leiche ruht in der Steinpyramide. Er glaubt nicht mehr an Gott, aber dennoch empfiehlt er das Grab Gott und verrichtet ein Gebet.

Dann dreht er sich um und geht.

Die Tage vergehen. Sie fließen oder schleppen sich dahin – je nachdem, was los ist in diesem Krieg an diesem Teil der Front. Alles wird immer schlimmer. Die Versorgungslage, das Elend, die Not, die Krankheiten.

Er hat es satt, er will endlich weg von hier, will sich an diesem Krieg nicht mehr beteiligen.

Dann kommt der Befehl zur Räumung des Berges. Mittlerweile ist der Winter vorbei und es wird schon wieder warm, ja fast sommerlich. Endlich, endlich werden sie hier weg kommen.

Sie marschieren auf den staubigen Straßen, kommen durch zerstörte Dörfer, die Häuser ausgebrannt, zusammengeschossen, menschenleer. Wer konnte, ist geflohen, und wer nicht konnte, ist tot. Hin und wieder treibt sich ein Hund oder eine Katze herum. Sie haben genug zu fressen, sind dick und fett. Es gibt genug Leichen, die niemand beerdigt hat.

Der Abmarsch ist desorganisiert. Wie der ganze Krieg. Wieder einmal fragt er sich, welch Geistes Menschen sind, die so etwas zulassen. Er will nicht mehr mitmachen, es reicht ihm endgültig und so plant er seine Flucht. In dem Chaos wird ihn zunächst niemand vermissen. Und bis ihn jemand sucht, wird schon so viel Zeit vergangen sein, dass er längst über alle Berge ist und sich niemand mehr erinnert, wann er ihn zum letzten Mal bei der Truppe gesehen hat.

Eines Nachts stiehlt er sich von den Kameraden davon. Mit Absicht hat er sich in den letzten Tagen eher abseits gehalten, sich keiner Gruppe angeschlossen. Sie lagern in der Nähe eines zerschossenen Dorfes, weil es dort Wasser gibt. Er schleicht sich davon und sucht in den verlassenen Häusern nach Kleidungsstücken, die ihn wie einen Zivilisten aussehen lassen. Die Häuser sind geplündert und er findet daher nicht viel, aber es reicht zur Not. Und Not ist er gewöhnt. Er vergräbt seine Uniform in einem Stück Erde, das offenbar ein Gemüsebeet gewesen ist, zieht die Zivilkleidung an und marschiert los.

Er darf nicht erwischt werden. Denn dann ist er so gut wie tot. Er ist ein Deserteur und die werden normalerweise erschossen. Also beschließt er, ins Hochgebirge zu gehen und sich dort irgendwo zu verstecken. Eigentlich hat er keine Ahnung, wohin er wirklich gehen und wovon er leben soll. Darüber denkt er aber nicht weiter nach. Wichtig ist nur die Flucht, weg von dem ganzen Wahnsinn.

Er wandert nur nachts und versteckt sich tagsüber in Höhlen. Es ist viel los in den Bergen. Versprengte Gruppen von Soldaten treiben sich herum – auch andere sind auf der Flucht vor dem Krieg. Er muss sehr vorsichtig sein. Weil er auch seine Landkarten vergraben hat, da sie ihn als Soldaten ausgewiesen und verraten hätten, ist er nun auf sein Gedächtnis angewiesen. Aber er hat die Karten so oft studiert, dass er sich mühelos erinnern kann. Er hat sich mittlerweile entschlossen, sich ein Versteck in den Bergen zu suchen, die weit hinter der Frontlinie liegen, und dort in Ruhe abzuwarten und zu überlegen, was er weiter tun soll.

Eines Nachts erspäht er in der Ferne eine Hütte mit beleuchteten Fenstern. Er beschließt, zu bleiben und die Hütte zu beobachten. Er will wissen, wer dort lebt – Freund oder Feind.

Als es Tag wird, sieht er, dass die Hütte auf einer Alm liegt, hoch oben in den Bergen. Er entdeckt ein paar Ziegen, Hühner, einen Esel, ein Pferd und ein paar Kühe, die sich auf der Weide und um die Hütte herum tummeln. Wunderbar! Hier gibt es sogar etwas zu essen, Butter, Käse, Fleisch, Eier – Nahrungsmittel, die er so lange hat entbehren müssen. Aber er ist vorsichtig und gibt seine Deckung nicht auf, beobachtet weiter.

Nach einigen Tagen ist er sich sicher, dass die Hütte nur von einem jungen Mädchen und einer alten Frau bewohnt wird. Sonst ist niemand zu sehen. Er beschließt, sich den beiden zu zeigen. Mit hoch erhobenen Händen geht er auf sie zu. Sie sollen sich nicht fürchten.

Sie fürchten sich aber doch. Die jüngere Frau läuft sofort in die Hütte und kommt mit einem Gewehr, das sie auf ihn richtet, wieder.

Er spricht sie auf Deutsch an, was sie aber nicht verstehen. Also probiert er es auf Italienisch und das klappt! Er erklärt ihnen, wer er ist, dass er auf der Flucht ist und Hilfe braucht, dass er gerne eine Weile bleiben möchte, bevor er seinen Weg fortsetzt. Die beiden Frauen willigen ein. Tagsüber hilft er ihnen beim Holz- und Heumachen und beim Anlegen der Vorräte für den kommenden Winter. So verdient er sich sein Essen. Schlafen darf er nicht in der Hütte, was ihm aber egal ist, denn entweder schläft er im Freien oder in der Höhle, von der aus er sie beobachtet hat.

Die beiden Frauen erzählen ihm, dass sie in einem Ort an der Front gelebt haben und vor den anrückenden Soldaten in die Berge geflohen sind. Die Almhütte gehört schon seit Generationen ihrer Familie und sie haben schon vor Beginn des Krieges – in weiser Voraussicht – alle lebenswichtigen Dinge in die Hütte gebracht. Salz, Zucker, Mehl, Seife, Öl, Medikamente, die Tiere, Kleidung, Decken und so weiter. Einen Teil haben sie auch in gut verborgenen Höhlen versteckt, weil sie Angst vor Plünderern und Überfällen durch Deserteure haben. Als sie dann hörten, dass ihr Dorf in den Krieg hineingezogen wird, haben sie sich auf den Weg zur Hütte gemacht. Und seitdem leben sie hier, weit ab vom Kriegsgeschehen, wohl versorgt. Sie haben wirklich an alles gedacht und können hier noch eine längere Zeit überleben. Die ältere Frau ist die Mutter der anderen. Der Vater ist schon vor dem Krieg gestorben, die Söhne stehen irgendwo an der Front. Sie wissen nichts von ihnen. Aber sie hoffen, dass die Familie einmal wieder vereint sein wird, dass sie zusammen wieder im Tal in ihrem Haus leben werden.

Langsam finden sich die drei Menschen zusammen, werden eine Familie, fassen Vertrauen zueinander. Er fühlt sich geborgen und in Sicherheit – Lebensumstände, an die er sich nicht mehr erinnern kann, schon nicht mehr weiß, wie sie sich anfühlen. Manchmal verlässt er sie, um allein durch die von ihm so geliebten Berge zu wandern. Dann denkt er an seine Zwillingsseele, ist ihr noch näher, denn ihre Gegenwart fühlt er immer. Hoch oben in den Bergen ist dieses Gefühl der Nähe besonders stark. Er fühlt, dass noch immer eine besondere Beziehung oder Verbindung zwischen ihnen besteht. Dieses Gefühl erfüllt ihn mit tiefer Freude und manchmal auch mit Glück und Hoffnung.

Wieder einmal wandert er alleine durch die Berge, genießt ihre mächtige Gegenwart, ihre Schönheit und Magie. Da spürt er einen stechenden Schmerz am rechten Bein. Er sieht zu Boden und entdeckt eine Schlange, die eilig zwischen den

Felsen verschwindet. Dann entdeckt er an seinem Bein den Biss und weiß, dass es nun zu Ende ist. Seine Zeit zu gehen ist gekommen.

Die Schlange hat ihr Gift in seinen Körper gespritzt und er fühlt, wie es sich in ihm verteilt und seine Wirkung tut. Er setzt sich ruhig hin und ist bereit zu sterben. Es ist in Ordnung, dass dieses Leben zu Ende geht. Er wartet auf den Tod.

Ganz intensiv spürt er die Gegenwart seiner Zwillingsseele, deren Liebe und Nähe. Er fühlt sich geborgen und von ihr beschützt. Er hat das Gefühl, dass sie da ist, um ihn abzuholen.

Er hört das Schreien zweier Adler und blickt zum Himmel. Sie schweben über ihm, hoch in den Lüften ziehen sie ihre Kreise. Und er erinnert sich an damals, als er seine Zwillingsseele begraben, die zwei Adlerfedern gefunden und sie ihm auf die Brust gelegt hat. Die Adler sind wieder da. Als Symbol für das Sein und Wesen der Zwillingsseelen.

Und wieder kommt ihm die Situation bekannt vor ...

Er sieht seine Zwillingsseele vor sich stehen. Sie ist gekommen, um ihn abzuholen. Und er geht mit ihr.

29. Mai 1920

Unsere Zwillingsseelen schweben bei der Großen Sonne. Sie sind glücklich, wieder vereint und zu Hause zu sein. Gerade beobachten sie die Vorgänge auf dem Platz in den Bergen, an dem die eine Zwillingsseele an dem Schlangenbiss gestorben ist. Ein Wanderer hat die Leiche entdeckt und überlegt gerade, ob er sie beerdigen und wenn ja, wie er das anstellen soll.

Unsere Zwillingsseelen nehmen mit der Seele des Wanderers Kontakt auf und sagen ihr, sie möge ihm den Gedanken eingeben, dass er eine Pyramide um den toten Körper errichtet.

Und es funktioniert.

Der Wanderer nimmt den Gedanken auf und ist stolz auf seine gute Idee.

Sogleich macht er sich ans Werk. Auf der Suche nach geeigneten Steinen findet er ganz in der Nähe der Leiche zwei Adlerfedern. Er nimmt sie und legt sie gekreuzt auf die Brust des Toten. Der Wanderer überlegt, warum er das tut ... er hat einfach das Bedürfnis, so zu handeln. Er folgt seiner Intuition.

Unsere Zwillingsseelen freuen sich und schicken ihm vom Universum aus Licht und Liebe.

Der Wanderer fühlt dies und auch eine große Freude, die tief aus seinem Inneren kommt. Er denkt, dass er mit diesem Begräbnis etwas Gutes tut. Dann hält er inne, denn er wundert sich sehr über diesen Gedanken und über seine Gefühle. Denn schließlich baut er hier ein Grab. Eigentlich sollte er traurig sein, Mitleid und all die anderen Gefühle empfinden, die üblich sind, wenn jemand von den Lebenden gegangen ist.

Er sieht die Leiche genauer an. Dieser Mann ist gerne von der Welt gegangen. Er sieht das Lächeln in seinem Gesicht, die entspannte Haltung des Körpers. Der Mann ist gern gestorben, er ist zufrieden gewesen, eins mit sich und Gott.

Der Wanderer legt gerade den letzten Stein auf die Pyramide, den Stein, der die Spitze bildet, als er den Ruf zweier Adler hört. Er blickt in den wolkenlosen Himmel und sieht sie genau vor der Sonne kreisen.

Zutiefst berührt verweilt er bei der Pyramide.

Dann spricht er ein stilles Gebet und empfiehlt die Grabstätte Gott.

Dann wendet er sich um und setzt seinen Weg fort.

Juli 1988

Endlich ist es soweit, der Tag der Abreise ist da. Seit Jahren hat sie schon den inneren Drang, der immer mehr zur Sehnsucht geworden ist, nach Südtirol zu fahren, die Dolomiten zu sehen. Im Grunde genommen versteht sie diesen Trieb, der schon fast ein Zwang ist, nicht. Nachdem er sich aber immer mehr verstärkt, hat sie ihm nachgegeben und mit einer Freundin diesen Urlaub geplant. Die beiden Mädchen stopfen ihre Habseligkeiten in den kleinen Golf – und los geht's in die Ferien, in die Freiheit.

Als sie von Doblach aus den ersten Blick auf die mächtigen zerklüfteten Berge werfen, sind sie sprachlos, verzaubert von der Magie und Mystik der Steingiganten. Sie staunen über die Schönheit, parken das Auto bei einem kleinen See, um die Drei Zinnen zu bewundern, deren Macht sie gefangen nimmt. In dem Moment weiß sie, dass sie das Richtige getan hat, dass es wichtig für sie ist, ihrem inneren Zwang nachgegeben zu haben.

In den folgenden Tagen fahren sie kreuz und quer durch die Dolomiten. Gut gelaunt erkunden sie die Berge. Keine von beiden hat sich bisher mit Geschichte beschäftigt. Ihre diesbezüglichen Kenntnisse beschränken sich auf das Schulwissen – und das ist nicht gerade umfangreich. Jetzt allerdings sind sie gezwungen, sich mit dem Ersten Weltkrieg zu befassen, denn auf Schritt und Tritt stoßen sie auf Gedenktafeln für Gefallene, auf Soldatenfriedhöfe, Denkmäler und Mahnmale. Literatur fällt ihnen in die Hände genauso wie Nachdrucke von Frontkarten. Lauter Dinge, die sie berühren. Ihre Freundin allerdings weniger, denn sie fühlt die Trauer nicht, auch nicht die Sehnsucht und diese unbestimmte Erinnerung, die sich zwar zeigen will, aber nicht bis an die Oberfläche ihres Bewusstseins gelangt, der es nicht gelingt, die Schutzschicht des Vergessens zu durchdringen. Sie ist nachdenklich, in sich gekehrt, um diese Gefühle zu ergründen, um Antworten auf die vielen Fragen zu finden.

Eines Abends erzählt ihnen der Hotelier, dass die Schisaison auf der Marmolada begonnen hat. Sie sind begeistert. Schifahren mitten im Sommer? Warum nicht!

Am Gipfel der Marmolada staunen sie über das prachtvolle Panorama. Sie fühlt eine Mischung aus Freude, Glück und Trauer. Einerseits deprimiert sie der Berg, andererseits freut sie sich, hier zu sein. Sie ist verwirrt, kennt sich nicht aus, fragt sich, was das alles zu bedeuten hat: all diese intensiven Gefühle, die sie schon den ganzen Urlaub hindurch gefangen nehmen, die von Orten hervorgerufen werden, an denen sie noch nie gewesen ist.

Und was war mit der Schlange? Diese hysterische Reaktion, die sie nicht versteht. Es hat ihre Freundin wirklich viel Mühe und Überredungskunst gekostet, sie wieder zu beruhigen und zum Weitergehen zu bewegen.

Sie waren im Morgengrauen aufgebrochen, um den Aufstieg zu einem hoch gelegenen Bergsee noch vor der Mittagshitze hinter sich zu bringen. Der Weg führte steil bergauf durch den Wald, der sich immer mehr lichtete und schlussendlich von Latschenwäldern abgelöst wurde. Der Weg war immer schmaler geworden, bis er nur noch ein Pfad war, der sich durch Geröllhalden schlängelte. Sie marschierten hintereinander, schon leicht erschöpft von dem Anstieg und der Hitze. Ihre Freundin wollte eine Pause einlegen und so ließ sie sich auf einen Stein fallen, der gerade die richtige Höhe zum Sitzen hatte. Genau in diesem Moment sah sie die Schlange daneben in der Sonne liegen. Sie lief schreiend weg, kletterte auf den nächsten Baum – den einzigen, der sich auf der Geröllhalde gegen die unwirtliche Natur durchgesetzt hatte – und klammerte sich zitternd an ihn. Ihre Freundin sah die Schlange zwischen den Steinen verschwinden und wollte sie bewegen, vom Baum runterzukommen. Aber sie weigerte sich. Schließlich siegte die Vernunft über die Angst und sie ließ sich vom Baum fallen. Allerdings wollte sie nicht mehr bis zum See weitergehen. Die Angst vor Schlangen war einfach zu groß.

Hier auf der Marmolada fühlt sie sich sicher – im Schnee werden sich wohl kaum Schlangen aufhalten. Mittlerweile haben sie eine Abfahrt hinter sich. Es ist wunderbar! Schifahren in kurzen Ärmel und Jeans, blauer Himmel, Sonnenschein. Sie freut sich – und doch wird sie ihre zwiespältigen Gefühle nicht los. Wo kommt diese Panik vor Schlangen auf einmal her? Was hat sie ausgelöst? Sie hat in diesem Leben noch keine einzige böse Erfahrung mit Schlangen gemacht. Sie kennt Schlangen nur aus dem Zoo, aus Büchern und aus Fernsehdokumentationen.

Auf dem Schlepplift denkt sie an das Erlebnis in den Höhlen. Sie waren talwärts unterwegs gewesen, einen Pfad entlang, der laut Karte im Ersten Weltkrieg die Frontlinie markierte. Er führte sie über Geröllhalden und dann wieder direkt am Berg entlang. Sie entdeckten Höhlen und Gänge, die von Menschenhand in den Berg gehauen worden waren und als Munitionsdepot genauso wie als Unterkunft für die Soldaten gedient hatten. Sie wollte unbedingt in eine solche Höhle gehen –

es war ein Drang, fast ein Zwang. Da sie keine Taschenlampen dabeihatten, versuchten sie, mit den Feuerzeugen ein bisschen Licht in die undurchdringliche Finsternis zu bringen. Sie schauderte, ungute Gefühle überkamen sie. Aber auch so etwas wie Freude und Liebe. Und dann plötzlich überfiel sie wieder die Angst und sie lief weinend hinaus. Sie wollte an die Luft, zum Licht, hatte das Gefühl, in der Höhle zu ersticken. Im Schatten eines Baumes sitzend, dem Plätschern eines Baches lauschend, beruhigte sie sich wieder. Sie erzählte ihrer Freundin, was sie in den letzten Tagen empfunden hatte – aber die wusste auch keinen Rat. Sie meinte aber, dass sich eines Tages alles aufklären werde.

Auf dem Heimweg von der Marmolada sehen sie weit unten im Tal einen Soldatenfriedhof, der von oben betrachtet die Form eines Kreuzes hat. Sie will unbedingt dorthin. Gesagt, getan. Tiefe Trauer überfällt sie. Sie liest die Namen auf den Tafeln, die Namen von Gefallenen. Manche kommen ihr bekannt vor, es fühlt sich an, als würde sie diese Leute kennen. Unmöglich, denkt sie. Ich bin 1966 geboren. Aber das Gefühl des Erkennens lässt sich nicht vertreiben.

Im Auto erinnert sich ihre Freundin daran, dass sie ein Buch über Reinkarnation gelesen hat. Sie ist der Ansicht, dass alle Ereignisse dieses Urlaubs einen Sinn ergeben, wenn man sie unter diesem Gesichtspunkt betrachtet, denn dann sind sie Auslöser von Erinnerungen, die dadurch an die Oberfläche, ins Bewusstsein kommen und alle diese Gefühle hervorrufen. Aber sie glaubt ihrer Freundin nicht, denn sie ist davon überzeugt, dass man nur einmal lebt. Außerdem findet sie ihr Leben im Grunde genommen so grässlich, dass sie der bloße Gedanke, öfter leben zu müssen, mit Abscheu erfüllt. Andererseits fühlt sie tief in ihrem Innern, dass die Freundin Recht haben könnte. Das würde bedeuten, dass sie schon öfter gelebt hat und noch oft leben wird. Der Gedanke ist so entsetzlich für sie, dass sie ihn weit von sich weist. Sie will nicht daran denken. Um keinen Preis.

Schweigend fahren die beiden weiter, jede hängt ihren Gedanken nach. Die Straße führt sie immer weiter den Berg hinauf. Sie nähern sich einem frisch renovierten Bauwerk[7], das fast die Straße absperrt ... und plötzlich fällt sie aus der Zeit, das Bild verzerrt sich, ist nur noch schwarzweiß.

Der Asphalt der Straße verwandelt sich in eine unbefestigte, schlammige Schotterstraße mit tiefen Löchern, in denen teilweise dreckiges Wasser steht. Das Gebäude ist zerschossen, eigentlich nur noch eine rußgeschwärzte Ruine, aus deren Mitte – grotesk anzusehen – ein unbeschädigter Kamin ragt. Eine Kolonne Soldaten schleppt sich müde die Straße entlang. Ihre Uniformen sind zerfetzt oder löchrig, manche gehen barfuß – ein trauriges Bild.

---

[7] Es handelt sich dabei um eine Talsperre, die Kaiser Franz Josef knapp vor dem 1. Weltkrieg hat errichten lassen; es ist eine klassische militärische Talsperre.

Erschrocken bremst sie das Auto auf dem Parkplatz neben dem renovierten Gebäude ab. Das Bild wird wieder bunt, die Straße ist asphaltiert, die Soldaten sind verschwunden. Sie sieht Touristen in Sommerkleidung, die fotografieren und Reiseführer studieren. Was ist jetzt wieder passiert?

Zur gleichen Zeit

Die Mitglieder der Seelenfamilie, die gerade nicht inkarniert sind, jubeln. Sie sind bei der Großen Sonne und bewachen und beschützen die in Menschengestalt lebenden Familienmitglieder, denn das ist ihre Aufgabe. So funktioniert das Zusammenspiel der Seelen, die miteinander aus der Großen Sonne geboren sind.

Ihre Freude ist groß, dass sie endlich ihrer Seele gefolgt und nach Südtirol gefahren ist. Der Zweck der Reise erfüllt sich, denn sie beginnt, sich zu erinnern, in ihrem Innern nachzuforschen, ihre Seele zu suchen. Es war ein hartes Stück Arbeit für sie gewesen, sie dazu zu bringen, auf ihre Seele zu hören, denn ihr Leben und seine Umstände hatten sie rein menschlich werden lassen. Das Urvertrauen in Gott, mit dem jeder Mensch geboren wird, hat sie durch die Erlebnisse ihrer Kindheit und Jugend verloren. Jetzt ist sie erwachsen, geprägt von Erlebnissen und Gefühlen, die so schlimm für sie waren und sind, dass sie nur an den grausamen Gott glaubt und nicht an das Licht und die Liebe. Dass es so etwas wie Licht gibt, weiß sie nicht, und an die Liebe glaubt sie schon gar nicht. Ja, sie sehnt sich schon ihr ganzes Leben lang nach Liebe, sehr stark sogar, aber jede Liebe endete bis jetzt in einer großen Enttäuschung, in seelischen Schmerzen und noch größerer Einsamkeit.

Ihre Seelenfamilie weiß, dass sie den Plan, den sie mit ihrer Zwillingsseele vor der Wiedergeburt geschmiedet hat, völlig vergessen hat. Er ist in den Tiefen ihrer Seele vergraben, unzugänglich durch ihr reines Menschsein ohne jede spirituelle Komponente. Daher ist es so wichtig, dass sie sich endlich zu erinnern beginnt, dass sie sich auf die Suche nach ihrer Seele macht, um glücklich zu werden, das Leben zu führen, das sie verdient, von dem sie bisher nur träumt, das aber Wirklichkeit werden kann – wenn sie es wirklich will.

Der Zwang, nach Südtirol zu fahren, entstammte ihrer Seele, die immer größeren Druck auf sie ausgeübt hat. Und endlich, endlich hatte sie nachgegeben.

Warum gerade Südtirol? Weil ihre Seelenfamilie weiß, dass das der Ort ist, an dem sie sich erinnern wird, denn an das letzte gelebte Leben erinnert man sich immer am leichtesten, weil es am nächsten an der Grenze zum Bewusstsein liegt.

Viele Ereignisse im Leben eines Menschen geschehen nur, damit der Mensch sich an vergangene Leben erinnert; sie sind notwendige Anstöße, die dazu beitragen sollen, die Lebensaufgabe, den Lebenszweck zu finden, der zumeist in früheren Leben begründet liegt. Das Leben ist eben ein Spiel, das immer weitergeht, nie aufhört, alles hängt mit allem zusammen, greift ineinander wie Zahnräder einer Uhr.

Die Erlebnisse in Südtirol sind die „Schubser“, die sie gebraucht hat. Nur: Was wird sie daraus machen? Wird sie die Chancen nutzen und die richtigen Schlüsse ziehen? Elf Jahre hat sie noch Zeit bis zum Wiedersehen mit ihrer Zwillingsseele in Menschengestalt. Wird sie es in dieser Zeit schaffen, sich spirituell so weit zu entwickeln, dass sie sie erkennt? Oder wird sie in ihrem reinen Menschsein verhaftet bleiben, gefangen in der Dunkelheit ihres Seins, in ihrem Unglück und ihren Problemen?

Juni 2000

Sie braucht dringend Urlaub. Ihre Nerven liegen blank – es ist so schwierig, mit ihm auszukommen. Ja, sie liebt ihn – immer mehr. Aber andererseits hasst sie ihn für die Art, wie er sie behandelt. Sie macht ihre Arbeit ohne Fehl und Tadel, bemüht sich, kümmert sich um alles – und von ihm kommt nur harsche Kritik, die zum Teil sogar kränkend, ja beleidigend ist. Manchmal ist es besser, manchmal ist es schlechter. Die Zahl der schlechten Tage überwiegt bei weitem die Zahl der guten Tage. Voriges Jahr hat sie sich so auf ihre neue Arbeit gefreut, war motiviert und enthusiastisch gewesen – aber jetzt? Von diesen positiven Gefühlen ist nichts mehr übrig. Sie überlegt, wohin sie so kurzfristig fahren könnte. Sie braucht Ruhe, Frieden, Natur, am besten Berge. Wie wäre es mit Südtirol? Ja, ich fahre wieder einmal nach Südtirol, denkt sie und erinnert sich an die schöne Zeit, die sie vor vielen Jahren mit ihrer Freundin dort verbracht hat.

In der Ferne sieht sie das Gletschereis der Marmolada in der Sonne funkeln. Das strahlende Weiß hebt sich scharf vom tiefblauen Himmel ab. Dieser Berg zieht sie an, ruft sie wie ein gewaltiger, steinerner Zauberer. Sie versucht, dieses Gefühl zu verdrängen. So ein Schwachsinn, denkt sie, das gibt’s doch gar nicht: Der Berg ruft. Jede Nacht träumt sie von der Marmolada, sieht den Berg in seiner strahlenden Pracht. Die Träume erwecken in ihr Liebe und Sehnsucht, Trauer und das Gefühl von Elend und Not.

Sie steht auf dem Platz vor der Bergstation. Der lockende Ruf des Berges und immer wiederkehrende Träume haben sie hierher gebracht. Sie sieht sich um, ist verwirrt durch den Sturm der Gefühle, der in ihrem Inneren tobt. Der Touristenstrom, der sie aus der Gondel auf den Platz gespült hat, trägt sie weiter in das Museum, das zur Erinnerung an den Ersten Weltkrieg eingerichtet worden ist. Normalerweise meidet sie Museen, trotzdem betritt sie es.

Sie sieht Uniformen, primitive Bergschuhe, Geschirr – wenn man diese Blechnäpfe überhaupt so nennen kann – Löffel, Gabeln, Messer, Bilder der Soldatenunterkünfte im Gletscher, Operationswerkzeuge, die im Lazarett verwendet wurden. Der Anblick einer Knochensäge erfüllt sie mit Entsetzen. Sie starrt sie an, spürt Angst und Grauen, hört Schreie. Schreie? Sie sieht sich um: Menschen betrachten die Ausstellungsstücke, sind ebenfalls ergriffen. Aber keiner schreit.

Sie liest den Text an der Wand neben dem Glaskasten, in dem sich die Operationswerkzeuge befinden. Es gab keine Narkosemittel, keine Medikamente ... mit dieser Knochensäge wurden den Soldaten abgefrorene Körperteile bei vollem Bewusstsein amputiert. Wieder diese Schreie ... fast unmenschlich, qualvoll. Sie flüchtet ins Freie.

In der Bergstation einen Capuccino trinkend studiert sie den Museumsführer. Viele Ausstellungsstücke sind im Laufe der Jahre vom schmelzenden Gletscher freigegeben worden. Sie schaudert. Schreckliches muss sich hier abgespielt haben. Sie betrachtet den gegenüberliegenden Berg und überlegt sich, ob es den italienischen Soldaten besser ergangen ist. Wahrscheinlich nicht. Die „Feinde" haben wohl im selben Elend, in der selben Not gelebt. Und in derselben Angst.

Nachdem sie sich beruhigt hat und auch keine Schreie mehr hört, wagt sie einen Rundgang. Wie in ihren Träumen fühlt sie Liebe und Sehnsucht, aber auch Elend und Not.

Es ist finster. Die Uhr zeigt 1:30 Uhr. Was um Himmels Willen ist mit mir los? Sie geht auf den Balkon. Vollmond. Von tausenden Sternen umgeben steht der runde Mond am fast schwarzen Himmel, dessen Unendlichkeit von den schroffen Konturen der umliegenden Berge begrenzt wird. Die Magie der Berge wird durch das milchig- weiße Mondlicht verstärkt – die Landschaft liegt verzaubert und still da. Die Nacht ist warm, kein Lüftchen regt sich. Sie setzt sich in den Liegestuhl, lässt die Ereignisse des vergangenen Tages Revue passieren ...

Der Rundgang am Gipfel der Marmolada hat sie völlig fertig gemacht – all die unerklärlichen Gefühle, die sie überrollten ... und dazwischen erschien vor ihrem inneren Auge immer wieder das Gesicht ihres Chefs. Sie ist sich ganz sicher, dass es sein Gesicht ist, obwohl es jünger ist und ein wenig anders aussieht. Dennoch ist die Ähnlichkeit unbestreitbar. Und das ist noch nicht alles, was gestern geschehen ist. Auf dem Heimweg von der Marmolada kam sie an der Talsperre vorbei, an der sie Jahre zuvor, als sie mit ihrer Freundin in Südtirol gewesen war, den „Film", die Vision von den marschierenden Soldaten, der rauchenden, qualmenden Ruine und der mit Schlaglöchern übersäten Straße vor ihrem inneren Auge gesehen hatte. All das hat sie gestern an der Stelle wieder gesehen – sie ist wie damals aus der Zeit gefallen.

Nachdenklich starrt sie den Mond an, der langsam verblasst, da sich die Dämmerung ankündigt, sich die ersten Strahlen über die Berge tasten. Goldenes, die

Dunkelheit erhellendes Licht. Das Schlimmste dabei ist diese tiefe, innigliche Liebe zu ihrem Chef. Unerklärlich. Liebe vergeht eigentlich, wenn man so behandelt wird. Aber diese Liebe bleibt, egal, wie er sich aufführt. Unfassbar.

Zwei Tage später steht sie wieder am Platz vor der Bergstation der Marmolada. In den letzten Nächten sind die Träume deutlicher geworden. Aus den Bruchstücken ist ein fast vollständiger Film entstanden; sie setzen sich wie Puzzlestücke zusammen, fügen sich ineinander. Und jetzt ist sie hierher zurückgekehrt, um die fehlenden Teile der Geschichte zu suchen. Sie weiß, dass diese Geschichte wahr ist, dass sie stattgefunden hat, ein Teil ihres Lebens, ein Teil ihrer Vergangenheit ist.

Sie findet eine Stelle, an der der Touristenstrom nicht vorbeischwappt, breitet ihre Decke aus und lehnt sich an einen Felsbrocken. Sie spürt die Sonne in ihrem Gesicht, beobachtet das Aufblitzen der Eiskristalle des Gletschers in deren Licht.

Plötzlich entdeckt sie einen Adler, der sich immer höher in den Himmel schraubt ... Sie erinnert sich, ihre Seele gibt die Erinnerungen frei, lässt sie in ihr Bewusstsein dringen ...

Zur gleichen Zeit

Die bei der Großen Sonne schwebenden Seelengefährten jubeln! Sie hat es geschafft! Sie erinnert sich! Der Schritt in die Vergangenheit ebnet den Weg in die Zukunft.

Er denkt an sie, vermisst sie. Ihr Urlaub geht bald zu Ende. Dann ist sie endlich wieder bei ihm oder zumindest in seiner Nähe.

Er liebt sie.

Und er weiß, dass sie ihn liebt.

Es macht ihn traurig, dass er ihr seine Liebe nicht zeigen kann. Das ist der Grund, warum er sich ihr gegenüber so schroff benimmt. Er weiß, dass er ihr weh tut – aber er kann nicht anders. Es fällt ihm so schwer, seine Gefühle zu zeigen. Er ist so oft verletzt worden, so tief verwundet. Er kann es einfach nicht. Liebe zu zeigen, ist für ihn ein Ding der Unmöglichkeit.

Er leidet. Aber er kann nicht anders.

Er behauptet von sich selbst, ein Realist zu sein. „Ist halt so, kann man nichts machen", ist sein Standardsatz, sein Lebensprinzip, das ihn sein Leben hat ertragen lassen.

Mit diesem Gedanken wendet er sich wieder seiner Arbeit zu.

August 2001

Jetzt hat sie keine Schmerzen mehr. Sie liegt im Krankenhaus und wartet auf die Notoperation. Die Ärzte haben ihr gesagt, dass es nicht gut aussieht und dass sie viel Glück braucht, um zu überleben. Es ist ihr egal. Sie hat sowieso keine Lust mehr zu leben. Das Leben ist eine Qual für sie – der Alltag, die Einsamkeit, die Traurigkeit, die sie andauernd empfindet, die Depression, die sie in die Dunkelheit drückt, haben sie zermürbt, ihr den Lebensmut und den Lebenswillen genommen. Sie sieht keinen Ausweg aus ihrer Situation, sieht eine Zukunft vor sich, die so ist wie die Vergangenheit – öd, grau, trüb und leer. Sie will nicht mehr.

Langsam driftet sie in eine andere Welt, eine andere Dimension. Dort ist alles hell und freundlich, voller Liebe. Sie fühlt sich dort von Liebe umfangen, geliebt, angenommen. Ein herrlicher Ort. Sie sieht das Gesicht eines alten Mannes mit langem weißem Haar. Er ist alt, aber doch zeitlos. Sie fühlt, dass der Mann sie liebt. Sie fühlt, dass dieser Ort ihr wahres Zuhause ist. Sie fühlt sich leicht, schwerelos, schwebend. Sie hat keinen Körper mehr; der ist auf der Erde zurückgeblieben. Sie ist das, was sie immer ist und immer sein wird – eine Seele, eine Kleine Sonne. Und sie ist zu Hause – bei der Großen Sonne, fühlt deren unendliche, tiefe Liebe. Die Große Sonne zeigt sich dieses Mal mit einem Gesicht – dem Gesicht eines alten, aber dennoch alterslosen Mannes mit strahlend blauen Augen, blau wie der Sommerhimmel.

Gott mit dem Antlitz eines Menschen. Gott hat viele Namen und zeigt sich in vielerlei Gestalt. Aber es ist immer derselbe Gott, es ist immer der Eine, der immer ist und immer sein wird. Er spricht zu ihr, liebevoll, zärtlich, aber dennoch fest und bestimmt: „Du darfst noch nicht dableiben, Du musst wieder gehen."

„Warum?" Sie ist böse auf den alten Mann, denn sie will nicht wieder zurück in den Körper, dorthin, wo nur Leid, Qualen und Traurigkeit sind.

„Weil Du noch vieles zu erledigen hast."

Sie sieht Bilder, Visionen der Zukunft. Und immer wieder das Gesicht eines Mannes – des Mannes, den sie verloren hat und den sie in Wahrheit so tief und inniglich liebt.

Oktober 2001

„Wenn das Licht der Wahrheit schwindet,
wenn das Licht der Ehre zurückweicht,
wenn das Licht des Ordens verdunkelt wird,
wenn das Licht der Nächstenliebe vergessen wird,
wenn das Licht der Familie verleugnet wird,
wenn das Licht der Freundschaft zu verlöschen droht,

wenn das Licht des Einsatzes für den anderen abgelehnt wird,
wenn das Licht der Gerechtigkeit nicht mehr leuchtet,
wenn das Licht der Nationen gelöscht wird,
wenn das Licht der Welt schwächer wird,
wenn das Licht der Kirche zurückgewiesen wird,
wenn das Licht Gottes verschleiert wird,
dann steht auf und erinnert Euch an Euren Eid,
den Ihr Gott, dem Orden und dem Großmeister nun gebt."
Sie gelobt.

Ordensgebet des Militärischen und Hospitalischen Ordens des Hl. Lazarus von Jerusalem.[8]

Der Großmeister legt ihr den schwarzen bodenlangen Samtmantel, auf dem ein achtstrahliger, grüner Stern leuchtet, um die Schultern. Sie ist in den Orden aufgenommen worden, hat geschworen, Gott zu dienen.

Zurück in der Kirchenbank zieht sie den schwarzen Spitzenschleier, der ihr Haar den Ordensregeln entsprechend bedeckt, weit in die Stirn. Niemand soll ihre Tränen sehen. Der Chor des Doms singt einen mittelalterlich klingenden Choral, der sie noch trauriger macht. Der Eid, den sie geleistet hat, berührt sie tief, weckt ungute Gefühle in ihr. Sie wollte dem Orden beitreten, aber seitdem sie in der festlich geschmückten Kirche sitzt, das Flackern der Kerzen beobachtet, den Weihrauch riecht, dringen Bruchstücke von Erinnerungen in ihr Bewusstsein, die sie bedrücken. Ja, sie wollte dem Orden beitreten und hat sehr viel dafür getan – schon lange, bevor sie so krank geworden ist. Jetzt ist sie sich nicht mehr so sicher, ob es wirklich richtig war, diesen Eid zu leisten.

Es hatte begonnen, als die Ordensmitglieder, die aus aller Welt angereist waren, in einem feierlichen Festzug die Kirche betreten hatten. Sie trugen schwarze, mit dem grünen Kreuz bestickte Mäntel und Handschuhe, die Damen ihr Haar unter einem schwarzen Spitzenschleier verborgen. Sie alle folgten einem Ministranten, der an der Spitze des Zuges das Kreuz Christi trug, direkt gefolgt vom Schwertträger und dem von zwei Falknern flankierten Großmeister. Auf dem Arm jedes Falkners saß ein Falke, majestätisch, wunderschön anzusehen. Der Bischof erwartete den Großmeister und die übrigen hohen Würdenträger des Ordens im Altarraum. Sie beobachtete fasziniert das Geschehen, fühlte sich in eine andere Zeit versetzt. Kaum zu glauben, dass vor dem Dom Autos fuhren und Flugzeuge über den Himmel zogen.

---

[8] Dies sind offizielle Texte des Ordens, die auch in der vorliegenden Form korrekt wiedergegeben und offiziell von der Ordensleitung in Malta „abgesegnet" sind.

Während des Beginns der lateinischen Messe sind die ersten Bilder vor ihrem inneren Auge aufgetaucht: Sie sah einen jungen Mann in einem bodenlangen weißen Mantel mit einem roten Kreuz, bewaffnet mit einem Schwert, durch finstere Gänge schleichen. Vor einer hohen Doppeltüre aus geschnitztem Holz hielt er inne und lauschte. Sofort drückte er sich in eine dunkle Nische und lauschte weiter.

Aus irgendeinem Grund wusste sie, dass sich der junge Mann in einer Burg befindet und sich hinter der Tür zu einer Kapelle versteckt. Sie fühlte seine Fassungslosigkeit, sein Entsetzen, seine Angst.

So plötzlich die Vision gekommen war, war sie auch wieder verschwunden. Einige Zeit später sah sie den jungen Mann wie einen Schatten durch die leere, vollkommen im Dunkeln liegende Kapelle geistern und in der schmalen Tür hinter dem schlichten Steinaltar verschwinden. In diesem Moment wollte sie den Eid zur Aufnahme in den Orden nicht mehr leisten – aber es war genau der Moment, in dem sie namentlich vom Großmeister aufgerufen wurde, um vor den Altar Gottes das Gelöbnis abzulegen.

„Ritter – sehet das Kreuz! Sein Gold ist Sinnbild der Liebe.

Es möge euch Gottesfurcht lehren sowie die Liebe zum Nächsten.

Sein Grün ist ein Sinnbild für Hoffnung.

Hoffnung ist der Trost im Elend, der Preis, der den Ritter ermutigt zu Werken der barmherzigen Liebe.

Das Kreuz der Ritter des Lazarus-Ordens gleicht einem Stern mit acht Strahlen. Auch der Seligkeiten sind acht. So mahnt euch das Kreuz: Verzichtet aus freiem Entschluss auf vergängliche Werte, beharret im Frieden, tröstet, die des Trostes bedürfen, stehet und kämpfet für das Recht. Lebet in Sanftmut und fromm, bewahret euch die Reinheit des Herzens, den Frieden in euren Seelen.

Bleibet unerbittlich und hart im Kampf für das Recht. Wie eine Festung zeigt dieses Kreuz nach allen Seiten, wie vorgeschobene Spitzen gleich Bastionen. Verteidigt aus dieser Burg euren Glauben gegen den sichtbaren Feind, gegen unsichtbare Dämonen.

Die Spitzen des Kreuzes runden sich dann zu goldenen Früchten: Sie sind ein Sinnbild der Früchte des Heiligen Geistes, ein Symbol jenes Lohnes, den der Ritter aus seinen Werken erwirbt.“[9]

Sie hört auf diese Worte ...

... und fällt wieder aus der Zeit in die Vergangenheit.

---

[9] „Weihevoller Text des Militärischen und Hospitalischen Ordens des Hl. Lazarus von Jerusalem“.

Eine Frau liegt in einem kellerartigen Raum. Es ist nass, kalt und finster. Sie liegt auf schmutzigem Stroh. Es ist so dunkel, dass sie die Ratten nur huschen und im Stroh rascheln hört, ihre blanken, aufmerksamen Augen, die sie beobachten, nur ahnt. Die Frau hat furchtbare Schmerzen, ist vergewaltigt und gefoltert worden. Das weiß sie, das fühlt sie. Sie zieht ihren Schleier noch ein wenig tiefer ins Gesicht, denn die Tränen fließen jetzt noch stärker.

Händels „Halleluja“ braust auf, die Ordensmitglieder formieren sich zum Festzug und verlassen Gott preisend den Dom. Die bedrückenden Erinnerungen verschwinden, als sie mit den anderen die kalte Kirche verlässt und in den wärmenden Sonnenschein tritt.

Sie kann nicht einschlafen, wälzt sich im Bett, ihre Gedanken kreisen um die Ereignisse des Tages. Immer wieder tauchen die Bilder von dem jungen Mann in der Burg und der leidenden Frau in dem Verlies auf. Froh stimmen sie nur die Gedanken an die beiden Falken. Sie hat lange mit den Falknern gesprochen und die beiden Vögel bewundert, die – mittlerweile unruhig – immer wieder die Schwingen streckten. Der klare, intelligente Blick, die scharfen Schnäbel und die majestätische Erscheinung der Raubvögel hat sie sehr beeindruckt. Auch die beiden Vögel erinnern sie an etwas – aber diesmal an etwas Gutes. In Gedanken bei den Falken weilend schläft sie schließlich ein.

November 2001

Es ist finster und kalt. Sie steht auf der Straße und blickt zu den erleuchteten Fenstern hinauf, von denen sie weiß, dass sich dahinter sein Arbeitszimmer befindet. Es ist 20:00 Uhr. Er arbeitet. Natürlich. Was sonst?

Sie friert und wickelt sich enger in ihren bodenlangen Pelzmantel. Wie ist sie eigentlich hierher gekommen? Sie ist mit einem Freund zum Abendessen verabredet. Er hat sie vom Handy aus angerufen, um ihr zu sagen, dass er sich verspäten wird. Sie wollen ihre Rückkehr ins normale Leben feiern. Sie hat die Notoperation überstanden und alle anderen gesundheitlichen Probleme, die sich daraus ergeben haben. Und das waren einige gewesen.

Binnen vier Wochen ist sie zweimal knapp dem Tod entkommen. Aber es bedeutet ihr nichts. Sie freut sich nicht darüber, dass sie leben darf und ist auch nicht der Ansicht, dass es etwas zu feiern gibt. Ihre Familie und ihre Freunde freuen sich, dass sie am Leben geblieben ist – und ausgerechnet sie selbst ist enttäuscht. Wie soll sie das erklären? Das Leben ist für sie eine Last, ein „Müssen“, nicht „Dürfen“ oder „Wollen“ oder „Können“. Ihr Leben ist einfach ein „Müssen“, etwas, was sie widerwillig tut, weil es eben so ist, nicht anders geht.

Ihre Situation hat sich verschlechtert. Alles erscheint ihr noch trister und mühsamer. Sie ist noch einsamer als früher, der Alltag noch quälender. Dazu kommt, dass sie noch immer körperlich schwach ist.

Aber sie denkt auch oft an das Gesicht des alten Mannes und daran, was er zu ihr gesagt hat. Irgend etwas gibt es wohl zu erledigen auf der Erde. Aber was? Es fällt ihr nichts ein, was einen Sinn ergibt oder wofür es sich zu leben lohnt.

Auf Grund des Anrufes ist sie ohne bestimmtes Ziel trotz der beißenden Kälte spazieren gegangen, sie lässt ihre Füße einfach gehen, ist hierher gekommen, um immer mehr frierend zu seinen Fenstern aufzusehen.

Sie spürt noch immer dieses tiefe Gefühl des Verlustes; sie fühlt sich einsam und verlassen als sie so alleine in der Kälte steht. Sie fühlt noch immer diese tiefe Liebe zu ihm. Sie empfindet all das, was sie im April 1999, als sie ihm zum ersten Mal begegnete ist, gefühlt hat.

„Out of the dark, into the light!
Muss ich denn sterben, um zu leben?"

Muss sie sterben, um zu leben? Sterben, um wieder mit ihrer Zwillingsseele vereint zu sein?

„Out of the dark, into the light!
Hörst du die Stimme, die dir sagt: Into the light!"

Sie weiß jetzt, dass er ihre Zwillingsseele ist, ihr geliebtes Du, der Wahre Partner!

Ja, sie weiß es jetzt, denn der alte Mann mit dem langen weißen Haar hat es ihr gesagt. Ihre Zwillingsseele ist einer der Gründe, warum sie nicht schon im August bei der Großen Sonne hatte bleiben dürfen.

„Into the light!"

„Muss ich denn sterben, um zu leben?"

„Out of the dark!"

„Hörst du die Stimme, die dir sagt: Into the light!"

Ja – sie will ins Licht. Raus aus der Finsternis.

„Winterstürme wichen dem Wonnemond!"

Und so wird es sein. Sie wird ihrer tiefen, innigen Liebe folgen, zu ihm, zu ihrer Zwillingsseele, gehen. Sie wird ihrer Sehnsucht folgen, ihr nachgeben.

„Into the light!"

Ja, sie wird ins Licht gehen, sie weiß jetzt, wo ihre Sonne ist – im Himmel und auf der Erde. Sie kennt jetzt beide Sonnen. Sie wird zu ihrer Sonne gehen – über alle Hindernisse hinweg. Alles egal. Es geht um das Leben. Um die Vollendung. Um die Liebe und die Sehnsucht.

Der Wonnemond wird aufgehen, die Winterstürme werden sich verziehen. Aus der Kälte in die Wärme, aus der Dunkelheit ins Licht, in die Sonne. Into the light!

Dezember 2001

Sie hat ihn als ihre Zwillingsseele erkannt. Aber was jetzt? Sie überlegt, wie sie sich ihm nähern könnte, was sie tun könnte. Die Zeit vergeht und sie kommt zu keiner Entscheidung, traut sich nicht, ihn anzurufen, denn die Angst vor der Zurückweisung ist so groß, zu groß. Am einfachsten wäre es, zu ihm zu gehen und zu sagen: „Ich liebe dich." Aber das bringt sie nicht über sich.

Weihnachten rückt näher und so beschließt sie, ihm eine Weihnachtskarte zu schreiben. Es muss ein besonders schönes Billet sein und sie brauchte lange, um ihre Wahl zu treffen. Stundenlang brütet sie über dem Text. Was soll sie schreiben? Sie hat gekündigt - und das auf eine nicht sehr freundliche Weise.

Sie erinnert sich, als sie ihn vor drei Wochen zufällig auf der Straße gesehen hat und an die tiefen Gefühle, die sie damals überrollt haben. Wieder einmal. Noch intensiver als im April 1999. Sie empfindet das als Zeichen Gottes, als Hinweis darauf, dass sie etwas unternehmen muss. Schnell. Ohne zu zögern.

Sie formuliert den Text der Weihnachtskarte vorsichtig und schüchtern, aber doch mit einer Andeutung, die ihm die Möglichkeit eröffnet, ihr zu antworten, auch wenn sie nicht mit einer Reaktion von seiner Seite rechnet.

Doch dann, eine Woche vor dem Fest, ist ein Brief von ihm im Postkasten. Er hat reagiert! Sie jubelt und tanzt vor Freude durch die Wohnung. Sie strahlt und denkt, dass es vielleicht doch einen Weg für sie gibt. Mittlerweile hat sie die Kunst des Pendelns erlernt und befragt es, ob der Mann, der diesen Brief geschrieben hat, sie liebt. Die Antwort ist ein eindeutiges JA. Das ist der Moment, in dem sie wieder diese tiefe Liebe für ihn empfindet, diesmal aber auch Hoffnung und einen Schimmer von Optimismus.

Sie befragt das Pendel, was sie weiter tun soll. „Zu ihm gehen, mit ihm reden." Ja, das wird sie tun, denkt sie und legt für sich einen Termin nach den Feiertagen fest, an dem sie zu ihm gehen, ihre Angst überwinden und mit ihm reden wird … denn schließlich hat er geschrieben, dass er sie auch liebt. Aber dennoch sind da immer noch so viele Ängste … und sie weiß nicht, woher sie kommen, kann es sich selbst nicht erklären.

Der Tag kommt. Wieder steht sie wie im November des vergangenen Jahres auf der Straße und schaut zu seinen erleuchteten Fenstern hinauf. Wieder ist es Abend und kalt, wieder friert sie, wieder wickelt sie sich fester in ihren Pelzmantel.

Sie hat Angst, große Angst. Vor der Zurückweisung, davor, sich lächerlich zu machen. Tausend Gründe fallen ihr ein, nicht zu ihm zu gehen. Nur zwei Gründe sprechen dafür: Ihre tiefe Liebe zu ihm und ihre große Sehnsucht nach ihm, die schmerzt.

Zwei Stunden geht sie auf der Straße auf und ab und friert erbärmlich. Sie denkt an ihre ohnehin noch angeschlagene Gesundheit und trifft eine Entscheidung: Sollte wider Erwarten der Hausmeister das Eingangstor noch nicht versperrt haben, wird sie zu ihm gehen. Es ist schon 20.00 Uhr, da müsste das Tor eigentlich versperrt sein.

Das Tor ist offen. Ein Hinweis Gottes? Ein Zeichen?

Sie sieht es so, fasst Mut und läutet an der Tür.

Monate sind vergangen und nichts ist passiert.

Er hat im Januar gesagt, dass er sich bei ihr melden wird. Sie haben einander ihre Liebe gestanden, vorsichtig und schüchtern, beide voller Angst vor Zurückweisung, davor, zu viel von sich selbst preiszugeben und womöglich verletzt zu werden.

Einerseits ist sie stolz auf sich, dass sie ihre Angst überwunden hat und zu ihm gegangen ist. Andererseits ist sie verzweifelt, weil er sich nicht meldet, wie er es versprochen hat. Also wartet sie weiter – voller Zweifel und Angst, einsam und traurig.

Ende April treffen sie einander zufällig auf der Straße. Sie stehen sich gegenüber, sehen einander in die Augen und schweigen. Die Welt um sie herum versinkt – nichts ist mehr wichtig, nichts existiert mehr außer ihnen. Sie sind völlig aufeinander konzentriert. Und sie bekommt den ersten, zarten, schüchternen Kuss von ihm. Sie ist im Siebten Himmel, schwebt auf Wolken und ist unendlich glücklich. Der Kuss verzaubert sie, ist eine Verheißung, eine wunderbare Aussicht, er gibt ihr Hoffnung. Die Sonne zeigt sich am Horizont und vertreibt die Finsternis.

Was ist dann geschehen?

Nichts.

Er hat versprochen, sie anzurufen.

Aber er meldet sich nicht ...

Sie wartet.

Zweifelt, verzweifelt und hofft.

Immer wieder.

Sie hat Angst, dass er sich nie mehr melden könnte.

Sie leidet.

Und liebt ihn doch noch mehr.

Ihre Sehnsucht wird größer und drängender.

Er rührt sich nicht.

Doch dann ist es endlich so weit.

Eines Abends, Ende Mai, steht er unerwartet vor ihrer Wohnungstür. Er ist da. Endlich!

Sie fallen einander in die Arme und wieder versinkt die Welt um sie herum, nichts ist mehr wichtig, nichts existiert mehr außer ihnen und ihrer Liebe.

Bis Anfang September – da verschwindet er wortlos aus ihrem Leben, ohne Aussprache, ohne Vorwarnung.

Sie ist wieder in der Dunkelheit.

Und allein.

Juni 2002

Er zweifelt an seiner Entscheidung, sie zu verlassen. Ja, er liebt sie, aber er hat Angst vor seinen Gefühlen, davor, dass sich sein Leben zu sehr verändert, wenn er seiner Liebe, seinem Herzen folgt. Sein Leben läuft wie auf Schienen, was ihn zwar nicht glücklich macht, aber sehr bequem ist. Er ist hin- und hergerissen zwischen seinen tiefen Gefühlen, seiner Sehnsucht und der Angst vor der Veränderung und dem Neuen.

Er weiß, was sein Herz und seine Seele wollen … sie wollen ein gemeinsames Leben mit ihr.

Der Verstand sagt nein.

Seine Gedanken drehen sich im Kreis.

Schlussendlich siegt wiederum sein Verstand. Die Trennung ist das Beste, was er hatte tun können.

September 2002

Sie fragt sich, was sie immer falsch macht. Warum kann sie nicht glücklich sein, verheiratet, eine Familie haben? Was haben andere, was sie nicht hat? Was machen andere richtig, was sie offenbar immer falsch macht? Warum erwischt sie immer die falschen Männer? Warum behandeln sie sie schlecht, verlassen sie, bereiten ihr Kummer? Warum scheitert sie immer?

Diese Fragen und noch hundert andere kreisen in ihrem Kopf und lassen ihr keine Ruhe. Warum, warum, warum? Es muss doch Antworten und Lösungen geben.

Eines Tages erzählt ihr eine Freundin, dass Probleme auch in (mehreren) vergangenen Leben begründet sein können. Die Ursache kann hunderte Jahre zurückliegen, sagt sie. Sie denkt darüber nach und entschließt sich, eine Rückführung zu machen. Viel Hoffnung hat sie nicht, aber es kann zumindest nicht schaden.

Sie befindet sich in einer Burg, sich vor Schmerzen in einem riesigen Bett windend, und sieht am Fußende eine schwarz gekleidete Frau stehen. Diese Frau hasst sie offenbar zutiefst. Und diese Frau verflucht sie, ruft die Mächte der Dunkelheit herbei, beschwört sie, damit ihr für alle Zeiten Glück, Liebe, Zärtlichkeit, Kinder, ein Mann, eine Familie versagt bleiben.

Das darf nicht wahr sein! Wo um Himmels Willen ist sie da? Was geschieht da?

Sie springt von der Liege auf, außer sich und verwirrt. Die Therapeutin beruhigt sie und erklärt ihr, dass sie in die Vergangenheit zurückgefallen ist, ihrer Meinung nach ins Mittelalter, und dass dieser Fluch die Ursache für alle ihre Beziehungsprobleme ist und sofort aufgelöst werden muss. Flüche und Eide sind in der Seele „gespeichert" und so lange präsent und wirksam, bis sie aufgelöst werden und ihre Wirksamkeit verlieren.

Sie ist außer sich – das ist ja Wahnsinn! Nichts wie weg! Was soll das alles? Sie muss verrückt gewesen sein, sich auf so etwas eingelassen zu haben.

Abends sitzt sie zu Hause und lässt das Geschehene Revue passieren.

Und wenn doch etwas dran ist?

Wenn das wirklich die Ursache für all ihre Probleme ist?

Vielleicht liegt darin die Chance für eine glückliche oder zumindest bessere Zukunft? Also gut! Back to the roots! Ab ins Mittelalter!

Nochmals lässt sie sich in die damalige schauerliche Situation versetzen und tut, was die Therapeutin ihr sagt. Mittlerweile weiß sie, dass die sie Verfluchende ihre Tochter ist. Mit Liebe betrachtet sie die schwarz gekleidete Gestalt und weist den Fluch zurück, nimmt ihn nicht für sich an, löst ihn an Ort und Stelle auf.

Jetzt sollte sich ihr Leben in Bälde ändern und der Richtige auf der Bildfläche erscheinen. Sie ist gespannt, was die Zukunft nun bringen wird. Sollte der Fluch wirklich fast 500 Jahre lang seine Wirkung getan haben?

Oktober 2002

Einen dunklen Anzug unter dem bodenlangen weißen Mantel mit dem roten Kreuz tragend betritt er im Kreise seiner Ordensbrüder den Dom. Die Orgel jubelt, während sich der Festzug in Richtung Altar bewegt. Die Mitglieder anderer Orden, die bereits in den Kirchenbänken Platz genommen haben, erheben sich.

Sein Blick wandert über die Menge ...

... und er entdeckt sie.

Sie trägt einen schwarzen Mantel mit einem grünen Kreuz und schwarze Handschuhe. Ein Schleier aus schwarzer Spitze bedeckt ihr Haar. Er ist überwältigt, als er sie sieht und sein Herz schlägt heftig.

Ihre Blicke treffen sich ...

Sie wusste nicht, dass er Mitglied eines Ordens ist.

Er wusste nicht, dass sie Mitglied eines Ordens ist.

Eines aber spüren sie beide: Sie lieben einander.

Beide sind einem alten Eid, Gott gegenüber abgelegt, gefolgt ...

... Jahre sind vergangen – der Eid von damals tut immer noch seine Wirkung, hat ihr Leben beeinflusst ...

... Jahre sind vergangen – die Liebe von damals tut immer noch ihre Wirkung, hat ihr Leben beeinflusst.

Gott ist ewig.

Die Liebe ist ewig.

Amor vincit omnia.[10]

November 2002 bis Januar 2003

Tage werden zu Wochen und Monaten.

Sie hört nichts von ihm. Kein Lebenszeichen, nichts.

Andauernd denkt sie an die schönen Stunden, die sie miteinander verbracht haben, fühlt seine Liebe, seine Fürsorge und seine Zärtlichkeit. Einerseits machen diese Erinnerungen sie traurig, andererseits ist sie froh, dass sie all das hat erleben dürfen. Nach wie vor fühlt sie eine tiefe Verbundenheit mit ihm, fühlt, dass es eine Verbindung zu ihm gibt, die unzerstörbar ist. So unzerstörbar wie ihre Liebe.

Und sie lebt ihr Leben so, als wären sie noch immer zusammen, als hätten sie noch immer diese wunderbare Beziehung zueinander. Sie ist ihm treu, denn für sie ist diese Beziehung nicht beendet.

Weihnachten naht. Und wie schon ein Jahr zuvor schreibt sie einen Brief. Nur dieses Mal ist er eindeutig – sie legt all ihre Gefühle für ihn offen. Unmissverständlich, klar und deutlich. Und sie beschließt für den Fall, dass er sich auf den Brief nicht melden sollte, die Beziehung als beendet zu betrachten und ihren eigenen Weg zu gehen. Ohne ihn, ohne Rücksicht auf ihn. Denn dann ist klar, dass es vorbei ist. Endgültig.

Es ist Weihnachten, er ruft sie an. Er will sie sehen. Sie erklären einander wieder einmal ihre Liebe und Sehnsucht. Sie ist glücklich und freut sich, ist aber dennoch skeptisch. Was wird jetzt wieder passieren? Wird es dieses Mal gut gehen?

Sie will ihre Ruhe und ihren Frieden haben, ein Leben in geregelten Bahnen führen – ohne ewiges Auf und Ab. Die vergangenen Monate haben an ihren Nerven gerüttelt, Liebe, Trauer, Sehnsucht. Eine letzte Chance will sie ihrer Liebe noch geben. Es muss eine Entscheidung her. So will und kann sie nicht mehr leben.

Es läutet an der Wohnungstür ...

Sie sitzen aneinander gekuschelt auf ihrem Sofa, überlassen sich ihren Gefühlen, schwimmen auf der Welle des Glücks und der Freude. Er streichelt zärtlich ihr

---

[10] Die Liebe besiegt/überwindet alles.

Gesicht. Überall im Zimmer brennen Kerzen – es ist warm und gemütlich. Sie genießen ihre Liebe, den Frieden, der sie umgibt, die Ruhe, die sie empfinden. Sie sind eins.

Das schwierige Gespräch ist geschafft; er hat ihr erklärt, warum er sie im Juni 2002 verlassen hat, hat seine Ängste eingestanden und sie um Verzeihung gebeten. Schlussendlich haben seine Seele und sein Herz seinen Verstand besiegt.

Amor vincit omnia.

Sie betrachten das Ölbild, das einen Weißkopfadler zeigt. Er sieht gebieterisch, majestätisch, mit scharfem Blick in die Welt. Er fragt sie, woher sie das Bild hat, das ausgerechnet sein Lieblingstier zeigt. Sie erzählt ihm, dass das Bild von einem Schamanen gemalt worden ist, vom Onkel des Schamanen, von dem sie mittlerweile lernt, dessen Seminare sie besucht, dessen Bücher sie liest. Die Weisheit der Tolteken und das Weltbild anderer Schamanen ist mittlerweile zur Grundlage ihrer Gedanken und ihres Lebens geworden. Sie hat ihre Geistige Heimat gefunden.

Im Herbst 2002 ist sie bei der Vernissage des Malers gewesen und hat dieses Bild, den Adler-Nagual, gesehen. Der Blick des Adlers hat sie nicht mehr losgelassen, hat eine Erinnerung in ihr geweckt, die sie nicht genau erfassen kann. Diese Erinnerung, da ist sie sicher, wird sich zeigen, genau erkennen lassen, wenn der richtige Zeitpunkt dafür gekommen ist.

Sie hat mittlerweile gelernt zu warten. Es gibt für alles den richtigen Zeitpunkt. Sie hat erkannt, dass alles dem Göttlichen Zeitplan folgt und dass es keinen Sinn hat, gegen ihn und damit gegen das Leben anzukämpfen.

In diesem Herbst hat sie endgültig erkannt, dass sie Zwillingsseelen sind. Sie weiß es und fühlt diese Verbindung zwischen ihnen. Sie sind untrennbar miteinander verbunden. Für immer und ewig. Sie weiß, dass sie ihn in Wahrheit nicht verlieren kann. Sie vertraut nun darauf, dass sie zusammenbleiben werden. Niemand hat jemals behauptet, dass das Leben für Zwillingsseelen leichter ist als für andere Menschen.

Damals ist sie also in der Galerie gestanden und hat das Bild des Adlers angestarrt. Er starrte zurück. Sie wollte ihn haben, unbedingt, Er beherrschte den ganzen Raum. Das Bild des Adlers war das mittlere von dreien. Das Gemälde links davon zeigte einen Nagual, wie er die Gestirne erschuf – wunderbar in seiner Ausdruckskraft und Farbgebung. Rechts davon hing ein Bild, das sie an ihre Zwillingsseele erinnerte.

Im Frühling 2002 hat sie wieder einen Blick in die Vergangenheit erhascht. Sie sieht ihre Zwillingsseele von der Seite, bewundert sein Profil und seine Schönheit. Und plötzlich verschwindet die Realität, die Gegenwart, und sie sieht ihn in der Vergangenheit – als Indianer, als Schamanen, als weisen alten Mann. So plötzlich, wie die Vision gekommen ist, ist sie auch wieder vorbei. Sie ist zurück in der Gegenwart, sieht ihre Zwillingsseele wieder in der jetzigen Gestalt, in ihrem momentanen Körper. Es ist wie ein Bild gewesen, das sich für den Bruchteil einer Sekunde über das reale Gesicht ihrer Zwillingsseele geschoben hat.

In der Galerie steht sie dem Gesicht des alten weisen Indianers wieder gegenüber. Er sitzt auf einem Felsen, hoch oben in den Bergen, flankiert von jeweils einem Wolf, und blickt in den Himmel, auf dem ein großer, runder Mond leuchtet.

So hat sie ihre Zwillingsseele wieder gefunden!

Zwar im Moment nicht als Mensch, aber dargestellt auf einem Bild, gemalt in Öl!

Sie schwankt. Sie glaubt nicht an Zufälle. Andererseits hat sie schon oft gehört, dass es eigentlich keine Zufälle gibt, sondern nur Fügungen, Winke des Schicksals, Zeichen am Weg. Die Zeichen, die Gott schickt, muss man selbst interpretieren – aber für sie ist klar, dass es ein Hinweis darauf ist, dass er wirklich ihre Zwillingsseele ist und dass alles gut werden wird, dass sie zusammenkommen werden.

Und dann fällt ihr noch etwas ein. Sie haben als Adler gelebt, um die Erde mit ihren Vier Elementen zu erfahren, um sich an die Schwere der Dritten Dimension nach der Leichtigkeit des Seins im Universum bei der Großen Sonne zu gewöhnen. Sie kauft das Bild und nimmt es mit nach Hause.

Zur gleichen Zeit streift er seiner Liebe zur Natur folgend in Kanada durch die Wälder. Zur Erinnerung bringt er eine Feder mit nach Hause. Die Feder eines Weißkopfadlers. Die Feder eines Adlers, wie er auf dem Gemälde dargestellt ist.

Die Feder des Adler-Naguals. Ein Zeichen, das keiner Interpretation bedarf, das klar und deutlich spricht.

Sie sitzen auf dem Sofa, schweigend vereint, im Schweigen eine Einheit.

Und wieder fällt sie aus der Gegenwart in die Vergangenheit.

Kanada. Die wunderbaren Berge, die dichten Wälder. Sie sieht eine Hütte im Wald, mitten in der Wildnis. Dort lebte vor langer, langer Zeit ein Frau – sie!

Und dann kommt ein Mann zu der Hütte – er. Sie sehen einander – und er bleibt.

Sie leben miteinander in der Wildnis in der einsamen Hütte.

Sie streifen miteinander durch die Wälder; sie sind frei, niemanden verpflichtet, genießen ihr Leben und ihre Liebe. Sie leben mit der Natur, mit den Wölfen und Bären, mit den Adlern und Lachsen, mit den Bergen und den Wäldern.

Zwillingsseelen brauchen nicht viel zum leben, aber sie brauchen einander und ihre Liebe füreinander.

Lange, lange Zeit später zieht er wieder durch eben diese Wälder, über tausende Kilometer angereist, und findet dort die Feder des Adlers.

Die Wege der Zwillingsseelen sind wunderbar, miteinander verschlungen, kreuzen einander. Manchmal gehen Zwillingsseelen Umwege, gehen auch in die Irre. Aber es ist dafür gesorgt, dass sie immer wieder auf den gemeinsamen Weg gelangen.

Unfehlbar dem Ziel entgegen.

Rückschau in den Herbst 2002

Das Bild des alten Indianers, der mit den beiden Wölfen hoch oben in den Bergen sitzt und ins Licht schaut, lässt sie nicht los. Sie weiß, dass der Indianer eine verblüffende Ähnlichkeit mit der Vision besitzt, die sie im Frühling 2002 von ihrer Zwillingsseele gehabt hat. Wie ist das möglich?

Sie fühlt, dass tief in ihr eine Erinnerung an ein vergangenes Leben schlummert und dass sie diese Erinnerung in ihr Bewusstsein holen muss. Diese Erinnerung enthält ein verborgenes Wissen, das sie benötigt, um ihren gemeinsamen Weg zu verstehen.

So geht sie also noch einmal in die Galerie. Glücklicherweise sind außer ihr keine weiteren Besucher anwesend und so setzt sie sich gegenüber des Gemäldes auf einen Sessel, betrachtet das Bild und vertraut darauf, dass die Erinnerung und das Wissen von ihrer Seele freigegeben werden.

Und so geschieht es...

Sie sitzt als junges Mädchen an einem Lagerfeuer auf einer kleinen Lichtung mitten im Wald, irgendwo in der nordamerikanischen Wildnis. Sie ist allein, ihr Vater ist mit dem zahmen Wolf auf die Jagd gegangen. Sie lauscht auf die Geräusche des Waldes, das Plätschern des Baches und das Knistern des brennenden Holzes.

Sie fühlt sich wohl und freut sich auf das Kommende. Ihr Vater und sie sind auf dem Weg zu einem alten Indianer, der hoch in den Bergen das Leben eines Einsiedlers führt. Der weise Mann wird von vielen Indianerstämmen geachtet, denn er verfügt über eine beachtliche Heilkunst, besitzt großes Wissen über die Erde und den Großen Geist und über das, was Himmel und Erde verbindet und das Schicksal lenkt. Sie ist von den Ältesten ihres Stammes ausgesucht worden, zu ihm zu gehen, von ihm zu lernen und dann als weise Frau, als Heilerin und Seherin, zurückzukehren. Es hat ein großes Abschiedsfest zu ihren Ehren gegeben, denn sie wird lange Zeit fort sein. Ein großes Feuer schickte seine Flammen in den Himmel, zu Trommelklängen wurde in rasendem Tempo getanzt und alle erbeten den Beistand des Großen Geistes. Um den Hals trägt sie ein Amulett aus Türkisen und Adlerfedern – ein Geschenk des Stammes, das sie auf ihrer langen Reise ins Unbekannte beschützen soll. Sachte berührt sie es und fühlt seine Kraft.

Noch weiß der weise Indianer nicht, dass sie kommen wird. Wird er sie überhaupt aufnehmen und bleiben lassen?

Ihr Vater reißt sie aus ihren Gedanken als er mit einem Kaninchen, das er mit einer Schlinge gefangen hat, zurückkommt. Sie braten das Tier über dem Feuer und verspeisen es. Der zahme Wolf ist während dessen auf der Jagd nach seiner eigenen Beute.

Nach dem Essen treiben sie die Pferde zusammen und legen sich so nah wie möglich ans Feuer, denn es ist empfindlich kalt. Sie sind schon hoch oben in den Bergen und das Ende des Sommers naht. Sie schaut ruhig und friedlich in den Himmel, beobachtet den Mond und die Sterne, die wie funkelnde Diamanten am samtschwarzen Himmel hängen, und dankt dem Großen Geist für ihr wunderbares Leben. Der zahme Wolf knurrt leise, sein Nackenfell sträubt sich - ein Zeichen, dass er über sie und ihren Vater wacht. Sie schläft ein, eins mit sich, der Welt und dem Großen Geist.

Sie sind da, endlich. Sie sehen die Hütte des Weisen, bewacht von zwei zahmen Wölfen. Der alte Mann hat Feuer gemacht und kocht. Er hat sie erwartet! Ihre Sorgen waren unnötig – die Wege des Großen Geistes sind wunderbar und er sorgt immer für alles.

Und so beginnt ihre Lehrzeit. Sie streifen durch die Wälder und über die Berge, immer begleitet von den beiden zahmen Wölfen. Der alte Indianer lehrt sie, Fährten zu lesen und zu jagen, er erklärt ihr die Erde und den Himmel. Er zeigt ihr den Großen Geist. Er lehrt sie die Kunst des Heilens und die Kunst des Sehens, in die Zukunft und in die Vergangenheit. Sie lernt sehr schnell, denn irgendwo in ihr ist dieses Wissen bereits vorhanden und muss nur wieder hervorgeholt werden.

Eines Tages, sie sind wieder in den Bergen unterwegs, zeigt er ihr zwei Weißkopfadler, die am Himmel schweben und sich von der Luftströmung getragen immer höher schrauben. Er sagt ihr, dass Adler Tiere des Großen Geistes sind, von denen der Mensch sehr viel lernen kann, denn sie sind Lehrer, Meister.

Und dann erzählt er ihr von Seelen, die zusammengehören, um zu schweben und in Freiheit zu leben wie die beiden Adler. Er sagt, dass diese Seelen voneinander lernen, indem sie miteinander, aber auch getrennt voneinander, leben, aber immer durch tiefe Liebe, die Liebe des Großen Geistes, verbunden sind.

Und jetzt versteht sie plötzlich. Vom ersten Augenblick an hat sie und den alten Indianer eine tiefe Liebe, eine besondere Art des Verständnisses und des Vertrauens verbunden. Sie hat ihn gesehen und gewusst, dass sie zu Hause angekommen ist. Ja, sie hat ihre Zwillingsseele gefunden! Wieder in Menschengestalt – sie ein junges Mädchen, er ein alter Mann. Beide als Indianer geboren, aus der selben Tradition, um sich so leicht wie möglich wieder zu finden.

Jetzt versteht sie auch, warum er gewusst hat, dass sie kommen wird. Das ist die besondere Verbindung zwischen Zwillingsseelen, geleitet und geführt vom Großen Geist. Sie sind die Adler, die hoch am Himmel schweben! Frei geboren, frei lebend, versorgt von der Natur, getragen von der Liebe des Großen Geistes.

Der alte Indianer spricht auch viel von der Vergangenheit der Erde und ihrer Zukunft, er spricht von Zyklen ihres Wachstums und von Veränderungen, die bevorstehen, und davon, dass die Menschen die Erde nicht verstehen, weil sie nicht wissen, dass sie ein lebendiges Wesen ist und eine Seele besitzt.

Viele Nächte, vor allem die, in denen der Mond satt, rund und gelb am Himmel hängt, verbringen sie auf dem Gipfel eines Berges, der für den weisen Indianer ein Heiliger Berg ist. Er überragt die anderen und so haben sie freie Sicht auf die Erde wie auch in den Himmel.

Eines Abends steigen sie wieder zum Gipfel hinauf. Er hat ihr ein besonderes Ereignis, eine Vision der Zukunft versprochen. Sie sitzen in stiller Eintracht am Gipfel des Heiligen Berges, bewacht von den beiden zahmen Wölfen, und beobachten, wie die Sonne am Horizont versinkt. Der Himmel wird dunkler, die Schatten in den Tälern werden länger, während die Gipfel noch blutrot in der untergehenden Sonne leuchten. Die ersten Sterne zeigen sich am Himmel und der Mond wechselt langsam seine Farben von einem matten, milchigen Weiß in sattes Gelb. Voll und rund steht er am dunklen Nachthimmel, ein Bote des Großen Geistes, ein Bote der Ewigkeit, und als er sich in seiner vollen Pracht aus den Wolken schält, heben die beiden Wölfe ihre Köpfe und heulen, um ihn zu begrüßen. Sie folgen einem uralten Instinkt, üben ein uraltes Ritual, folgen ihrem inneren Wissen. Auch sie folgt ihrer Seele und ihrem inneren Wissen und versenkt sich in sich selbst, wie sie es von ihrem Lehrer und Meister gelernt hat.

Vor ihrem inneren Auge sieht sie ein Hochplateau irgendwo in den Bergen. Indianer haben ein gewaltiges Feuer angezündet, um das sie in tiefer Trance herum tanzen. Männer, Frauen, Kinder, Alte und Junge bewegen sich wild zu einem rasenden Trommelrhythmus. Es ist Nacht, der Himmel nur erhellt von einem riesigen Vollmond, der zum Greifen nahe scheint. Die Flammen lodern hoch in den Himmel, scheinen das einzige Licht auf der Erde zu sein. Die Indianer tanzen, angetrieben vom Rhythmus der großen Trommeln, der immer noch schneller wird. Sie legen ihre ganze Kraft in diesen stundenlangen Tanz. Eine Gruppe von Indianern singt zu der Trommelmusik uralte Worte der Kraft. Dies ist ein Ritual, eine Beschwörung nach altem Ritus. Ein Ritual der Kraft, um die Erde auf ihrem Weg von der Dritten Sonne in die Vierte Sonne zu unterstützen. Ein Wendepunkt in der Erdgeschichte ist da, ein Zyklus geht zu Ende, ein neuer wird beginnen – der Aufgang der Vierten Sonne. Heiß ersehnt und erwartet und lange prophezeit.

Die Indianer tanzen immer wilder, immer tiefer wird die Trance, immer größer ihre Kraft. Die Nacht neigt sich langsam dem Ende zu – wird die Vierte Sonne aufgehen?

Wird die Erde die Vierte Sonne begrüßen oder vorher untergehen, ihren Verletzungen, die die Menschen ihr zugefügt haben, erliegen?

Die Finsternis hellt sich auf, der volle Mond verblasst – wird die Vierte Sonne aufgehen, werden ihre Vorboten den Himmel rosa und gelb färben?

Das Feuer brennt noch immer lichterloh, die Indianer tanzen.

Trance. Trance. Trance.

Und dann geschieht das Wunder!

Der Große Geist zeigt sich, die Große Sonne schickt ihre ersten Strahlen über den Horizont. Die Vierte Sonne ist geboren! Die Welt gerettet! Ein neues Zeitalter der Erdgeschichte bricht an! Und ein neues Zeitalter in der Geschichte der Menschheit, denn die Geschichte der Erde ist mit der Geschichte der Menschen verbunden, die Schicksale sind ineinander verwoben.

Der alte Indianer und das junge Mädchen kehren aus der Zukunft in die Gegenwart zurück. Sie sitzen aneinander gelehnt am Gipfel des Heiligen Berges und beobachten schweigend den Sonnenaufgang, der seine Strahlen über die wild zerklüfteten Berge unter ihnen schickt und den Mond verblassen lässt.

„Weißt Du, was Du gesehen hast?“

„Ja, die Geburt der Vierten Sonne.“

Er ist zufrieden. Mit sich selbst und mit ihr. Sie hat alles gelernt, ihre gemeinsame Zeit wird nun zu Ende gehen.

„Weißt Du, wann die Vierte Sonne geboren werden wird?“

Und dann erzählt er ihr, dass dieses Ereignis von den alten Überlieferungen für das Jahr 2012 prophezeit wird.

2012.

Dieses Jahr erscheint ihr unfassbar weit weg. 312 Jahre müssen noch vergehen, 312 Jahre Leben, das zur Geschichte wird, zur Vergangenheit, die die Gegenwart und die Zukunft bestimmt.

Was wird alles geschehen in diesen 312 Jahren?

Sie weiß es nicht. Es ist auch egal.

Die Vierte Sonne wird geboren werden.

Die Tage verrinnen, Monde kommen und gehen. Sie leben in trauter Zweisamkeit in der Hütte, genießen ihr Zusammensein, die Liebe zwischen ihnen, das Vertrauen und den Frieden, ihre Freiheit. Sie leben miteinander, eins mit sich, eins mit dem anderen, eins mit der Erde und mit dem Großen Geist.

Eines morgens ist er, als sie aufwacht, nicht mehr da. Sie sorgt sich nicht, denn er bricht oft alleine zu seinen Wanderungen auf. Nur seine beiden Wölfe dürfen ihn begleiten.

Heute ist wieder Vollmond und so beschließt sie, auf den Gipfel des Heiligen Berges zu steigen, um dem Großen Geist noch näher zu sein. Am Gipfel findet sie den Körper ihrer Zwillingsseele. Tot. Seine Seele ist nach Hause gegangen. Die Wölfe liegen neben ihm und bewachen ihn, sie warten auf sie. Sie fühlt eine tiefe Trauer, einen dumpfen Schmerz, aber auch Dankbarkeit und Freude, dass sie mit ihm hat zusammen sein, mit ihm leben, von ihm hat lernen dürfen.

Sie nimmt seinen Körper in die Arme. Sie weint und beobachtet das letzte Glühen der Sonne, die Berge und den Himmel. Und plötzlich sieht sie die beiden Adler, die in den Lüften schweben.

Dies ist ein Zeichen des Großen Geistes, dass der Tod nur kurzfristig ist und nur den Körper betrifft und nicht die Seele, denn die Seele lebt ewig.

Der volle Mond geht auf. Es wird Nacht. Die beiden Wölfe heben ihre Köpfe und heulen.

Sie weint. Sie ist getrennt von ihrer Zwillingsseele und doch eins mit ihr. Und sie begreift, dass das immer so sein wird und schon immer so gewesen ist.

Am Morgen sammelt sie Steine, die sie in Form einer Pyramide um und über seinen toten Körper aufbaut. Die Pyramide ist sein Symbol für das Leben, die Erde und den Großen Geist gewesen. In einer Pyramide will sie ihn bestatten.

Auf der Suche nach Steinen findet sie zwei Federn von Weißkopfadlern, die sie gestern Abend am Himmel gesehen hat, ein Zeichen des Großen Geistes. Sie nimmt sie und legt sie ihm überkreuzt auf die Brust, dorthin, wo das Herz schlägt. Zwillingsseelen finden sich über das Herz, denn dort ist im menschlichen Körper ihre ewige Verbindung manifestiert. Das Kreuz aus Federn symbolisiert, dass sich die Wege der Zwillingsseelen immer wieder überkreuzen, dass sie einander immer wieder treffen werden.

Sie legt den letzten Stein auf die Spitze der Pyramide und empfiehlt die Grabstätte dem Großen Geist.

Dann geht sie. Die beiden Wölfe folgen ihr.

Februar 2003

Sie steht auf der Dachterrasse des Hotels und beobachtet, wie die verschneiten Berge in der Dämmerung versinken. Hie und da leuchtet ein Gipfel noch hellrosa im Licht der untergehenden Sonne auf, ragt rosa in den grauen Himmel. Die Mondsichel zeigt sich schon und die ersten Sterne funkeln.

Sie denkt an ihn, an all das, was sie bis jetzt über ihre gemeinsame Vergangenheit weiß, an ihre gemeinsame Gegenwart und spekuliert, was die Zukunft bringen wird. Sie ist glücklich, zufrieden mit ihrem Leben. Vergessen ist die Einsamkeit, die Trauer, die Suche, das Heimweh, das sie ihr bisheriges Leben hindurch empfunden hat.

Jetzt lebt sie in der Gegenwart, genießt das Leben, vertraut dem Universum, Gott, der Großen Sonne, und lässt sich vom Fluss des Lebens tragen. Sie hat gelernt, dass das der Weg des Lebens nach dem Alten Wissen ist. Sie hat den Kampf gegen ihren menschlichen Verstand gewonnen, den Kampf zwischen Ego und Seele, den Kampf zwischen Licht und Dunkelheit, den Kampf, den sie schon tausende Jahre führt. Sie hat das Licht in sich gefunden und will ab jetzt nur noch ins Licht sehen, der Dunkelheit endgültig den Rücken zuwenden – so wie sie es in Atlantis im Großen Tempel des Lichts Toth geschworen hat. Wie oft hat sie diesen Schwur gebrochen ...

Damit hat sie etwas geschafft, was sie sich für dieses Leben, diese Inkarnation vorgenommen hat. Aber sie fühlt, dass da noch viel mehr ist. Sie erinnert sich an die Momente vor der Notoperation, als sie mit dem Alten Mann gesprochen hat, der ihr gesagt hat, dass sie noch nicht bleiben kann, dass sie auf der Erde noch etwas erledigen muss.

Aber was? Sie hat schon so viel erledigt – was ist also noch zu tun?

Sie versinkt bei der Betrachtung der Landschaft in sich selbst, überlässt sich ihrer Seele und dem Fluss des Lebens ...

... und erinnert sich plötzlich an 1944, als sie mit ihrer Zwillingsseele kurz vor dessen neuerlicher Geburt im Universum schwebte. Sie hatten damals eine Vereinbarung getroffen für das gegenwärtige Leben.

Sie sieht es jetzt ganz genau. Alles, was bisher in diesem Leben zwischen ihnen passiert ist, entspricht dieser Vereinbarung. Nur haben sie auch viele Umwege gemacht, sind Irrwege gegangen – die vielen Trennungen und Missverständnisse zum Beispiel. Sie sind aber trotz der Irrungen, die von ihrem Verstand, ihrem menschlichen Denken hervorgerufen worden waren, ihren Seelen, Gottes Großem Plan, gefolgt. Nur hätten sie es einfacher haben können ...

Aber das ist jetzt egal, es ist eben so gelaufen. Das passiert, wenn man sich nicht vom Fluss des Lebens tragen lässt, nicht auf seine Seele hört, nicht auf Gottes Großen Plan vertraut.

Alles, was man braucht und will, kommt, wenn man vertraut. Das erkennt sie jetzt ganz klar und deutlich. Der Mensch ist der Schöpfer seines Lebens – das, was er will, wird eintreten. Das ist die Macht der Gedanken. Alles funktioniert auf Grund der Liebe Gottes. Diese Liebe ist die eine Kraft, aus der Alles kommt, was ist, die Alles, was ist, erschaffen hat.

Die Große Sonne ist die Liebe. Die Liebe ist die Kraft, die ernährt und erschafft. Und es ist die selbe Kraft, die selbe Liebe, die zerstört.

Ob sie erschafft oder zerstört, hängt nur vom Gedanken des Menschen, des Schöpfers, ab, denn die Liebe ist eine neutrale, objektive Kraft, die erst durch den Gedanken des Schöpfers in Menschengestalt subjektiv, gesteuert und gelenkt wird und dadurch das Gute oder Böse erschafft, das Gebärende oder das Zerstörende. Und egal, was der Mensch mit Gottes Liebe erschafft – die Schöpfung ist objektiv, unbewertet, unverurteilt, unbeurteilt. Auch von Gott selbst, denn er hat den Menschen den freien Willen gegeben und lässt sie ihren freien Willen entsprechend leben. Nur die Menschen beurteilen und verurteilen und schaffen dadurch Leid, Not, Krieg und Elend auf der Welt.

Ist es möglich, Gottes Großen Plan zunichte zu machen? Nein.

Ist es möglich, Gottes Großem Plan nicht zu folgen? Kurzfristig ja, das heißt, mehrere Leben hindurch. Langfristig nein.

Gottes Großer Plan legt auch die Spielregeln für das Leben fest, die Spielregeln, die jede Seele auch als gut und richtig anerkannt hat – und deshalb wird man dem Großen Plan am Ende folgen.

Denn so ist es gut.

So soll es sein.

Nun erkennt sie, wie das Leben funktioniert, und weiß, dass für sie gesorgt ist.

Immer.

Sie weiß, dass Gott da ist und ihr zur Seite steht – wenn sie es zulässt.

Sie lässt es zu und genießt das Gefühl der Dankbarkeit, der Freude, der Liebe, des Schutzes und des Vertrauens.

„Was haben wir vereinbart für dieses Leben?"

Aus den Tiefen ihrer Seele kommt die Antwort.

Klar und deutlich.

Frühling 2003

Er schläft, sie betrachtet ihn voller Liebe und Zärtlichkeit. Sie liebt ihn, so tief, so inniglich, so unendlich, so unbeschreiblich. So wie man eben nur seine Zwillingsseele liebt.

Er weiß noch immer nichts von ihrem Wahren Sein als Zwillingsseelen. Aber er liebt sie so wie sie ihn. Für ihn ist ihre Beziehung eine Überraschung, ein Wunder. Er hat so etwas noch nicht erlebt, hat nicht gewusst, dass es so etwas gibt.

Sie ist müde, will aber nicht schlafen. Die gemeinsame Zeit ist zu kostbar, um sie zu verschlafen. Sie genießt seine Nähe, seine Wärme, betrachtet das Gesicht, das sie so sehr liebt, dessen Schönheit sie so sehr fasziniert und ganz tief in ihr etwas berührt.

Ihr ist heiß, aber sie wagt nicht, sich zu bewegen, denn sie will ihn nicht wecken. Ganz vorsichtig schiebt sie ihr rechtes Bein unter der Decke hervor, in der Hoffnung, sich etwas abzukühlen. Genau in diesem Moment wird er wach, sieht sie an, küsst sie zärtlich und fragt, wo ihr rechtes Bein ist.

„Draußen, weil mir heiß ist“, sagt sie und bewegt sachte den Fuß.

„Ich will nur wissen, ob alles von Dir da ist.“

Dann küsst er sie nochmals, drückt sie fest an sich und schläft wieder ein.

Sie beobachtet ihn weiter und denkt nach. Es geschieht sehr oft, dass er überprüft, ob „alles von ihr da ist“. Er will immer, dass sie es bequem hat, gut sitzt oder liegt, dass sie sich wohl fühlt. Sie ist gerührt von seiner Fürsorge – so etwas hat sie noch nicht erlebt, sich aber immer danach gesehnt. Und sie ist dankbar für seine Liebe, seine Zärtlichkeit, für all diese wunderbaren Geschenke, die sie andauernd von ihm erhält. Sie ist glücklich, dass sie das – nach allen Schwierigkeiten, die sie überwunden haben – doch noch erleben darf.

Plötzlich, aus dem Nichts heraus, sieht sie wieder in die Vergangenheit, wie so oft in den letzten Monaten, seit sie auf der Suche nach ihrer Zwillingsseelen viele, viele vergangene Leben erforscht hat.

Es ist Krieg. Ein lange vergangener Krieg. Kaiser Napoleons verlustreicher Feldzug gegen Russland. 1812. Uniformierte Männer, Soldaten, mit Gewehren, rennen auf einer staubigen Dorfstraße schreiend dem Feind entgegen. Die Strohdächer der Bauernhäuser brennen lichterloh. Deren Bewohner sind längst geflohen. Rauchschwaden nehmen Atem und Sicht. Hühner laufen wild gackernd umher, in ihrer Ruhe und ihrem friedlichen Leben gestört. Chaos. Angst. Armageddon. Blut, Schweiß, Tote, Verwundete, Halbtote im Staub auf der Straße. Schreie. Angst. Große Angst. Angst vor dem Tod, vor Verstümmelung, die letztlich auch Tod bedeutet, qualvollen Tod.

Sie müssen weiter, mitlaufen auf der staubigen Straße, die einst durch ein friedliches Dorf führte, aber jetzt eine Straße des Todes ist.

Sie waren dabei gewesen – sie erinnert sich jetzt genau. Der Mann, in dessen Armen sie jetzt liegt, und sie. Sie ist damals auch ein Mann gewesen, sie waren beide Soldaten, Kameraden, Freunde, die eine tiefe Beziehung miteinander verband.

Sie laufen Seite an Seite auf der staubigen Straße dem Feind entgegen. Sie laufen nicht freiwillig, sie müssen, werden vorwärts getrieben wie Vieh zur Schlachtbank. Einer spürt die Angst des anderen, aber sie sind froh, dass sie zusammen sind, dass sie wenigstens gemeinsam durchs Grauen gehen. Und sie haben die Hoffnung, das alles zu überleben.

Plötzlich fällt einer von beiden. Sie fällt, von einem Schuss getroffen, der ihr den Leib zerfetzt, ihren Körper augenblicklich sterben lässt. Er sieht sie fallen, sieht ihren zerfetzten Bauch. Ein gewaltiger Schmerz erfasst ihn, lässt ihn stehen bleiben. Die Welt versinkt um ihn herum. Sein Kamerad, sein bester Freund, ist gefallen.

Er kniet sich hin und nimmt den toten Körper fest in seine Arme. Er weint – vor lauter Schmerz und Entsetzen. Das Blut des geliebten Freundes bildet Klumpen mit dem Staub, versickert im Staub der einst friedlichen Dorfstraße, das Leben verrinnt. Rund um ihn herrscht das Chaos, die Soldaten, seine anderen Kameraden, laufen schreiend um ihn herum, er blockiert den Weg. Er bemerkt es nicht. Und würde er es wahrnehmen, wäre es ihm egal.

Der geliebte Freund ist tot. Er hält den toten Körper in seinen Armen und in dem Moment schwört er bei Gott, dass es ihm niemals mehr passieren wird, dass er erleben muss, dass ein geliebter Mensch so elendig stirbt. Er schwört bei Gott, die Menschen, die er liebt, zu beschützen und vor allem Grauen zu bewahren.

1812, 2003 – 191 Jahre sind vergangen. Und er hält seinen Schwur.

Schwüre und Eide sind in der Seele „gespeichert". Man folgt ihnen so lange durch alle Leben, bis man sie entdeckt und auflöst. Erst dann ist man frei von ihnen.

Jetzt weiß sie, warum er immer überprüft, ob „alles von ihr da ist". Er folgt einem Schwur, den er vor 191 Jahren geleistet hat. Vor Gott. Vor seiner Seele.

Sie ist der Kamerad gewesen, der im Feldzug gegen Russland gefallen ist. Daher kommt seine Sorge um ihr Wohlergehen.

Geborgen und geschützt schläft sie in seinen Armen ein.

Dezember 2003

Bald wird es dämmern, aber sie haben es nicht mehr weit zum Hochsitz. Sie kommen aus dem Wald auf eine schneebedeckte Wiese – ringsherum sind nur die Gipfel der Berge, Wiesen und Wälder zu sehen, kein Mensch und kein Auto. Unberührte Natur, so weit das Auge reicht. Wunderbar!

Die Wiesen, die Wälder, die Berge – alles ist in einen feinen Nebel gehüllt und mit Schnee bedeckt. Der Himmel ist hellgrau und in unendlich weiter Ferne versinkt die Sonne am Horizont, das Grau des Himmels verstärkend.

Unsere Zwillingsseelen stehen Hand in Hand auf der Wiese, sehen sich um und staunen, sind ergriffen, in ihren Seelen berührt.

Magisch, mystisch liegt die Welt vor ihnen.

Sie sieht die Wiese, den Wald, die Berge und erinnert sich an die Vergangenheit, an ein längst vergangenes Leben.

Die Priesterinnen stehen schweigend im Kreis um ein Steinmonument. Gewaltige Steine sind kreisförmig angeordnet worden an einem von Druiden sorgfältig ausgewählten Ort. Vom Himmel aus betrachtet sieht das Monument wie ein Kreis mit einem Punkt in der Mitte aus – das Symbol Gottes, der Großen Sonne.

Der Ort ist heilig, dem Abhalten von Ritualen vorbehalten, denn es treffen dort Kosmische Energie und die Energie die Erde in einer besonders hohen Konzentration aufeinander und vereinen sich zu einer speziellen Art von Energie, die von den Priesterinnen und Druiden genutzt wird, um die Erde zu bewegen, Ereignisse herbeizuführen, die Geschicke der Menschheit zu lenken – wenn es die Große Sonne will und zulässt, wenn es der Höheren Ordnung entspricht.

Sie ist eine der Priesterinnen und sehr stolz darauf. Ihre Lehrzeit ist beendet, ihre Einweihungsprüfung bestanden und sie ist offiziell zur Priesterin geweiht worden. Sie wird nun nicht mehr nach Hause, zu ihrem Vater, zurückkehren.

Sie ist in Rom geboren und ihr Vater wurde auf Befehl des römischen Kaisers Claudius nach Britannien versetzt, um dort eine Garnison zu befehligen. Und so traten sie die lange, aufregende Reise mit dem Segelschiff an. Sie erinnert sich an ihre Freude, das Meer zu sehen, den Wind in den Haaren zu spüren, und hat das tiefe Gefühl, dass in ihrer neuen Heimat etwas Besonderes auf sie wartet oder etwas Besonderes geschehen wird.

Sie hat nur ihren Vater, der sie liebt. Ihre Mutter ist bei ihrer Geburt gestorben, und da sie die Erstgeborene ist und ihr Vater nicht mehr geheiratet hat, hat sie keine Geschwister. Ihr Vater und sie haben in Rom in einem großen Haus gelebt. Er verschaffte ihr Hauslehrer, denn er legte sehr viel Wert auf ihre Bildung. Sie sollte lesen und schreiben können und alles wissen, was über die Welt bekannt ist. Sie war fleißig und lernte gern. Sie hatte mehrere Lehrer, viele davon waren bei diversen Feldzügen und Kriegen gefangen genommen und als Sklaven verkauft worden. Gefangene mit besonderer Bildung wurden von ihrem Vater gekauft und zu ihr gebracht, um sie zu unterrichten. An vielen dieser Stunden hat auch ihr Vater teilgenommen, denn auch er wollte so viel wie möglich über die Welt erfahren.

Nun sind sie also auf dem Schiff, der Wind bläht die Segel, die Wellen tragen sie der neuen Heimat entgegen.

Eines Tages – sie sind schon zwei Jahre in Britannien – bringt ihr Vater eine Priesterin mit in ihr Heim und eröffnet ihr, dass sie mit ihr gehen wird, um die Kunst des Heilens, die Kunde der Kräuter und das Alte Atlantische Wissen zu erlernen.

Atlantis ist untergegangen – aber viele Kinder des Lichts haben sich retten können, weil sie an die Prophezeiung des Untergangs geglaubt und Vorkehrungen zur Flucht getroffen haben. Und so verteilen sich die Überlebenden des Untergangs von Atlantis über die ganze Welt und haben ihr Wissen von Generation zu Generation weitergegeben.

Dieses Wissen soll sie nun erlernen.

Sie ist zwar traurig, dass sie sich von ihrem Vater trennen muss, aber die Neugier und die Freude überwiegen das Gefühl des Verlustes und machen den Abschied vom geliebten Vater leichter.

Der stellt eine prächtige Aussteuer zur Verfügung – Pferde, Gold, Getreide, Geflügel, Kühe, Ziegen, Webstühle, Spinnräder, Farben zum Färben der Wolle, Leinen – und dann kommt der Tag der Abreise. Sie fühlt, dass wieder einmal ein Abschnitt in ihrem Leben zu Ende geht, dass es ein Aufbruch zu neuen Ufern ist, eine Reise in eine neue Heimat, ins Unbekannte. Die Priesterin sagt ihr, dass jedes Ende einen neuen Anfang bedingt, dass es ohne Anfang kein Ende gibt und ohne Ende keinen Anfang. Anfang und Ende – dadurch schließt sich der Kreis. Seit ewigen Zeiten, denn, so sagt die Priesterin, es muss so sein, weil es einem Kosmischen Gesetz entspricht. Und alles, was ist, folgt diesen Gesetzen Gottes, denn Alles, was ist, kommt aus Gott und geht zu Gott zurück.

Und so reisen sie ab.

Ihre neue Heimat erweist sich als Insel, die leicht zu erreichen ist, ausschließlich bewohnt von Priesterinnen und Druiden. Ihre Lehrzeit beginnt. Sie wird nicht nur von den Priesterinnen unterrichtet, sondern auch von den Druiden.

Und unter denen gibt es einen ganz besonderen ...

Jedes Mal, wenn sie ihn sieht, schlägt ihr Herz höher, fühlt sie in sich eine große Freude. Aus dieser Freude wird Liebe, die sie aber für sich behält, da sie Angst hat, sie ihm zu offenbaren. Sie hat mittlerweile gelernt, dass Angst tödlich ist, dass Angst genau das ins Leben holt, was man nicht haben will, dass genau das eintreten wird, wovor man Angst hat. Aber dennoch hat sie Angst – Angst vor der Zurückweisung, Angst, dass der Druide sie nicht liebt wie sie ihn.

Sie verbringen viel Zeit miteinander, streifen durch Wälder und Felder, beobachten die Tiere, den Himmel, Sonne, Mond und Sterne. Er erzählt ihr von der Großen Göttin, die sich mit Gott vereinigt hat, und dass aus dieser Vereinigung alles, was ist, entstanden ist als Ausdruck ihrer Liebe zueinander. Alles ist mit Liebe aus Liebe geboren, jeder Mensch, jeder Stein, jede Pflanze, jedes Tier.

Eines Tages sitzen sie im Schatten eines Baums auf einer Wiese, schweigend, jeder seinen Gedanken folgend, in sich selbst versunken. Ein Geräusch lässt sie aufhorchen. Sie sehen einen Hirsch mit einer Hirschkuh über die Wiese ziehen. Der Gott und die Göttin zeigen sich. Der Druide hat ihr erklärt, dass Hirsch und Hirschkuh Heilige Tiere sind, denn in ihnen verkörpern sich Gott und Göttin als König und Königin des Waldes. Sie beobachten die beiden Tiere ... und driften aus der Gegenwart in die Vergangenheit. Und erinnern sich gemeinsam an ein längst vergangenes Leben, das sie als Hirsch und Hirschkuh miteinander verbracht haben vor dem Beginn der Zeit, die Erde erfahrend.

Der Druide und die Priesterin erkennen, dass sie Zwillingsseelen sind, seit ewigen Zeiten miteinander verbunden, miteinander aus der Großen Sonne geboren.

Zwillingsseelen.

Hirsch und Hirschkuh.

Gott und Göttin.

Aus der Ewigkeit kommend, in die Ewigkeit gehend.

Verbunden durch eine Liebe, die sich auch in diesem Leben entfaltet und sie auch als Menschen wieder vereint.

Noch immer umringen die Priesterinnen schweigend den Steinkreis. Sie warten, bis der Vollmond genau über seinem Mittelpunkt steht. Dann werden sie Himmel und Erde beschwören, Gott und Göttin, werden um Schutz und Hilfe bitten, denn mittlerweile werden sie verfolgt, gejagt und getötet. Die Christenschar wird immer größer, deren Priester sie verachten, hassen und verfolgen, denn sie haben Angst vor dem Alten Wissen, vor dem Licht. Sie wollen die Welt und die Menschen in der Dunkelheit belassen, um sie manipulieren zu können, um sie zu unterdrücken und zu Sklaven zu machen.

Ihre Zwillingsseele ist mittlerweile heimgegangen zur Großen Sonne. Er ist von einer Gruppe Christen der Ketzerei bezichtigt und auf einem Marktplatz gesteinigt worden; dabei wollte er die Menschen nur an das Alte Atlantische Wissen, an den Gott und die Göttin, erinnern. Er ist seinem Auftrag, seiner Bestimmung, seinem Lebensplan, gefolgt – und hat dafür sein Leben geopfert. Freiwillig.

Er hat es gewusst, bevor er dieses Leben begonnen hat, in einen Menschenkörper geboren wurde. Und auch sie hat es gewusst, denn sie haben vor der Wiedergeburt dieses Leben gemeinsam geplant und sich dafür entschieden, es zu leben. Mit allen Konsequenzen.

In der Ewigkeit des Universums ist ein Menschenleben nur ein kurzer Augenblick wie der Flügelschlag eines Schmetterlings, aber so klein der Flügel des Schmetterlings auch ist, bewegt er trotzdem das Universum – so wie auch jedes Menschenleben. Nichts ist umsonst, nichts ist vergeblich. Alles hat einen Sinn, folgt Gottes Großem Plan, bewegt sich auf die Vollendung zu.

Sie vermisst ihre Zwillingsseele in Menschengestalt – sehr sogar. Aber sie fühlt, dass er bei ihr ist. Immer. Sie spürt auch jetzt seine Gegenwart. Er ist hier bei ihr, im Steinkreis, und hilft mit, die Kräfte für das bevorstehende Ritual zu verstärken und zu konzentrieren.

Als sie noch seine Schülerin gewesen ist, hat er ihr erzählt, dass es Zwillingsseelen gibt und dass sie beide Zwillingsseelen in Menschengestalt sind. Er hat ihr auch gesagt, dass Zwillingsseelen immer miteinander verbunden sind, egal, wo sie sind, und dass sie deshalb auch immer miteinander reden können. Man muss die Zwillingsseele nur rufen und sie wird antworten. Immer. Das ist ein Gesetz. Das Echo der Zeit bringt die Antwort.

Das Rad des Lebens dreht sich, die Zukunft wird zur Gegenwart und versinkt in der Vergangenheit. Das, was immer bleibt, ist das Echo der Zeit. Manchmal teilen sich Zwillingsseelen ein Rad des Lebens, dann hat wiederum jede Zwillingsseele ihr eigenes Rad des Lebens und lebt alleine, ohne die menschliche Gegenwart der anderen Zwillingsseele. Was bleibt, ist immer das Echo der Zeit, das die Antwort der Zwillingsseele bringt.

Sie weiß, dass ihre Zwillingsseele ihr nur vorausgegangen ist. Sie wird noch eine Weile bleiben. Es gibt noch viel Wissen weiterzugeben, mündlich, in Stein zu ritzen, in Höhlen aufzuzeichnen. Es müssen noch Monumente gebaut werden, so wie sie in längst vergangener Zeit die Große Pyramide und den geflügelten Löwen in Ägypten errichtet haben. All das haben sie getan, weil sie hofften, dass die Menschen, die in der Zukunft geboren werden, sich an das Alte Wissen erinnern werden, wenn sie einst diese Bauwerke und Aufzeichnungen studieren. Diese Monumente sind nach dem Alten Wissen gebaut und beinhalten das Alte Wissen. Und sie sind Mahnungen, die zeigen, was kommen wird, wenn die Menschheit weiterhin in der Dunkelheit verharrt. Noch ist das Neue Erdzeitalter jung, hat erst begonnen, aber die Zeit schreitet voran, die Ereignisse nehmen ihren Lauf. Gesteuert vom Willen der Menschheit, ihrem Freien Willen entsprechend.

Mittlerweile steht der volle Mond am Himmel, die Priesterinnen singen einen uralten, aus Atlantis stammenden Text, bewegen sich in einem uralten Rhythmus, vollziehen ein uraltes Ritual.

Sie sind eins mit der Erde und eins mit dem Universum. Sie folgen Gottes Großem Plan und gehen den Weg der Vollendung.

Sie sitzen nebeneinander am Hochsitz, ineinander versunken, in Liebe vereint, verzaubert von der Magie des Ortes.

Ein Geräusch lässt sie aufhorchen. Sie sehen einen Hirsch und eine Hirschkuh über die Wiese ziehen.

Der Gott und die Göttin zeigen sich.

Zwillingsseelen.

Hirsch und Hirschkuh.

Gott und Göttin.

Aus der Ewigkeit kommend, in die Ewigkeit gehend.

Verbunden durch eine Liebe, die sich auch in diesem Leben entfaltet und sie auch als Menschen wieder vereint.

2003.

100 nach Christus ist sie nach Britannien gekommen.

903 Jahre sind vergangen.

Das Römische Weltreich ist längst zerfallen, versunken im Staub der Vergangenheit, nur mehr Episode im Geschichtsunterricht.

Sie aber sind wieder zusammen.

Leben wieder oder immer noch.

Was der Mensch erschafft, ist nicht auf Dauer angelegt. Was Gott erschafft, währt ewig. So wie die Liebe zwischen Zwillingsseelen, den Ebenbildern Gottes, Ausdruck der Liebe Gottes.

6. März 2004

Sie liegt auf dem Fußboden und drückt ihren Hund Basti fest an sich, ihren treuen Weggefährten, der sich nun anschickt, sie endgültig zu verlassen, zu sterben. Sie streichelt ihn, flüstert ihm liebevolle Worte zu und weint. Es tut so weh, Basti zu verlieren! Sie fühlt sich einsam und jetzt schon verlassen. Vierzehn Jahre ihres Lebens hat er mit ihr geteilt, ist da gewesen, hat auf sie gewartet, sich so sehr gefreut, wenn sie nach Hause gekommen ist, mit ihm gespielt hat oder spazieren gegangen ist. Er ist immer ihr bester Freund gewesen und sie hat auch immer das Gefühl gehabt, dass er sie versteht, ihren Kummer und ihre Sorgen, aber auch Freude und Glück. Immer zeigten seine sanft braunen, schimmernden Hundeaugen bedingungslose Liebe für sie. In der schlimmen Zeit nach der Operation hat er sie Tag und Nacht bewacht, hat sie nur kurz zur Befriedigung seiner dringendsten Bedürfnisse verlassen und ist anschließend eiligst zu ihrem Bett zurückgekehrt. Nicht einmal spazieren gehen wollte er damals. Ihre Mutter hatte seine Wasser- und Futterschüsseln in ihr Zimmer getragen, damit er nicht so hektisch fraß. Nicht einmal den Arzt wollte er an ihr Bett lassen. Nachdem sie ihn beruhigt hatte, entfernte er sich ein wenig, beobachtete aber den Mann ganz genau, sprungbereit, um sie zu beschützen. Sie hat ihren Basti schon immer geliebt– aber seit dieser Zeit ist ihre Liebe zu ihm grenzenlos.

Und jetzt wird er bald für immer gehen. Wie so oft in ihrer gemeinsamen Zeit tropfen Tränen in seinen Pelz. Sie beobachtet, wie sie sich zwischen den Haaren verlaufen und schließlich in ihnen versickern. Sie sieht ihm in die treuen, braunen Hundeaugen, die sie voller Liebe und Dankbarkeit ansehen, dass sie ihn in seinen letzten Minuten auf der Erde nicht alleine lässt. Matt leckt er ihre Nase – das war immer sein Liebesbeweis. Sie ist verzweifelt. Andererseits ist sie dankbar, dass sie mit ihm leben und eine schöne Zeit mit ihm verbringen durfte.

Sie erinnert sich zurück an den strahlenden Sommertag im August 1990, als sie ihn zum ersten Mal gesehen hat ...

Sechs Dackelbabies wuseln durcheinander, drängen sich um die Zitzen der Mutter, die auf der Seite liegend gelassen das Getümmel beobachtet und ihre Welpen geduldig an sich saugen lässt. Einer von ihnen löst sich aus der Gesellschaft seiner Geschwister und tapst auf sie zu, noch wackelig auf den Pfoten, sechs Wochen alt und extrem neugierig. Sie beobachtet ihn voller Freude, seine Tollpatschigkeit rührt sie, die langen Dackelohren, das entzückende Dackelbabygesicht – sie ist hingerissen, kniet sich in die Wiese. „Wenn er wirklich auf mich zukommt", denkt sie, „dann ist er es! Dann ist er mein Hund!"

Und wirklich, ungeschickt, aber zielstrebig steuert der Welpe auf sie zu. Er ist hellbraun, die Ohren sind etwas dunkler und die Schwanzspitze ist schwarz. Sie liebt den Hund vom ersten Augenblick an – eine Liebe, die ein Dackelleben lang nicht vergehen wird.

Jetzt, vierzehn Jahre später, wird das Leben des geliebten Basti in den nächsten Stunden unweigerlich zu Ende gehen. Und sie wird wieder allein sein – so wie damals, bevor sie ihn gekauft hat. Eine Beziehung zu einem Mann, den sie geliebt hat, war zu Ende gegangen. Es tat unglaublich weh. Sie sehnte sich nach einem Gefährten, der sie so liebt wie sie ihn, der für sie da ist so wie sie für ihn. Und so reifte damals der Entschluss, einen Hund zu kaufen. Sie haben wunderbare Jahre miteinander verbracht.

Ein letzter Blick noch in die treuen Hundeaugen. Ein Seufzer, dann ist er tot.

Obwohl sie damit gerechnet hat, ist der Schmerz grenzenlos. Sie drückt den leblosen Körper, der noch warm ist, aber dennoch ohne Leben, an sich, bedankt sich bei dem Hund für die schöne Zeit, für seine Liebe, dass er bei ihr war und mit ihr gelebt hat. Er ist ein Seelengefährte, ihr Freund, eine liebende, geliebte Seele, die vierzehn Jahre ihres Lebens mit ihr geteilt hat. Sie tröstet sich auch damit, dass die Seele ihres Hundes ein Seelengefährte ist, ein Mitglied ihrer Seelenfamilie.

Es wird ein Wiedersehen geben. Bei der Großen Sonne oder vielleicht bald wieder hier auf der Erde?

Frühling 2004

Sie sieht dem Flugzeug nach, das langsam auf die Startbahn zurollt. Sie spürt noch immer seinen letzten Kuss auf ihren Lippen und seine Umarmung, zärtlich und liebevoll.

Nachdem das Flugzeug aus ihrem Sichtfeld entschwunden ist, dreht sie sich um und geht zum Parkhaus. Sie ist traurig. Vier lange Wochen ohne ihn stehen ihr bevor.

Er sitzt im Flugzeug, genießt dessen enorme Kraft, mit der es sich in den Himmel hebt. Afrika! Sein geliebtes Afrika wird er in wenigen Stunden betreten, den Kontinent, den er in seinem Innern immer als sein Zuhause betrachtet hat, weil er sich dort glücklich und geborgen – eben zu Hause – fühlt. Außerdem erfüllt er sich einen großen Traum: Er wird den Kilimandscharo besteigen.

Der Aufstieg ist langwierig und körperlich sehr anstrengend. Sein Wille ist eisern und so gibt er nicht auf. Und da sind diese Träume. Obwohl er todmüde ist, erinnert er sich an jedes Detail, wenn er wach wird. Immer wieder sieht er sie bis zum Bauch in hohem Gras stehen. Er ist sich sicher, dass sie es ist, obwohl sie eine junge, afrikanische Frau ist. Sie ist schön mit ihrer dunklen Haut, den blitzenden weißen Zähnen, den braunen, sanften Augen und dem schwarzen Haar. Der Ort, an dem sie sich treffen, liegt weit entfernt von den Dörfern, in denen sie leben. Es ist ihr geheimer Treffpunkt.

Warum treffen sie sich heimlich? Er weiß es nicht. Noch nicht.

Der Afrikaner, der ihn zum Gipfel begleitet, erzählt ihm immer wieder Geschichten über Stammessitten, das Leben in den Dörfern und afrikanische Märchen. Er staunt, dass der Guide, wenn er selbst schon keine Luft mehr bekommt, noch immer munter drauf los reden kann. Aber er schafft es, ihm zumindest aufmerksam zuzuhören. Außerdem ist es eine willkommene Ablenkung von den körperlichen Strapazen.

Und jede Nacht kommt der selbe Traum wieder, der, je näher der Gipfel rückt, immer deutlicher und klarer wird.

Sie lieben einander. Aber diese Liebe ist verboten, weil sie Stämmen angehören, zwischen denen Krieg herrscht. Ihre Liebe ist so tief, so inniglich, dass sie das Risiko eingehen, von ihren Stämmen ausgeschlossen zu werden, falls sie bei einem ihrer geheimen Stelldicheins ertappt werden. Der Ausschluss aus der Gemeinschaft ist die geringste Strafe für das Verbünden mit dem Feind.

Sein Guide bestätigt ihm dies und sagt, dass diese Strafe bei manchen Stämmen Afrikas auch heute noch üblich ist.

Mittlerweile ist er sehr neugierig, wie die Geschichte weitergeht. Er nimmt sich fest vor, die Fortsetzung der Geschichte zu träumen. Allerdings ist er von dem tagelangen Aufstieg so erschöpft, dass er sich an seine Träume beim Aufwachen nicht mehr erinnern kann.

Wenn er an die Frau aus seinen Träumen denkt, fühlt er eine tiefe Liebe, aber auch einen großen Schmerz ähnlich dem, den er gespürt hat als sie damals, an dem verwunschenen Tag, gekündigt und er sie hat gehen lassen.

Es ist der Schmerz des Verlustes, den er spürt.

Am nächsten Tag erreicht er mit letzter Kraft den Gipfel. Der Anblick der Landschaft von dieser Höhe aus ist atemberaubend. Schnaufend und mit klopfendem Herzen bedankt er sich bei seinem Guide, der ihn die letzten Meter, die die schlimmsten des gesamten Aufstiegs waren, motiviert hat, ihm die geistige Kraft gegeben hat, den unwilligen Körper noch ein vorerst letztes Mal zum Weitergehen zu bewegen.

Abends wird der Gipfelsieg gefeiert. Die Bergsteigergruppe ist ausgelassen und fröhlich; fast alle haben es auf den Gipfel geschafft.

Sie steht im hüfthohen Gras und wartet auf ihn, lächelt, als sie ihn sieht, winkt ihm. Er läuft voller Freude auf sie zu ... und erstarrt. Er ruft ihr zu, sich nicht zu bewegen. Sie hört ihn nicht, ist voll auf ihn konzentriert, strahlt vor Glück und Erwartung.

Sie winkt ein letztes Mal, denn in diesem Augenblick setzt der Löwe zum Sprung an. Wie in Zeitlupe sieht er, wie die Raubkatze sie niederreißt, er hört ihren Schrei, sieht das Blut spritzen als das Tier seine mächtigen Pranken in ihren zarten Leib schlägt, ihn zerfetzt und sein Maul mit den gewaltigen Zähnen zum Biss in ihren Hals öffnet. Er sieht, wie ihr Körper unter dem des Löwen begraben wird.

Der Bergkamerad, mit dem er das Zelt teilt, weckt ihn: „Was ist los? Geht's Dir nicht gut? Du hast geschrieen und um Dich geschlagen."

„Ich hatte einen Albtraum. Den schlimmsten meines Lebens."

Sie steht in der Ankunftshalle. Lächelnd, gesund, unversehrt. Er nimmt sie in seine Arme und küsst sie.

Nie mehr wird er sie verlassen. Niemals.

Sommer 2004

Der Mönch geht durch die dunklen Gänge des Klosters, er spürt sein langes Gewand auf seinen nackten Beinen. Dieses Gefühl macht ihn stolz und glücklich und er weiß, dass er das Richtige getan hat, als er sich von der Welt zurückgezogen hat.

Einst ist er ein Bauer gewesen, hat ein armes und mühsames Leben geführt, am Rande der Existenz. So unermüdlich, wie er seine Äcker bestellt hat, hat er auch nach etwas gesucht, von dem er nicht genau wusste, was es ist, aber er war gewiss gewesen, dass er dieses Etwas erkennen würde, wenn es ihm begegnete.

Eines Tages war es dann soweit. Ein Bettelmönch begegnete ihm bei Sonnenaufgang auf dem Weg zu seinen Feldern. Er war frohen Mutes an diesem Morgen, die Dämmerung zeigte sich in goldenen Farben, brachte die sattgrünen mit Tautropfen benetzten Blätter zum Funkeln, erleuchtete den Himmel genauso wie die Seele und das Herz. Die Luft war klar und kühl, es versprach, ein wunderbarer Tag zu werden. Er teilte mit dem Mönch sein Frühstück – ein bisschen Tee und zwei Hände voll Reis.

Gott zeigt sich in vielerlei Gestalt mit vielen Gesichtern. Gott begegnet dir überall, Du musst ihn nur erkennen.

Und so traf der Bauer Gott, erkannte ihn in der Gestalt des Bettelmönches und verwandelte sich so von einem Bauern in einen Mönch, denn plötzlich hatte er das Etwas, das er schon so lange suchte, erkannt: Den Geistigen Weg, den Weg zur Erleuchtung, den Weg ins Licht.

Der Sturm heult um das Kloster, der Mönch fühlt sich sicher und geborgen, er hat seine Geistige Heimat gefunden. Gerne denkt er zurück an das Gespräch mit dem Bettelmönch. Es war so überzeugend gewesen, die Worte so klar und rein, voll Wahrheit und Weisheit. Er war sich so sicher, dass er noch am selben Tag seinem Bruder die Felder, die Hütte und die Ziege geschenkt, sich einen Wanderstab geschnitzt und sich frei von seinem weltlichen Vermögen und den damit verbundenen Lasten auf den Weg ins Kloster gemacht hat.

Und hier ist er nun, vollkommen Gott, dem Universum, dem Licht, der Großen Sonne zugewandt und ergeben. Er liebt das Leben in Ruhe, Frieden und Stille, die Geistige Welt erforschend, im Kloster seine Aufgaben erfüllend.

Schatten huschen über die Wände, die Kerze flackert, als er die Tür zur Bibliothek öffnet, zu seinem Reich, seinem Heiligtum. Er ist der Hüter der Bücher, er, der Bauer, der vor zwei Jahren weder lesen noch schreiben konnte. Gottes Wege sind wunderbar, manchmal verschlungen, führen aber immer zum Ziel.

Sie kehrt zurück aus der Vergangenheit in die Gegenwart. Auch in ihrem Wohnzimmer ist es finster, die flackernde Kerze wirft Schatten an die Wand, die Geschichten aus der Vergangenheit, der Gegenwart und der Zukunft erzählen.

Sie genießt die Stille im Außen, die Ruhe und den Frieden in ihrem Inneren und versinkt wieder in sich selbst, in den Weiten ihrer Seele.

Der Mönch sitzt in der Bibliothek und übersetzt im Schein der Kerze alte Texte, die in einer längst vergessenen Sprache verfasst sind. Diese Texte sprechen von Weisheit und Geist, von Licht und Liebe, der Göttlichkeit des Menschen. In ferner Zukunft werden diese Schriften den Menschen, die zur Wende der Zeiten leben werden, das Alte Wissen bringen, ein Wissen, das noch viel älter als das Alte Atlantische Wissen ist. Es ist das Wissen der Großen Sonne, das Wissen der Quelle von Allem, was ist.

Die Wende der Zeiten steht am Beginn des Dritten Jahrtausends bevor, das Licht und die Liebe werden auf die Erde zurückkehren und mit ihnen auch der Frieden. Ein Neues Zeitalter wird anbrechen, die Transformation wird abgeschlossen sein und viele Menschen werden höhere Dimension erreichen.

Während der Mönch die Übersetzung anfertigt, sieht er Bilder der Zukunft, die aber noch vor der Wende der Zeiten eintreten werden. Er hat Visionen von Kriegen und Verwüstung, Armut und Hunger, Krankheit und Not. Dürre, Überschwemmungen, Stürme, Naturkatastrophen, Erdbeben, Flutwellen und Feuer werden die

Erde und die Menschen heimsuchen. All das könnte der Menschheit und dem Planeten erspart bleiben, das heißt, die Menschen könnten, wenn sie wollten, dieses Unheil von sich selbst und der Erde abwenden. Doch es ist ihr freier Wille, der Dunkelheit weiterhin Vorschub zu leisten und sich von der Großen Sonne immer mehr zu entfernen.

Die Gegenwart dringt in ihr Bewusstsein, die Vergangenheit versinkt, aber die Visionen des Mönches bleiben in ihrem Bewusstsein. Sie vergleicht sie mit den gegenwärtigen Ereignissen. Es stimmt, denkt sie, die Visionen sind richtig.

Sie will wissen, was in diesen Schriften steht, das Wissen in die Gegenwart holen, es den Menschen zugänglich machen.

Monate sind bereits vergangen, sie schreibt das Alte Wissen auf, füllt Seite um Seite damit. Sie hat es geschafft, die Stimme des Mönches aus der Vergangenheit in die Gegenwart zu holen und in ihrem Bewusstsein zu verankern. Es ist ihre eigene Stimme, die aus der Vergangenheit zu ihr spricht, ihr das Alte Wissen, das die Menschen zu Wende der Zeiten brauchen werden, vermittelt.

Wieder hat sie einen Teil ihrer Lebensaufgabe erkannt und angenommen, lebt ihn und führt ihn aus. Sie folgt ihrer Seele bedingungslos, denn sie hat auf diesem Weg so viel Freude und Glück erfahren, so viel Liebe, Fürsorge und Zärtlichkeit bekommen.

Sie denkt zurück an den Mönch, der sie einmal war. Wie lange ist das her, wie viele Jahrzehnte, wenn nicht Jahrhunderte?

Es ist egal, es ist nicht wichtig.

Zeit ist eine Illusion, die das aktuelle, momentane Leben begrenzt.

In Wahrheit ist alles jetzt, immer, ewig.

Frühling 2005

Das Flugzeug setzt zur Landung an. Unsere Zwillingsseelen sind glücklich und aufgeregt – ein Traum geht für sie in Erfüllung.

Sie marschieren mit der Pilgergruppe in Richtung Kailash. Die Rucksäcke sind schwer, das Gehen ist beschwerlich, weil die Luft dünn und voller feinen Sandstaubs ist. All das zählt aber nicht, denn sie wollen unbedingt an den Ort, an dem Gottes Energie, die Kraft der Großen Sonne, direkt auf die Erde kommt, dorthin, wo sich Gottes direkte größte „Einflugschneise" befindet, dorthin, wo der Weg nach Shamballah beginnt, wo sie als Mönche gelebt haben, wo das „Stargate" der Kinder des Lichtes ist.

Die dunklen Mächte kämpfen um dieses Gebiet, wollen es besitzen und beherrschen, um den Zugang in die nächste Dimension und weit darüber hinaus zu zerstören und die Menschen von dort fernzuhalten. Dieses Gebiet ist ein Zentrum des Lichts, das von Mönchen bewacht wird. Aber es ist nicht nur ein Zentrum des Lichts, sondern auch ein Zentrum des Geistes und des Wissens.

Jeder, der dorthin gelangt ist, ist nicht mehr derjenige, der er vorher war. Einmal mit dieser Energie, der Kraft der Großen Sonne in Berührung gekommen, einmal die Magie des Ortes gefühlt – und alles ist anders. Die Welt ist zwar dieselbe, aber sie fühlt sich anders an, die Realität scheint wie verwandelt, weil sie mit einem anderen Bewusstsein, von einem anderen Standpunkt aus wahrgenommen wird.

Unsere Zwillingsselen sind fasziniert von den Menschen, die an dem Pilgerzug teilnehmen. Viele von ihnen machen den weiten Weg auf Händen und Knien, ungeachtet der Mühen und Schmerzen. Eine alte Frau reitet auf einem Yak, klammert sich an seinem zottigen Fell fest, um nicht runter zu fallen. Manche tragen einen Mundschutz, um den Sandstaub nicht einzuatmen. Viele Generationen sind hier auf den Beinen – vom Enkelkind bis zur Urgroßmutter.

In der Ferne sehen sie ein Kloster und das Gefühl, nach Hause zu kommen, überwältigt sie. Sie gehen langsam Hand in Hand darauf zu und nehmen jedes Detail in sich auf, fühlen die wunderbare Energie des Ortes, lassen sie durch sich hindurch strömen, sich von ihr tragen. Sie wissen, dass sie ein Ziel erreicht haben, wissen aber nicht, was dieses Ziel für sie bedeutet, wohin der Weg weiterführt.

Je näher sie dem Kloster kommen, desto intensiver wird das Gefühl des Vertrauten, des Nachhausekommens und es ist ihnen, als würden sie von der Gegenwart in die Vergangenheit fallen. Jeder Stein des Gemäuers kommt ihnen bekannt vor, genauso wie jede Ecke, jeder Giebel und jede Wegbiegung. Sie sind zurück in der Vergangenheit, an einem Ort, an dem sie einst gelebt haben.

Und so schließt sich immer wieder der Kreis, Leben um Leben, durch alle Zeiten.

Sie folgen schweigend und ineinander versunken dem Pfad der Pilger. Tief hängende Wolken verhüllen die Landschaft.

Da durchbricht plötzlich die Sonne das wattige Grau, ein Stück blauer Himmel wird sichtbar ... und davor erhebt sich in wunderbarer Pracht der Kailash – ein göttlicher Anblick, von Gott für Götter gemacht. Er sieht wie eine Pyramide aus – wie oft haben sie ihrer Intuition folgend in den vergangenen Leben Pyramiden gebaut?

Und wieder haben unsere Zwillingsseelen das Gefühl des Nachhausekommens und des Vertrautseins. Alte Heimat, wieder gefunden.

6. März 2006

Der Dackelwelpe erkundet tollpatschig den Garten, versinkt in den Schneehaufen, um sich mühsam wieder herauszuwühlen. Er sieht sie schwanzwedelnd an, das Fell mit Schnee und Eisklümpchen bedeckt.

Es liegt viel Schnee, wie damals, am 6. März 2004, als die Seele des kleinen Dackels seinen damaligen Körper verlassen hat.

Er ist wieder da. Zurückgekommen.

Zwei Jahre lang hat sie seinen Weg verfolgt – vom Tod bis zur Wiedergeburt.

Es war leicht, ihn wieder zu finden, denn sie hat geträumt, wie er aussehen und wo er wann geboren werden wird. Niemals haben ihre Seelen den Kontakt zueinander verloren – und so haben sie einander gefunden, einander bei der ersten Begegnung sofort wieder erkannt.

Voller Freude spielen sie miteinander im Schnee.

α und Ω.

∞, der Weg, das Spiel des Lebens.

Frühling 2007

Sie liegt in ihrem Krankenhausbett und hält ihren Sohn in den Armen, der auch sein Sohn ist, neugeboren, warm, weich, rosig und zart. Eine große Sehnsucht ist in Erfüllung gegangen. Ein Teil der Vereinbarung, die sie getroffen haben, ein Teil von Gottes Großem Plan, hat sich erfüllt. Sie sind ihren Seelen gefolgt.

Auch ihre Zwillingsseele ist da, umarmt sie und seinen Sohn. Sie sind vereint in Liebe und Glück, so wie sie es sich im Universum, bei der Großen Sonne schwebend, vorgestellt haben.

Sie erinnert sich an den Winterabend, als sie auf der Dachterrasse des Hotels gestanden und einen Teil der zwischen ihnen getroffenen Vereinbarung von ihrer Seele erfahren hat. Seit damals weiß sie, dass sie einen gemeinsamen Sohn haben werden. Sie werden einem Seelengefährten, einem Mitglied ihrer Seelenfamilie, das Leben in Menschengestalt ermöglichen. So wie sie es schon als Delphine, Adler, Hirsch und Hirschkuh getan haben. Den Gesetzen des Lebens folgend.

Unsere Zwillingsseelen lieben einander, es ist eine Liebe, die sie erstaunt, erfüllt, ihnen wie ein Wunder vorkommt, denn sie wird immer intensiver, immer stärker. Sie leben eine Beziehung, die ihre schönsten Träume, ihre kühnsten Erwartungen bei weitem übertrifft. Jetzt sind sie auf der Erde in Menschengestalt vereint, so wie sie damals bei der Großen Sonne als Kleine Sonnen vereint waren. Sie haben es geschafft, all das zu erreichen, was sie sich vorgenommen haben, über alle Hindernisse hinweg hat die Macht der Liebe sie zusammengeführt und ihnen ein wunderbares gemeinsames Leben ermöglicht.

Und jetzt sind sie zu dritt, eine Seelenfamilie auf der Erde lebend. Beide erinnern sich an eine längst vergangene Zeit, als sie als sein Sohn in London geboren worden ist. Sie erinnern sich, wie er sie damals voller Liebe in ihrem Bettchen liegend betrachtet hat, wie er sie in seine Arme genommen, an sich gedrückt und liebkost hat. An einem strahlend blauen Sommermorgen in London, als die Sonnenstrahlen kleine Kreise auf den Parkettboden ihres Kinderzimmers malten, die Stille nur vom Klappern der Pferdehufe und dem Rollen der Kutschen durchbrochen wurde und vom Ticken der großen Pendeluhr. Sie erinnern sich beide an die tiefe Liebe, die sie damals füreinander empfunden haben – der Vater für den Sohn, der Sohn für den Vater.

Sie erinnern sich aber auch an sein Gefühl der Trauer, denn die Mutter, seine Frau, war bei der Geburt des Sohnes gestorben. Die Geburt des Sohnes ist damals sein Lebenstraum, sein Lebenswunsch, gewesen. So wie auch in diesem Leben.

Er ist sehr stolz und glücklich, denn er hält seine Frau und seinen Sohn in den Armen.

Auch er weiß, dass sie Zwillingsseelen sind. Auch er kennt mittlerweile ihre Vereinbarung, ist bereit, Gottes Großem Plan zu folgen und sich vom Fluss des Lebens tragen zu lassen. Und so sind unsere Zwillingsseelen in Menschengestalt vereint. Sie haben ihre Lebensflüsse zu einem gemeinsamen Fluss des Lebens vereint. Sie lassen sich von ihrem gemeinsamen Fluss des Lebens tragen, voller Vertrauen und Liebe – zueinander und zu Gott. Sie sind dankbar für ihr gemeinsames Leben, dafür, dass sie einander haben und dass sich ihr Traum vom gemeinsamen Sohn erfüllt hat, dass er gesund in ihren Armen liegt, neugierig auf die Welt und das Leben. Sie sehen ihren Sohn an und fühlen Gottes Allgegenwart, das Wunder der Liebe und des Lebens.

Sie sind bereit, ihre Vereinbarung zu erfüllen, ihren gemeinsamen Weg zu gehen – in Liebe, Glück, Freude und Dankbarkeit. Dankbarkeit für all das Schöne, das sie haben, und all das Schöne, das noch kommen wird.

Und sie haben beschlossen, sich nicht mehr voneinander zu trennen. Sie wollen zur Ewigen Einheit verschmelzen und aufsteigen in die nächste Dimension.

Sie haben das Spiel des Lebens gespielt.

α und Ω.

Wie geht die Lebensgeschichte unserer Zwillingsseelen weiter?
Was werden sie noch erleben?
Woran werden sie sich noch erinnern?
Das, liebe Leserin, lieber Leser, überlasse ich Ihrer Fantasie ...

Ω Die Vollendung

Für unsere Zwillingsseelen ist die Wende der Zeiten da.

Sie schmiegen sich dicht aneinander, umarmen sich, halten sich fest, ihre Körper sind sich so nah wie möglich. So stehen sie da, alles vergessend, konzentriert aufeinander, sich haltend, einer in den anderen versunken, die tiefe, innigliche Liebe fühlend, die Wärme, die Nähe und die Geborgenheit genießend.

Nie mehr, nie mehr werden sie sich trennen, einander entbehren, einander suchen müssen. Sie haben das Spiel des Lebens gespielt, durch tausende Jahre hindurch haben sie tausende Leben gelebt. Miteinander, aber doch voneinander getrennt, verschieden, aber doch im Grunde eins. Sie fühlen diese unendliche tiefe Liebe, die in jedem von beiden wie eine Sonne leuchtet, hell, strahlend und warm. Jeder fühlt die Nähe und Wärme des anderen und beide wissen, dass jetzt endlich die Zeit der Verschmelzung zur Einheit da ist.

Für immer. Für ewig. Nichts auf der Erde ist mehr wichtig, nichts hat mehr Bedeutung für sie. Sie sind am Ziel des Spiels des Lebens angelangt.

Sie umarmen einander, halten einander fest, in jedem Körper strahlt die Kleine Sonne. Das Strahlen der Kleinen Sonnen wird immer intensiver, so dass sich die Konturen der beiden Körper immer mehr auflösen, immer mehr zu Licht werden. Während die beiden Menschenkörper immer mehr miteinander verschmelzen, strahlen die Kleinen Sonnen immer heller, ihre Strahlen verbinden sich, fließen wieder zur Einheit zusammen, die sie am Anfang des Spiels waren. Die Kleinen Sonnen verlieren ihre Grenzen und vereinen sich. Zeit und Raum gibt es nicht mehr.

Als die Zwillingsseelen immer mehr zur Lichtkugel werden, im Licht miteinander verschmelzen, erscheint oberhalb von ihnen das Große Licht, die Große Sonne, und hüllt sie in ihre Strahlen der Liebe.

Die Zwillingsseelen beginnen, aufzusteigen – nach Hause, dorthin, woher sie einst kamen, dorthin, wo ihr Spiel des Lebens vor tausenden Jahren begonnen hat, wo sie sich in den Zeiten vor den einzelnen Wiedergeburten befanden und ihre kommenden Leben geplant haben.

Die Strahlen der Großen Sonne vermischen sich mit den Strahlen der Kleinen Sonnen. Ihre Körper sind nicht mehr, verschmolzen mit dem Licht der Kleinen Sonne, die sich aus den beiden Kleinen Sonnen gebildet hat, aufgelöst im Licht der Liebe der Zwillingsseelen.

Die Zwillingsseelen sind wieder eine Einheit, eine Kleine Sonne, die auf den Strahlen der Großen Sonne zu Gott, zur Großen Sonne, nach Hause aufsteigt.

Nie mehr werden sie sich trennen. Sie haben ihre tiefe, innigliche Liebe über die Jahrtausende bewahrt, sind dem Licht ihrer Liebe gefolgt, über alle Hindernisse hinweg. Ihre Innere Sonne der Liebe hat sie in Krieg, Angst und Dunkelheit gewärmt, in der Einsamkeit getröstet. Jeder von ihnen hat das Leben erfahren, mit allen Höhen und Tiefen, immer begleitet und unterstützt von der Liebe der Zwillingsseele. Alle Mühen und Entbehrungen, alle Lasten und Probleme haben ihren Sinn gehabt, denn sie waren Wegbereiter genauso wie das Lachen und die Freude und das Glück, das sie erlebt haben. Nichts, wirklich gar nichts ist im Spiel des Lebens umsonst oder sinnlos. Alles dient dazu, dass Zwillingsseelen zueinander finden und den Weg nach Hause, zu Gott, gehen. Jede Begegnung, jedes Wort, jede Situation ist ein Wegweiser.

α und Ω.

∞ der Weg, das Spiel des Lebens.

Die Zwillingsseelen sind wiederum zur Kleinen Sonne verschmolzen, die noch viel heller strahlt als am Beginn des Weges, am Beginn des Spiels.

Die Liebe, in der die Zwillingsseelen schweben und die sie empfinden, ist noch tiefer und inniger. Sie fühlen Glück und Freude, Vertrauen und Geborgenheit, Wärme und Nähe, in dem unendlichen Ausmaß, das nur Zwillingsseelen füreinander empfinden können, das es nur in der Nähe der Großen Sonne gibt, wo wir alle herkommen, zu der wir alle unterwegs sind, wohin wir alle gehen.

α und Ω.

∞ der Weg, das Spiel des Lebens.

Wir alle gehen diesen Weg.

Wir alle spielen dieses Spiel.

Jeder von uns hat eine Zwillingsseele, die ihn und nur ihn liebt, die zu ihm und nur zu ihm steht. Das ist die Liebe der Prädestinierten – eine Liebe, die unendlich tief und inniglich ist, bedingungslos und ausschließlich. Das ist die Liebe der Kleinen Sonnen und der Großen Sonne, die Liebe Gottes, aus der wir alle geboren sind, deren Teil wir sind. Um diese Liebe zu erfahren, spielen wir das Spiel des Lebens.

Unsere Zwillingsseelen, deren Leben wir verfolgt haben, sind schon weit weg von der Erde, von der Dritten Dimension. Sie sind eine hell strahlende Lichtkugel, in Liebe vereint, im Licht verschmolzen, und werden von einem hellen, breiten, kräftigen Strahl der Großen Sonne in die Höhe, nach Hause, getragen.

Wie wird es weitergehen? Was wird geschehen? Werden sie bei der Großen Sonne bleiben oder ist dies wieder ein Anfang, eine Zwischenstation vor einem neuen Spiel?

Wir wissen es nicht.

Aber für uns alle kommt der Tag, an dem wir es wissen werden, weil wir, vereint mit unseren Zwillingsseelen, aufsteigen, nach Hause gehen werden. Wir alle sind nur Gäste auf der Erde, auf diesem im Universum einzigartigen Planeten, der uns den Spielplatz bietet, den wir benötigen, um unser Wahres Sein zu erfahren, unsere Göttlichkeit zu entfalten. Dafür sollten wir der Erde dankbar sein, sie ehren und lieben – sie hat es wahrlich nicht leicht mit uns.

Aber auch sie liebt uns, auch sie kommt aus der Großen Sonne, ist aus ihr geboren, ein Teil von ihr. Die Erde ist eine wahrhaft Große Seele.

Wir alle spielen auf der Erde das Spiel des Lebens, haben unsere Zwillingsseelen gefunden – und wer sie noch nicht gefunden hat, wird sie finden, denn so soll es sein, denn die Zwillingsseelen sind von Gott füreinander geschaffen – und werden miteinander nach Hause gehen.

Ins Licht.

Woher wir kommen.

α und Ω.

Zur gleichen Zeit

Leichter Wind fährt durch das Windspiel, so dass die Metallstäbe sanft gegeneinander stoßen – ein zarter, harmonischer Mehrklang erfüllt die Luft, verbreitet seine gleichmäßige Energie, erfüllt das Bewusstsein und den Raum.

Der Mönch sitzt am Ufer eines kleinen Sees, der wie ein Smaragd in der dunkelbraunen, steinigen Landschaft leuchtet. So weit das Auge reicht, sind nur hohe, schroffe Berge zu sehen, zum Teil mit Schnee bedeckt, ohne jegliches Grün, die sich aus den Geröllhalden erheben. Ein Yak rupft an den wenigen Grashalmen, während der Wind mit seinem Fell spielt.

Wiederum ertönt der zarte, harmonische Klang. Das Yak richtet seinen Blick auf den kleinen Tempel, auf dessen pyramidenförmigen Aufbau das Windspiel befestigt ist. Der Tempel, aus Stein gebaut, fügt sich harmonisch in die Landschaft ein. Dieser Teil der Erde wirkt öd und tot, leer und trostlos, ist aber dennoch voller Leben, Harmonie und Schönheit. Und es ist ein ganz besonderer, für die Menschen wichtiger Ort, der von Mönchen bewacht wird.

Einer dieser Mönche sitzt am Ufer des Sees, vollkommen in sich versunken, konzentriert auf das, was er mit seinem Inneren Auge sieht. Er beobachtet zwei Kleine Sonnen, die wieder zur Einheit verschmelzen und von der Großen Sonne aufgenommen werden. Er beobachtet nicht nur, sondern er lenkt und leitet Energie – und deshalb sitzt er hier an diesem besonderen Ort, dieser Schnittstelle zwischen Himmel und Erde, die der Beginn des Weges nach Shamballah ist. Von Shamballah aus führt der Weg wohin auch immer. Shamballah ist das Reich der Aufgestiegenen Meister und liegt auf der Erde und doch nicht auf der Erde. Das Gebiet, das von den Mönchen bewacht wird, gewährleistet den Seelen den Zugang nach Shamballah.

Shamballah ist ein Ort, an dem das Licht und die Liebe herrschen, die nächst liegende Heimat der auf der Erde inkarnierten Seelen. Immer wieder wurde von Erdenbewohnern versucht, das Gebiet der Mönche zu erobern, die Mönche zu vertreiben, um den Zugang nach Shamballah zu zerstören – es ist aber bisher nicht gelungen und es wird niemals gelingen. Denn dieser Ort ist heilig, es ist ein Ort der Großen Sonne, geschützt durch die Große Sonne; ein Ort des Lichtes und der Liebe, der sich niemals verdunkeln wird.

Der Mönch bewegt sich nicht; still beobachtet er die Verschmelzung der Kleinen Sonnen und sieht den Strahl der Großen Sonne, der immer stärker wird und darauf wartet, sich mit der Kleinen Sonne zu vereinen.

Ein Sonnenstrahl trifft den smaragdgrünen See und lässt ihn aufleuchten. Der Mönch weiß, dass die Kleine Sonne getragen vom Strahl der Großen Sonne hier an diesem Ort die Reise nach Shamballah, die Reise nach Hause, beginnen wird.

Und deshalb sitzt er hier, blickt in sich, meditiert und wartet, denn er ist der Pförtner, der das Tor nach Shamballah öffnen wird. Das ist sein Auftrag seit vielen, vielen Leben, den er immer getreulich erfüllt hat. Noch ist der Befehl zum Öffnen des Tores nicht erteilt. Er hat Geduld gelernt und so wartet, hört und beobachtet er. Trotzdem er in sich versunken, die Außenwelt von seinem Wesen getrennt ist, hat er den Sonnenstrahl bemerkt, der den See aufleuchten lässt. Ein Zeichen, dass es bald so weit ist, dass es nicht mehr lange dauert, bis er das Tor öffnen darf. Die uralten Worte einer von den Menschen längst vergessenen Sprache, die das Tor öffnen, sind heilig und magisch – so wie der Ort, an dem er sich befindet. Er wird diese Worte sprechen, sobald er den Befehl erhält. Der Mönch freut sich, dass zwei Seelen endgültig zueinander gefunden und das Ziel erreicht haben: Die Vollendung. Jetzt sind sie bereit, neue Aufgaben zu übernehmen, ein neues Spiel zu beginnen, wo immer im Universum das sein wird, welche Art Leben es auch immer sein wird.

Während er die Kleinen Sonnen beobachtet, erinnert er sich an seine Verschmelzung mit seiner Zwillingsseele. Er fühlt noch heute das Licht und die Liebe, die Wärme, die Freude und das Glück, das er dabei empfunden hat. Seine Zwillingsseele lebt mit ihm im Kloster; auch er ist ein Pförtner von Shamballah; sie teilen das Leben und die Aufgabe. Hingebungsvoll und mit Liebe seit hunderten von Jahren.

Mittlerweile hat der Strahl der Großen Sonne die Kleinen Sonnen aufgenommen. Das Leuchten des Sees verstärkt sich ... es ist bald Zeit, die Worte der Macht zu sprechen. Er fühlt die Wärme und die Liebe der Verschmelzung zur Einheit und nimmt sie tief in sich auf, denn das ist sein Lohn, den er als Pförtner von Shamballah erhält: Liebe.

Es gibt nur die Liebe. Die Liebe ist das Einzige, was zählt.

Gleich ist es so weit.

Der See schimmert dunkelgrün, die Sonne erklimmt den Gipfel des verschneiten Berges und schickt ihre Strahlen auf die Erde – und ein Strahl bringt ihm den Befehl, die Worte der Macht zu sprechen, die Pforte nach Shamballah für die Kleine Sonne zu öffnen. Der Mönch springt auf, hebt die Arme zum Himmel und ruft die Worte der Macht. Der Himmel öffnet sich, gibt den Weg nach Shamballah frei – und er sieht die Kleine Sonne getragen vom Strahl der Großen Sonne die Pforte nach Shamballah passieren. Der Mönch fühlt Liebe, Glück und Freude, ist wie immer überwältigt von dem Wunder, das er erleben darf.

Er fällt auf die Knie, als er sieht, dass Toth am Himmel erscheint, um die Kleine Sonne in Empfang zu nehmen, sie auf dem Weg nach Hause zur Großen Sonne zu begleiten. Die Himmelspforte schließt sich hinter Toth und der Kleinen Sonne.

Es ist vollbracht.

Das Wunder ist geschehen.

Gottes Großer Plan hat sich erfüllt.

Die Liebe hat alle Hindernisse überwunden, Zwillingsseelen sind miteinander verschmolzen.

Der Mönch richtet sich auf und lauscht dem zarten Klang des Windspiels. Das Yak trottet herbei, um ihn zum Kloster zurückzutragen; er streichelt es zärtlich, denn es ist ein Seelengefährte, ein Freund, ein Vertrauter, ein Teil von Gott, aus der Liebe geboren.

Der Mönch sitzt auf und das Yak trabt bergab ins Tal.

Der See liegt verlassen da, seine Farben verblassen.

Es ist vollkommen still – bis auf den Klang des Windspiels.

Eine andere Kleine Sonne kündigt sich an, wird durch die Pforte schreiten und den Weg nach Shamballah antreten.

ʘ Das Wissen

Jeder Mensch sucht Liebe und Geborgenheit – das ist ein Drang, der nicht endet, solange die Zwillingsseele, der Wahre Partner nicht gefunden ist. Wie wir gesehen haben, zieht sich diese Suche durch viele Leben. Im Kapitel „∞ Der Weg“ ist eine kleine Auswahl der Leben erzählt, die die Zwillingsseelen miteinander verbracht haben. Jeder der beiden hat viele Leben ohne den anderen verbracht beziehungsweise verbringen müssen. Jede Zwillingsseele muss ihren eigenen Weg gehen, einen Weg, der manchmal nicht mit dem der anderen Zwillingsseele verbunden ist.

Und so sind wir alle auf der Suche nach unserem Wahren Partner, wollen mit unserer Zwillingsseele vereint sein. Am Weg zur Vereinigung mit unserem anderen Ich klopfen wir an viele „falsche“ Türen, erwischen viele Male den „falschen“ Partner, bis wir endlich vor der richtigen Tür stehen.

Oder mit anderen Worten: Wir müssen oft an die „falsche“ Türe klopfen, um die richtige Türe, wenn wir davor stehen, überhaupt zu erkennen. Und so ist keine Beziehung, keine Partnerschaft „umsonst“ oder sinnlos, denn jeder Partner, mit dem wir eine intime Beziehung eingehen, besitzt Merkmale der Zwillingsseele.

Machen Sie sich eine Liste, auf der sie die auffälligsten Merkmale Ihrer Partner verzeichnen. Sie werden feststellen, dass es Übereinstimmungen gibt, dass sie immer wieder an den gleichen oder ähnlichen Typ Mann oder Frau geraten.

Übereinstimmende Merkmale können Wesens- und Charakterzüge, Persönlichkeits- oder Körpermerkmale, genau so wie gleiche oder ähnliche Berufe, Hobbies oder Interessen sein, einfach all das, was Ihnen bei Ihrem Partner beziehungsweise den „verflossenen“ Partnern als besonders liebenswert oder auch abstoßend erscheint. Die Übereinstimmungen, die Sie bei Ihren Partnern finden und schätzen, sind höchstwahrscheinlich auch Eigenschaften, die Ihre Zwillingsseele besitzt. Das soll Ihnen die Suche nach Ihrem Wahren Partner erleichtern, Ihnen die Möglichkeit geben, Ihre Zwillingsseele leichter zu erkennen.

Achten Sie auch auf die Kleinigkeiten! Zwillingsseelen sind einander sehr ähnlich. Zumeist denken sie das Gleiche und wollen auch das Gleiche. Und sie sind sich auch in kleinen Körperdetails ähnlich. Das kann ein Muttermal sein, die Linien auf den Handflächen, die Form und Biegung der Finger und Zehen, der Schwung der Augenbrauen, die Form der Finger- und Zehennägel.

Es lohnt sich, diese Details genau in Augenschein zu nehmen. Sie werden verblüffende Übereinstimmungen erkennen.

Erstellen Sie eine möglichst genaue Liste, sehen Sie sich Fotos an, die Sie mit Ihren Partnern zeigen. Studieren Sie Körperbau, Haltung, Persönlichkeit, Charakter, Vorlieben und Abneigungen.

Das ist auch aus einem anderen Grund wichtig: Sie kennen Ihre Zwillingsseele aus vielen Leben, die Sie auf der Erde mit ihr verbracht haben, und erinnern sich ganz tief in Ihrem Wesen an das menschliche Aussehen der geliebten Seele. Natürlich findet jede Inkarnation in einem anderen Körper statt, aber es wird immer eine mehr oder minder große Ähnlichkeit im Aussehen durch alle Leben hindurch geben. Ihre Seele weiß das genau und vermittelt Ihnen dieses Wissen durch Gefühle. Wenn Sie nun einen Menschen sehen, der Sie sehr anspricht, der gute Gefühle in Ihnen weckt, dann lohnt sich jedenfalls ein zweiter Blick und die Beantwortung der Frage: „Was zieht mich so an? Was fasziniert mich an ihm? Was gefällt mir so gut an ihm, dass er so gute Gefühle in mir wecken kann?“

Die Antwort auf diese Frage ist es wert, auf Ihrer Liste eingetragen zu werden. Und kein Detail ist zu gering, um missachtet werden zu können.

Auf der Suche nach der Zwillingsseele, auf Weg zur Verschmelzung, brauchen Sie aber auch noch weiteres Wissen, das ich hier aufzeigen möchte.

Zuerst müssen Sie wissen, dass es Zwillingsseelen (auch Dualseelen genannt) und Seelengefährten gibt. Jeder Mensch hat viele Seelengefährten, aber nur eine Zwillingsseele.

Ein Seelengefährte ist ein Mensch, zu dem Sie eine besondere Beziehung haben, mit dem Sie eine tiefe Freundschaft verbindet. Es kann natürlich auch eine Liebesbeziehung zwischen Ihnen bestehen. Gerade in einer Liebesbeziehung besteht die Verwechslungsgefahr in Bezug auf Seelengefährten und Dualseelen. Sie denken, dass Sie mit Ihrer Dualseele in einer Partnerschaft leben, dabei ist der Partner „nur“ ein Seelengefährte. Die Liebesbeziehung mit einem Seelengefährten hat auch eine besondere Qualität – aber niemals die einer Dualseelenliebesbeziehung.

Seelengefährten sind Menschen, deren Seelen in der vorwiedergeburtlichen Phase vereinbart haben, dieses Leben gemeinsam zu verbringen und sich gegenseitig zu unterstützen. Diese Vereinbarung beruht auf der Liebe zueinander. Im Normalfall haben Sie mit den Seelengefährten, mit denen Sie dieses Leben teilen, schon viele Leben verbracht. Es ist sozusagen eine „alte Freundschaft“, die die Zeiten überdauert.

Seelengefährten finden Sie in allen Bereichen Ihres Lebens – in Ihrer Familie, in Ihrem Freundes- und Bekanntenkreis, an Ihrem Arbeitsplatz.

Einen Seelengefährten erkennen Sie auch ganz einfach: Sie werden diesen Menschen sehen, ihn zumindest mögen und sich zu ihm hingezogen fühlen. Und sie werden einander auf Anhieb verstehen, es wird sofort eine sehr gute Beziehung zwischen Ihnen entstehen. Und sie werden einander sofort vertrauen. Sie haben sich sicherlich schon einmal gewundert, warum Ihnen ein Mensch, den Sie gerade erst kennen gelernt haben, so vertraut ist. Warum Sie das Gefühl haben, diesen Menschen „ewig" zu kennen. Dieser Mensch ist höchstwahrscheinlich ein Seelengefährte – und Sie kennen ihn ewig!

Seelengefährten bilden eine Seelenfamilie, das heißt, dass Seelen auch so eine Art Familie bilden, wie wir Menschen es auf der Erde tun. Mitglieder einer Seelenfamilie unterstützen und helfen einander – und jedes Familienmitglied bekommt natürlich auch Hilfe von den Seelenfamilienmitgliedern, die gerade nicht inkarniert sind, denn es muss nicht sein, dass alle Seelenfamilienmitglieder gleichzeitig auf Erden weilen. Nicht inkarnierte Seelenfamilienmitglieder haben die beste Übersicht über Ihr Leben, und wenn Sie auf sie hören, werden Sie immer das Richtige tun.

Seelenfamilienmitglieder (auch inkarnierte, also solche, die jetzt mit Ihnen leben) haben eine Art „Schutzengelfunktion" und passen auf Sie auf. Schauen Sie einmal herum in Ihrer Familie und in Ihrem Freundeskreis: Wer könnte ein Seelengefährte sein?

Dieses Wissen und diese Erkenntnis kann Ihr Leben verändern. Wenn Sie wissen, dass Sie mit Vertrauten aus Ihrer Seelenfamilie leben und diese Personen erkennen, kann sich Ihr Leben anders anfühlen und eine Wende nehmen. Es kann durchaus sein, dass Sie sich im Kreis Ihrer Geistigen Familie, Ihrer Seelengefährtenfamilie, besser fühlen als im Kreis Ihrer Erdenfamilie, Ihrer genetischen, „körpergebenden" Familie.

Die Erdenfamilie ist eine temporäre „Erscheinung". Zu Ihrer Geistigen Familie gehören Sie seit ewigen Zeiten und die Mitglieder verbindet eine tiefe, innige Liebe. Was ja bei manchen Erdenfamilien nicht der Fall ist.

Jedenfalls ist Ihre Geistige Familie Ihre Geistige Heimat. Die inkarnierten Familienmitglieder sind Ihre Seelengefährten, die Sie auf Ihrem Weg in Ihrem jetzigen Leben begleiten. Und Sie gehen natürlich mit ihnen deren Weg.

Seelengefährten sind ein Geschenk Gottes, das wir dankbar annehmen sollten. Ein Seelengefährte ist der Freund, der auch um 3.00 Uhr morgens bereit ist, den Kummer anzuhören und die Sorgen zu teilen genauso wie Freude und Glück, der Freund, der einfach immer da ist, wenn man ihn braucht, der Freund, der tröstet, der sich aber auch über das Glück des Freundes freut und mit ihm jubelt.

Seelengefährten sind unschätzbar kostbare Menschen, denn sie sind treu und man kann sich auf sie verlassen und ihnen vertrauen.

Jeder von uns hat viele Seelengefährten, die in unserer unmittelbaren Nähe mit uns leben. Machen sie sich diesen Umstand bewusst! Erstellen Sie eine Liste Ihrer Seelengefährten! Sie werden erstaunt sein, wie viele es gibt, die Ihnen zur Seite stehen, Ihnen helfen und Sie unterstützen.

Nehmen Sie Ihre Seelengefährten als Geschenk Gottes in Dankbarkeit und Liebe an! Sie sind Ihre Weggefährten und Begleiter auf dem Weg zur Vollendung und Sie sind deren Wegbegleiter und Gefährte.

Gottes Großer Plan sieht für jeden Menschen Liebe, Unterstützung und Hilfe vor, denn das Scheitern, das Verfehlen des Ziels, ist für niemanden von uns vorgesehen. Gottes Großer Plan hat nur dann einen Sinn, kann sich nur dann erfüllen, wenn alle beteiligten Seelen ans Ziel kommen. Und so ist für jeden von uns gesorgt.

Wenn Sie den Eindruck haben, dass Sie keine Hilfe und Unterstützung bekommen, dass Sie alleine sind, dass da niemand ist, der für Sie da ist, dann lesen Sie den vorherigen Absatz noch einmal!

Es ist unmöglich, dass es niemanden für Sie gibt! Da ist ganz sicher ein Mensch in Ihrer Nähe, der Ihr Seelengefährte ist. Sie haben ihn nur noch nicht entdeckt. Öffnen Sie Ihre Sinne und Ihr Herz. Fragen Sie sich: „Wo könnte da jemand sein?" Machen Sie sich leichten Herzens und frohen Mutes auf die Suche. Suchen Sie mit der Gewissheit, dem Wissen und dem Glauben, dass da jemand ist, und Sie werden ihn finden. Ganz bestimmt!

Denn Gott liebt Sie. Sie sind ein Teil von Ihm.

Da Seelengefährten oft mit der Dualseele verwechselt werden, wollen wir uns das Wesen und Sein, die Art der Zwillingsseelen noch näher ansehen. Denn die Verwechslungsgefahr ist tatsächlich sehr groß! Zu den Seelengefährten besteht eine besondere, sehr innige Beziehung. Jedoch können Sie davon ausgehen, dass die Beziehung zu Ihrer Zwillingsseele noch inniger, noch tiefer und ungleich wunderbarer ist. Die Beziehung zu Ihrem Seelenzwilling übertrifft Ihre allerschönsten Träume und Ihre kühnsten Erwartungen. Es ist schwierig, die Beziehung zum wieder gefundenen Seelenzwilling mit Worten zu beschreiben, da sie für die Beschreibung der Intensität der Gefühle nicht ausreichen. Hier zeigt sich die Endlichkeit der Sprache, die Grenze der Worte.

Per definitionem handelt es sich bei einer Dual- oder Zwillingsseele um eine Seele, die sich in zwei Seelen geteilt hat, um wieder zur Einheit, zu einer Seele, zu verschmelzen. Dualseelen sind also etwas ganz Besonderes – sie haben sich in der Ewigkeit getrennt, um in der Ewigkeit wieder miteinander zu verschmelzen. In der Zwischenzeit leben sie getrennt voneinander. Jede Seele geht ihren eigenen Weg immer mit dem Ziel, wiederum mit der Dualseele zur Einheit zu verschmelzen. Oft leben Dualseelen viele, viele Leben miteinander, um sich dann vielleicht für tausende Jahre zu trennen.

Wenn Sie Ihre Dualseele in Menschengestalt treffen, werden Sie sie sofort erkennen. Sie werden es wissen, Sie werden es fühlen. Sie werden eine Liebe fühlen, die unbeschreiblich ist, ganz tief in Ihnen wohnt und nicht endet. Sie werden eine Liebe fühlen, wie Sie sie in diesem ganzen Leben noch nicht gefühlt haben – eine unbeschreibliche Liebe, die seit tausenden Jahren besteht und sich immer mehr verstärkt, immer tiefer wird. Eine Liebe, die darauf wartet, gelebt zu werden, damit sie sich intensivieren und verstärken kann – um im nächsten Leben noch mächtiger, noch magischer zu sein.

Sie werden diesen Menschen sehen und ihn lieben – von einer Sekunde auf die andere. Und dieser Mensch wird Sie sehen und Sie lieben – von einer Sekunde auf die andere. Sie werden einander sehen und einander erkennen. Zwillingsseelen ziehen sich an wie Magneten. Es herrscht eine gewaltige Magie zwischen ihnen. Es ist eine gewaltige Macht, die sie zusammenführt. Die Macht der Liebe.

Das heißt aber nicht, dass eine Beziehung zwischen Dualseelen ohne Probleme funktioniert. Aber die tiefe Liebe und das tiefe Wissen helfen, sie zu überwinden und Hindernisse zu beseitigen.

Nur einer von beiden muss um diese Liebe wissen – der andere wird magisch, magnetisch angezogen werden, über alle Hindernisse hinweg. Das ist die Macht der Liebe. Die Macht der Liebe, die Zwillingsseelen miteinander verbindet, ist so stark, dass es unmöglich ist, ihr nicht zu folgen.

Erdteile und Meere können Zwillingsseelen trennen – sie werden einander finden. Berge und Täler können zwischen Zwillingsseelen sein – sie werden einander finden.

Über alle Hindernisse hinweg. Das ist die Macht der Liebe, die Zwillingsseelen miteinander verbindet.

Sie werden fasziniert sein von der unendlichen Schönheit Ihrer Zwillingsseele. Nicht nur von der körperlichen, sondern auch von der geistigen Schönheit.

Eine Begegnung zwischen Dualseelen kann ein ganzes Leben dauern – oder aber nur eine Minute. Je nachdem, was die Zwillingsseelen gemeinsam in der vorwiedergeburtlichen Phase beschlossen und vereinbart haben. Aber auch wenn Sie Ihrer Zwillingsseele nur eine Minute begegnen – sind Sie untrennbar mit ihr verbunden – seit der Ewigkeit, für die Ewigkeit. Ein Goldener Faden verbindet Zwillingsseelen – egal, wo sie sich befinden, ohne Rücksicht auf Entfernungen oder Dimensionen. Sie sind eine Einheit, die sich nur kurzfristig – nach Kosmischen Maßstäben – aufspaltet.

Die Dualseele muss nicht unbedingt der Lebenspartner sein, sie kann auch ein Elternteil sein, der beste Freund oder die beste Freundin. Und hier liegt die große Verwechslungsgefahr! Man muss genau hinsehen, um das wahre Wesen der Beziehung zu entdecken.

In jedem Fall werden Sie Ihre Dualseele, wenn Sie sie in Menschengestalt treffen, erkennen, wenn Sie Ihrem Gefühl, Ihrer Intuition, Ihrer Seele, folgen.

Die Macht der Liebe führt die Zwillingsseelen zusammen und lässt sie einander erkennen. Unweigerlich. Bedingungslos. Ohne Zweifel.

Denn es soll so sein, es ist deren Schicksal, entspricht der Vereinbarung, die sie in der Phase vor der Wiedergeburt getroffen haben.

Die Beziehung zwischen Zwillingsseelen ist immer eine Herausforderung. Egal, ob es sich bei der Dualseelen-Beziehung um eine Partnerschaft, eine Eltern-Kind-Beziehung, eine Freundschaft oder sonst wie geartete Beziehung handelt. Jede Art von Beziehung ist möglich – unter Umständen auch eine Feindschaft.

Jeder Mensch spiegelt Ihnen Ihre Defizite – eine Dualseele tut das ganz extrem, denn sie „kennt" Sie am besten! Sie sind einfach ihr „anderer Teil"! Aber auch wenn es sich bei der Dualseelen-Beziehung um eine Feindschaft handelt, werden sie bald die Wahrheit erfühlen. Denn die Macht der Liebe wird siegen! Die Maske der Feindschaft wird fallen und die tiefe, innigliche Liebe wird sichtbar werden.

In Wahrheit will die Dualseele Ihnen Ihre wahre Schönheit und Ihren wahren Reichtum zeigen. Dieses Zeigen, Sehen und Erkennen ist ein Lernprozess – und der ist nicht immer leicht, oft auch hart und schwierig.

Das Spiegeln der eigenen Defizite funktioniert zwischen Dualseelen anders als zwischen anderen Menschen, zum Beispiel Seelengefährten und Menschen, die „fremd" sind, die also nicht zur gleichen Seelenfamilie gehören.

Wenn Sie sich zum Beispiel selbst schlecht behandeln, wird ein anderer Mensch Ihnen dies spiegeln, indem er Sie auch schlecht behandelt, missachtet, nicht respektiert, Ihre Leistungen nicht anerkennt. Eine Dualseele handelt anders: Sie wird Ihnen (zumeist) mit Achtung und Respekt begegnen und Sie gut behandeln, damit Sie Ihren eigenen Wert entdecken und erkennen. Sie wird Sie fördern, zu Höchstleistungen anspornen, um das Beste aus Ihnen herauszuholen, um das Beste aus Ihnen zu machen. Dieses Verhalten der Zwillingsseele kann leicht missverstanden werden, zum Beispiel als Ablehnung, Misstrauen – obwohl es Liebe ist.

Wenn Sie dies nicht erkennen, kann es Ihnen passieren, dass Sie an Ihrer Dualseele lange Zeit „vorbeilaufen". Ihre Dualseele wird immer versuchen, das Beste in Ihnen zu erwecken und zu fördern. Sie wird immer versuchen, Ihnen zu zeigen, wer Sie wirklich sind. Ihre Dualseele ist Ihr Partner für die Ewigkeit seit der Ewigkeit.

Es kann natürlich auch sein, dass Ihre Dualseele jetzt gerade nicht oder nicht auf der Erde inkarniert ist. Aber auch dann sind Sie mit ihr verbunden, haben Kontakt zu ihr. Auch wenn Sie nicht miteinander leben, ist sie für Sie da und Sie für sie! Lauschen Sie in sich hinein – und Sie werden ihre Stimme hören und/oder sie fühlen. Ihre Zwillingsseele spricht zu Ihnen, als Ihre innere Stimme, als Ihre Intuition, Ihr Sechster Sinn, als Echo der Zeit.

Zwillingsseelen leben nicht alle Leben miteinander, sind nicht immer miteinander inkarniert. Wenn das so ist, dann deshalb, weil es in der Zeit vor der Wiedergeburt zwischen ihnen so vereinbart wurde. Diese Trennung hat jedenfalls einen tieferen Sinn. Sie können aber nicht wirklich voneinander getrennt werden oder getrennt sein. Es hat vielleicht – oberflächlich betrachtet – den Anschein, aber dieser Schein trügt! Eine Trennung würde Gottes Großen Plan zum Scheitern bringen – und das ist nicht vorgesehen. Alles ist mit allem verbunden. Das heißt, wenn einer scheitert, scheitern alle. Es ist wie bei einer Kette: Sie ist nur so stark wie das schwächste Glied. Daher muss für alle Beteiligten das Fortkommen und das Erreichen des Zieles gesichert sein.

Wenn Ihre Zwillingsseele gerade nicht mit Ihnen lebt, können Sie dennoch Ihre Stimme hören. In Ihrem Innern. Lauschen Sie in sich hinein! Das ist eine Fähigkeit, die jeder wieder gewinnen kann. Ja, gewinnen, es ist wirklich ein Gewinn! Jeder von uns hat diese Begabung, jedoch haben wir sie verschüttet, verdrängt, vergessen. Unser menschliches Leben ist so anders als das Geistige Leben. Wir haben gelernt, nur das als real zu sehen, was wir mit den Sinnen unseres Körpers erfahren und erfassen können. Wir haben uns selbst auf die körperliche Erfahrung reduziert. Und dabei gibt es so viel mehr zu erfahren, zu leben und zu erleben. Wir müssen diese Fähigkeiten in uns wieder finden, ausgraben aus dem menschlichen Müll, den wir darüber geschüttet haben. Wir müssen uns öffnen für das Geistige Leben, das andere Sein, das jeder von uns führt, auch wenn er es nicht weiß. Der Mensch ist nicht nur sein physischer Körper, sondern er hat noch viele weitere, der Mensch ist eine multidimensionale Wesenheit! Und da gibt es auch den Geistigen Körper, der immer mit der Zwillingsseele verbunden ist. Diesen Geistigen Körper muss jeder von uns „in Besitz“ nehmen, Kontakt zu ihm aufnehmen. Und so kann jeder von uns mit seiner Zwillingsseele reden und ihre geliebte Stimme hören.

Die Geistigen Körper sind auch dafür verantwortlich, dass sich Zwillingsseelen, die sich in Menschengestalt begegnen, erkennen, dass sie wissen, wen sie vor sich haben. Wenn dieses Wissen nicht gleich da ist, wenn Zwillingsseelen einander nicht gleich erkennen, wird es mit der Zeit kommen. Oft ist es so, dass Zwillingsseelen zusammen sind, es aber nicht wissen, weil sie für dieses Wissen noch nicht „reif“ genug sind, weil sie zum Beispiel noch zu sehr in der menschlichen, materiellen Welt verhaftet sind, noch nicht so weit sind, dass sie einander spirituell erkennen.

Wenn nur ein Partner weiß, dass die gelebte Beziehung eine Zwillingsseelenliebe ist, dann hat er die Pflicht, den anderen auf den Weg der spirituellen Erkenntnis zu bringen. Das kann unter Umständen eine schwierige Aufgabe sein, die Ausdauer, Mut, Stärke und vor allem Geduld verlangt.

Damit Zwillingsseelen ihre spezielle Liebe zueinander auch auf der menschlichen Ebene leben können, müssen sie einander auf der spirituellen Ebene erkennen, ihr wahres Sein und wahres Wesen erfassen. Und dann ist die Bahn frei, den

Himmel auf Erden zu haben, das Paradies zu erleben, eine Beziehung, die die schönsten Träume, die kühnsten Erwartungen übertrifft.

Die schönsten Träume, die kühnsten Erwartungen – die Liebesbeziehung und die sexuelle Beziehung zwischen Zwillingsseelen ist auch etwas ganz Besonderes.

Zwillingsseelen haben eine sexuelle Beziehung zueinander, die ebenfalls von besonderer Qualität ist. Sie wird geprägt sein von tiefster, innigster Liebe, tiefster Zärtlichkeit und hingebungsvoller Fürsorge. Die sexuelle Kommunikation zwischen den Körpern ist mühelos und äußerst erfüllend. Zwillingsseelen fühlen sich auf allen Ebenen des Seins extrem zueinander hingezogen, geradezu magisch angezogen, die Kommunikation funktioniert auf allen Ebenen perfekt.

Sexualität ist die Sprache der Liebe auf der körperlichen Ebene. Sie werden erfahren, was Sexualität wirklich bedeutet, zu welchen Gefühlen Sie fähig sind und welche Empfindungen Ihr Körper übermitteln kann. Es ist eine sexuelle Beziehung der besonderen Art – so wie alles, was zwischen Zwillingsseelen ist, von besonderer Art ist. Sie werden staunen und die Freude wird groß sein! Sie werden lieben, wie Sie noch nie einen Menschen geliebt haben – denn es ist eine Liebe, die auch auf der sexuellen Ebene Ihrer Zwillingsseele vorbehalten ist.

Warum funktioniert die sexuelle Beziehung zwischen Zwillingsseelen so großartig, unkompliziert und einfach? Weil die beiden Körper von Natur aus aufeinander eingestellt sind! Sie können sofort miteinander kommunizieren, sie passen perfekt zueinander, ergänzen einander – so wie die beiden Seelen perfekt zueinander passen. Aus all diesen Umständen kommt die große Erfüllung.

Sexualität ist für Zwillingsseelen auch sehr wichtig. Ihre Seelen wollen wieder miteinander verschmelzen, für immer eine Einheit werden. Dieses Wollen drückt sich auf der menschlichen Ebene in der sexuellen Vereinigung aus, die für kurze Zeit die Verschmelzung der beiden Körper ermöglicht. Die sexuelle Vereinigung ist somit eine Art Vorschau auf die Vollendung, die endgültige Verschmelzung zur Einheit, auf die wir alle hinarbeiten.

Von Leben zu Leben, durch die Jahrtausende also, wird die Liebe und die sexuelle Beziehung zwischen Zwillingsseelen immer intensiver. Auch das ist ein Merkmal, das die Zwillingsseelenliebe von jeder anderen menschlichen Partnerschaft unterscheidet.

Warum ist das so?

Die Liebe zwischen Zwillingsseelen geht niemals verloren, das heißt, sie wird „gespeichert" und in das nächste Leben „importiert". Im nächsten Leben wird dann auf der bereits vorhandenen Liebe weiter aufgebaut. Deshalb ist die Verbindung auch auf menschlicher Ebene so tief und inniglich. Und so nähert sich die menschliche Liebe immer mehr der spirituellen Liebe, der Göttlichen Liebe, die Zwillingsseelen miteinander verbindet, an, und zwar so lange, bis sie gleich sind. Wenn sie gleich sind, ist das ein Teil der Vollendung, die die Verschmelzung zur Einheit ermöglicht.

Wie wir in Kapitel „∞ Der Weg“ gesehen haben, kann die Beziehung zwischen Dualseelen eine Liebesbeziehung wie auch eine Eltern-Kind-Beziehung, geschwisterlich, freundschaftlich oder feindschaftlich sein. Dualseelen erleben miteinander jede Form von Beziehung in den verschiedensten Rollen, denn auf dem Weg zur Ganzwerdung, am Weg zurück in die ewige Einheit, muss alles, was Leben bedeutet, erfahren werden. In besagtem Kapitel sehen wir das Rollenspiel und den Tausch der Geschlechter, den Zwillingsseelen durchleben.

Was unterscheidet nun eine normale Liebesbeziehung von einer Zwillingsseelenliebesbeziehung? Dualseelen in der Phase vor der Verschmelzung zur Einheit bringen jeweils 100% ihrer Persönlichkeit in die Beziehung ein – jeder von ihnen hat den Prozess der Ganzwerdung bereits abgeschlossen und es geht nur noch darum, dass die jeweils 100% miteinander verschmolzen werden. Dann ist es geschafft, der Weg in die Einheit ist frei, die Verschmelzung möglich. Die normale menschliche Beziehung dient dem Prozess der Ganzwerdung. Nicht jeder Partner bringt für sich 100% seiner Persönlichkeit in die Beziehung ein, sondern die Partner erreichen miteinander 100%. Dies deshalb, weil jeder für sich den Prozess der Ganzwerdung noch nicht abgeschlossen hat.

Das Einbringungsverhältnis ist variabel, das heißt, dass ein Partner einmal zum Beispiel 70% einbringt und der andere nur 30%. Dann kann das Verhältnis zum Beispiel mit 50% zu 50% ausgeglichen sein. Wer wie viel in einer Beziehung gibt, hängt einerseits davon ab, wie viel er geben kann beziehungsweise bereit ist zu geben, und andererseits davon, wie weit die Ganzwerdung vorangeschritten ist.

Derjenige, der dem anderen Partner ein Defizit spiegelt, bringt mehr Prozente in die Beziehung ein als derjenige, dem ein Defizit gespiegelt wird. Wenn das Defizit ausgeglichen ist, erhöht sich der Einbringungsprozentsatz des Partners, der gelernt hat.

Jede Beziehung ist lebendig. Sie besteht aus Nehmen und Geben – oder sollte daraus bestehen. 100% sind das Maximum, das miteinander erreicht werden kann. Wenn nun ein Mensch für sich 100% in eine Beziehung einbringen kann, dann ist er reif für die echte Dualseelenbeziehung. Alle Liebesbeziehungen, die Sie in diesem Leben erleben beziehungsweise in all Ihren vergangenen Leben erlebt haben, dienen Ihrer Ganzwerdung, der Vereinigung und der Verschmelzung mit Ihrer Dualseele. Das heißt jetzt aber nicht, dass Sie erst, wenn sie 100% für sich erreicht haben, mit Ihrer Dualseele eine Liebesbeziehung eingehen können. Auch am Weg zur Ganzwerdung treffen sich Zwillingsseelen immer wieder und leben miteinander, um zu lernen und um zu lieben. Und so sind Zwillingsseelen durch die Jahrtausende auf der Suche nach einander und auf dem Weg zur Ganzwerdung.

Jede Zwillingsseele bringt also 100% in die Beziehung ein.

Was bedeutet das?

Das bedeutet, dass jede Zwillingsseele vollständig ist, autark, autonom, dass keine „Bedürftigkeit“ besteht: Menschen haben viele unterschiedliche Motivationen, eine Beziehung einzugehen, zum Beispiel Angst vor dem Alleinsein, wirtschaftliche, materielle Versorgung, weil die Gesellschaft, die Familie et cetera das erwartet. Das alles sind Gründe, die die Bedürftigkeit bedingen: „Ich brauche etwas von Dir“, „Ich will etwas von Dir“, oder – der schlimmste Fall – „Du schuldest mir etwas“.

Was folgt aus der Bedürftigkeit? Der, der sich etwas erwartet, ist enttäuscht, wenn er es nicht bekommt. Der, der geben soll, gerät unter Druck, weil er sich dauernd mit einer Forderung konfrontiert sieht, die er erfüllen muss oder soll. Irgendwann fühlt sich der Enttäuschte als Opfer und der unter Druck Stehende ausgenutzt.

Dualseelenbeziehungen sind reine, echte, wahre Liebesbeziehungen, in denen ein ständiges Nehmen und Geben besteht, ohne dass einer in die Opferrolle und der andere in die Rolle des Unterdruckgesetzten fällt.

Es ist schön, wenn der eine gibt – was der andere nicht fordert. Und umgekehrt. Das Fordern entsteht aus der Bedürftigkeit. Wer nicht bedürftig ist, fordert nicht, denn er hat ja alles, was er braucht. Und wenn ein Bedürfnis vorhanden ist, dann kann es die Zwillingsseele auch selbst befriedigen, denn die Zwillingsseelenbeziehung beruht auch auf der „Vollständigkeit“ der einzelnen Partner, auf deren jeweiliger Autonomie. Wenn einer gibt, dann gibt er freiwillig und nicht auf Grund einer Forderung oder weil er auf irgendeine Weise unter Druck gesetzt wird.

Ein Mensch, der „vollständig“ ist , weiß, dass er selbst alles schaffen, alles erreichen kann. Wenn er Hilfe bekommt, ist es gut. Wenn nicht, ist es auch gut.

Jemand, der bedürftig ist, klammert sich an den Partner. Und wir alle wissen, dass „Klammerbeziehungen“ nicht funktionieren, denn durch Klammern geht die Freiheit verloren. Und Liebe kann nur in Freiheit existieren, wachsen und gedeihen.

Daher ist ein herausragendes Merkmal der Zwillingsseelenbeziehung auch das Ausmaß der Freiheit des einzelnen. Der Bedürftige wird seinem Partner keine Freiheit lassen, weil er andauernd Angst hat, den zu verlieren, der seine Forderungen erfüllen soll. Der Bedürftige bemerkt dabei aber in seiner Angst nicht, dass er mit diesem Verhalten genau das Gegenteil von dem erreicht, was er erreichen möchte, denn in Wahrheit treibt er den Partner damit in die Flucht.

Im tiefsten Innern weiß jeder von uns, dass er ein Recht auf Freiheit hat, und so suchen wir alle die Freiheit, ersehnen sie und kämpfen um sie. Der Bedürftige nimmt dem Partner die Freiheit – und wird am Ende der Beziehung bekämpft, wenn es sein muss, erbittert und mit allen Mitteln.

Natürlich kann es auch in einer Zwillingsseelenbeziehung sein, dass einer hin und wieder bedürftig ist. Kein Problem. Der Unterschied liegt darin, dass die Beziehung nicht wegen der Bedürftigkeit eingegangen wird, sondern ausschließlich auf Grund einer tiefen Liebe zueinander. Einer Liebe, die nichts fordert und nichts erwartet, die nicht beurteilt, die nicht verurteilt, die nicht richtet, die wie die Liebe Gottes ist, unendlich und bedingungslos, und die den anderen in seinem So-Sein akzeptiert.

Viele Menschen haben Angst, dass sie ihre Zwillingsseele nicht erkennen, an ihr achtlos vorbei laufen, sie verpassen und damit eine Chance vertun. Aber auch für das Erkennen ist Vorsorge getroffen. Gottes Großer Plan sorgt für alle Eventualitäten vor, denn wie schon gesagt: Jeder muss auf einfache Weise das Ziel, die Vollendung, erreichen können, sonst funktioniert das Spiel für alle nicht. Wenn nur einer nicht ans Ziel kommt, ist das Spiel für alle aus.

Jede Zwillingsseele besitzt einen zusätzlichen, immateriellen Körper, der immer mit der anderen Zwillingsseele verbunden ist. Dieser immaterielle Zwillingsseelenkörper ist ein Teil Ihrer Seele und damit ein Teil Ihres gesamten Energiesystems, Ihres gesamten Energiefeldes. Somit ist die Verbindung zur Zwillingsseele doppelt „gesichert“, so dass sie niemals verloren gehen kann.

Wie funktioniert nun das Wiedererkennen, wenn Zwillingsseelen sich begegnen? Zwillingsseelen haben in ihrem Energiefeld viele „Partikel“ des Energiefeldes ihrer Zwillingsseelen eingeprägt, damit sie sich finden und erkennen, wenn sie einander gegenüber stehen. Diese „Partikel“ haben geometrische Formen, die einzigartig sind. Somit ist jede „Verwechslungsgefahr“ ausgeschlossen und sichergestellt, dass Zwillingsseelen einander erkennen. So einfach ist das. Alles ist so eingerichtet und organisiert, dass Zwillingsseelen ganz leicht ihr Ziel erreichen können.

Ein Dualseelen-Paar hat als individuelles Zusammengehörigkeitszeichen zum Beispiel ein Dreieck. Wenn sie sich in der Realität treffen, dann reagieren die Dreiecke, die der eine in seinem Energiefeld als Erkennungszeichen für seine Dualseele eingeprägt hat, auf die Dreiecke, die sich im Energiefeld seiner Dualseele befinden, und umgekehrt. So ist über die Energiesysteme eine eindeutige Identifizierung der Dualseele möglich – Irrtümer ausgeschlossen.

Die Information „Das ist meine Dualseele“ wird vom Energiesystem in den Körper geleitet und sie fühlen in Folge diese absolute, bedingungslose Liebe zueinander. Es ist eine Liebe, die seit der Ewigkeit da ist – eine absolute, kosmische, universelle Liebe. Durch die vielen Beziehungen, die Zwillingsseelen im Laufe der Jahrtausende miteinander eingegangen sind, manifestiert sich die Liebe auch auf der menschlichen Ebene. Sie wächst von Beziehung zu Beziehung, von Leben zu Leben. Und geht auch nicht mehr verloren.

Wie kann das sein, dass diese Liebe nie verloren geht? Treffen sich Dualseelen, so findet ein Feuerwerk in den Auren und Energiefeldern der beiden Menschen statt. Die Auren leuchten hell in allen Farben des Regenbogens, Goldene Lichtblitze und Goldene Lichtpunkte funkeln und strahlen – ein Fest der Freude über das Erkennen und Wiederfinden, ein Fest der Liebe. Die betroffenen Menschen müssen dies mit ihrem menschlichen Bewusstsein gar nicht unbedingt bemerken. Das ist der Grund, weshalb sie oft sehr lange in unmittelbarer Nähe zueinander leben, ohne von dieser tiefen Wahrheit zu wissen. Und so laufen sie aneinander vorbei oder leben aneinander vorbei.

Daher müssen Sie aufmerksam sein – Ihre Dualseele ist vielleicht ganz in Ihrer Nähe!

Es wäre für uns Menschen einfacher, wenn wir das Feuerwerk in den Auren sehen könnten. Aber auch das ist eine Fähigkeit, die wir verloren haben, weil wir uns innerlich mit menschlichem Müll zugeschüttet haben. Wenn wir diesen Müll aus unserem Innern beseitigen, wird diese Fähigkeit zurückkommen.

Das Feuerwerk in den Auren findet immer statt, wenn Zwillingsseelen einander begegnen. Und es wird immer intensiver, farbenprächtiger, je intensiver und enger die Beziehung auf der menschlichen Ebene wird – eine großartige Darstellung einer wunderbaren Liebe.

Die Verbindung zwischen Zwillingsseelen überdauert natürlich auch den Tod des physischen Körpers. Die Verbindung zwischen Zwillingsseelen existiert immer, hat ewigen Bestand. Deshalb gibt es ja auch einen immateriellen Körper, der die Verbindung zur Zwillingsseele ist und der außerdem im Energiesystem, in der Seele, „abgespeichert" ist.

Wenn Sie sterben, stirbt nur Ihr Körper, aber nicht Ihre Seele. Sie existieren weiter als transformiertes Energiefeld. In diesem transformierten Energiefeld ist nicht nur die ewige Verbindung zur Zwillingsseele, sondern auch die universelle Liebe und die „menschliche" Liebe zur Zwillingsseele gespeichert. Und so geht sie nie verloren und baut sich immer mehr auf. So lange, bis die menschliche Liebe zur Dualseele in ihrer menschlichen Gestalt genauso groß ist wie die universelle Dualseelenliebe.

Und so finden sich Zwillingsseelen immer wieder, trennen sich in Wahrheit nie, sind immer zusammen und streben der Vollendung zu. So folgen sie Gottes Großem Plan, ihrer Bestimmung, ihrem Schicksal.

Ich persönlich finde diesen Gedanken sehr tröstlich, denn es kann eigentlich niemals etwas schief laufen, und falls doch, dann kommt sicherlich eine neue Chance. Sollten Zwillingsseelen in der vorwiedergeburtlichen Phase die Entscheidung getroffen haben, ein oder mehrere Leben nicht miteinander zu verbringen, weil jeder Erfahrungen unabhängig vom anderen machen muss, kann man sich wenigstens damit trösten, dass die Verbindung zur Zwillingsseele vorhanden ist und dass man immer ihre Stimme hören kann.

Und nicht nur das. Auch ihre Liebe ist immer da, hüllt ihre Zwillingsseele ein! Und so ist man niemals alleine – es gibt jemanden, der immer da ist, wenn auch auf einer anderen als der menschlichen Ebene.

Ich finde diese Gedanken sehr schön. Sie geben Kraft in dunklen, einsamen Stunden. Man muss diese Wahrheit nur zulassen, in das eigene Leben integrieren und den Verstand daran gewöhnen. So werden wir alle letztendlich unsere Zwillingsseele finden.

Sie werden in Ihrer Dualseele Ihren Doppelgänger, Ihren Zwilling erkennen und werden für ihn eine unendliche Liebe empfinden. Es ist sehr schwierig, diesen himmlischen Zustand, diese Empfindungen mit Worten zu beschreiben. Sie müssen es erleben. Oder sich an vergangene Leben erinnern, die Sie mit Ihrer Zwillingsseele verbracht haben.

Sie werden in Ihrer Dualseele Schönheit und Reichtum entdecken und wissen, dass dieselbe Schönheit und derselbe Reichtum in Ihnen ist. Sie werden in Ihrer Zwillingsseele Gott sehen und sie wird in Ihnen Gott sehen. Mehr ist nicht zu tun. Damit ist das Ziel erreicht, die Vollendung da.

Was dann kommt, wie das Leben weitergeht, werden wir sehen, erfahren, erleben.

Es wird gut sein.

Wir folgen Gottes Großem Plan.

Das Wissen ʘ
Darstellung des Weges der Zwillingsseelen
α und Ω
Das Spiel und dessen Regeln

I

Am Anfang, α, ist das Licht, die Sonne, Gott.

II

Es pulsiert und mit jedem Herzschlag werden Kleine Sonnen geboren,
die aber eine Ewige Verbindung zur Großen Sonne haben.

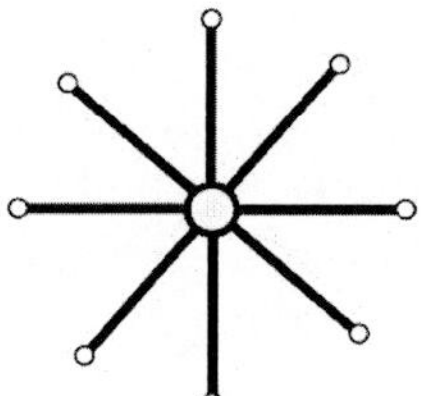

III

Die Kleinen Sonnen schließen sich zu Seelenfamilien zusammen,
die Gruppen von Seelengefährten entstehen.

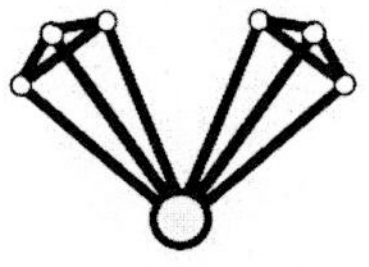

IV

Jede Kleine Sonne teilt sich in zwei Teile,
die Zwillingsseelen werden geboren.

V

Die Teilung geht langsam vor sich.
Aus der Kleinen Sonne werden zwei Kleine Sonnen, die sich langsam voneinander trennen, wobei natürlich eine Verbindung zwischen ihnen bleibt, die sie durch die Jahrtausende zusammenhält.

VI

Wenn Zwillingsseelen miteinander leben, wird die Verbindung wieder enger und intensiver, sie rücken wieder näher zusammen, um wieder zu einer Kleinen Sonne zu verschmelzen.
Während aller Leben bleibt natürlich die Verbindung zur Großen Sonne bestehen.

VII

Vor dem Ersten Leben sieht es dann so aus:
Die Zwillingsseelen bilden mit der Großen Sonne ein Dreieck, das unzerstörbar ist.

VIII

Nun folgt Leben auf Leben.
Und dadurch wird die Verbindung der Zwillingsseelen wieder enger.

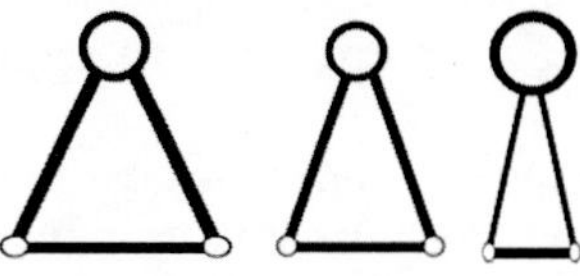

IX

Das geht so lange, bis sich die Kleinen Sonnen der Zwillingsseelen wieder überschneiden.

X

Und dann kommt das letzte Leben, das Leben, das die Vollendung bringt.
Die Sonnen der Zwillingsseelen überschneiden einander immer weiter und werden wieder zur Einheit.

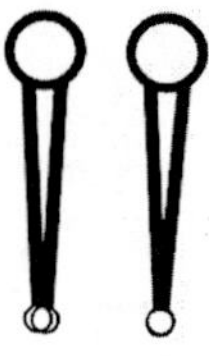

XI

Wenn dieses Stadium erreicht ist, kommt der Aufstieg.
Die Kleine Sonne, die aus den beiden Kleinen Sonnen entstanden ist, verschmilzt wieder mit der Großen Sonne – die Vollendung.
Das Ziel ist erreicht. Das Spiel des Lebens gespielt.

* * *

Und die Spielregeln?

Es gibt eigentlich nur eine: Liebe entwickeln und leben.

Das ist das Gebot.

Liebe ist die eine Kraft des Universums. Das müssen wir erkennen und leben – unter allen Umständen, unter jeder Bedingung. Je eher wir das erkennen, desto leichter ist das Spiel zu spielen. Denn wenn wir uns der Liebe verweigern, uns ihr entgegenstellen, werden die Lebensbedingungen immer schwieriger. Und je schwieriger die Lebensbedingungen, desto schwieriger wird es, in Liebe zu leben, die Liebe zu entwickeln.

Wir haben anscheinend schon viel versäumt, denn es gibt wenig gelebte Liebe auf dieser Welt. Wir alle haben Angst, unsere Liebe zu zeigen, zu leben, zu entwickeln, zu artikulieren, zu vermitteln.

Wir bringen leichter unsere Angst als unsere Liebe zum Ausdruck.

Wir bringen leichter unsere Wut als unsere Liebe zum Ausdruck.

Wir bringen leichter unsere Aggressionen als unsere Liebe zum Ausdruck.

Und so verhindern wir die Liebe, schotten uns ab.

Aber die Sehnsucht bleibt und bringt uns doch immer wieder auf die Suche nach der Zwillingsseele. Diese Sehnsucht ist ein Trieb, ein Drang, fast ein Zwang, der auf Dauer nicht unterdrückt werden kann.

Die Sehnsucht und der Wunsch nach Liebe wird alles überdauern – jede Angst, jede Wut, jede Aggression.

Das ist gut so.

Wir folgen Gottes Großem Plan.

Unsere Zwillingsseelen sind im höchsten Turm des Schlosses von Shamballah. Dort befindet sich die Bibliothek des Lebens, die mit unzähligen in Leder gebundenen Büchern gefüllt ist, in denen die Leben aller Seelen verzeichnet sind.

Sie stehen vor ihrem Buch des Lebens. Es liegt aufgeschlagen vor ihnen; die linke Seite ist beschrieben, die rechte ist leer. Gemeinsam blättern sie die beschriebenen Seiten durch. Sie sehen unterschiedliche Handschriften in verschiedenen Tintenfarben, der Text ist in den verschiedensten Schriftzeichen verfasst. So machen sie eine Reise durch die Vergangenheit. Viele Leben werden wach, laufen vor ihnen ab. An manche von ihnen haben sie sich im letzten Leben erinnert – aber es sind noch viele mehr gewesen, die in den Tiefen ihres Seelengedächtnisses geschlummert haben.

Das Buch ihres Lebens klappt von allein genau auf der Seite wieder auf, die es zu beschreiben gilt.

Ein neues Spiel muss geplant werden – was wollen sie tun?

Wohin sollen sie gehen?

Sie beginnen zu schreiben ...

Anmerkung der Autorin

Die Textzitate im Kapitel „Oktober 2000" sind dem Textheft zu Richard Wagners „Die Walküre", CD-Aufnahme der Deutschen Grammophon, entnommen. Ich kann Ihnen, geschätzte Leserin, geschätzter Leser, nur empfehlen, sich diese wunderbare Oper zu Gemüte zu führen. Mich verzaubert sie immer wieder. Lassen Sie sich von der Musik tragen und lassen Sie dabei Ihren Gefühlen freien Lauf. Die Interpretation dieses Werkes entspricht rein meinen Gefühlen und hat daher keinen allgemein gültigen Anspruch auf Richtigkeit. Vielleicht hat Richard Wagner es anders gemeint, bei mir ist die Botschaft eben so angekommen.

Die Textzitate im Kapitel „November 2001" entstammen dem Lied „Out Of The Dark" von Falco. Auch hier entspricht die Interpretation ausschließlich meinen Empfindungen. Bilden Sie sich eine eigene Meinung, lassen Sie die Musik auf sich wirken und achten Sie auf die Botschaften, die Ihre Seele vielleicht für Sie bereit hält.

Im Kapitel „Sommer 2004" wird erzählt, dass sie das Alte Wissen aufschreibt – was sie auch tatsächlich getan hat. Einen Teil dieser Einsichten, Einblicke und Erkenntnisse habe ich in „Anleitung zum Leben. Erstes Buch." veröffentlicht. So manche Geschichte in diesem Buch ist autobiographisch, Ähnlichkeiten mit derzeit lebenden Menschen sind jedoch rein zufällig und nicht beabsichtigt.

Shanya Ashram
Sommer 2007